Silvia Regelein

Der gesamte Mathematikunterricht im 2. Schuljahr

Didaktisch-methodische Grundlagen
Lehrgang
Unterrichtsmodelle
Übungsblätter
Lernzielkontrollen

R. Oldenbourg Verlag München

PRÖGEL PRAXIS 148

4. Auflage 1995

Herstellung: Fredi Grosser
Zeichnungen: Fritz Schubotz, Kirchdorf
Übungsblätter: Eduard Wienerl, München
Umschlagkonzeption: Mendell & Oberer, München
Satz: Mühlberger GmbH, Gersthofen
Druck und Bindung: Schneider Druck GmbH, Rothenburg ob der Tauber

ISBN 3-486-**98570**-1

Inhaltsverzeichnis

Vorwort

Das vorliegende Handbuch setzt die im 1. Schuljahr begonnene Arbeit fort (*Silvia Regelein:* Der gesamte Mathematikunterricht im 1. Schuljahr. München 1989, Best.-Nr. 98569). Es will eine Hilfe sein für einen nach dem derzeitigen Stand der Mathematikdidaktik ausgerichteten und zugleich kindgemäßen Unterricht, unabhängig davon, in welchem (Bundes-)Land Sie unterrichten, und auch unabhängig von dem verwendeten Mathematikbuch. So will Sie das Buch anregen,

- Vorgaben zu reflektieren und sich von unnötigen Vorgaben zu lösen: *Mut zur Lücke!*
- den Lernstoff mit inhaltlicher und sprachlicher Klarheit zu erarbeiten und in abwechlungsreichen Formen zu üben: *Mut zur Gründlichkeit!*
- die Lernvoraussetzungen jedes Kindes zu ermitteln, seinen Lernstand sorgfältig zu beobachten und es entsprechend zu fördern: *Mut zu einem individualisierenden Unterricht!*
- die Alltags- und Spielerfahrungen der Kinder aufzugreifen und auch fächerübergreifende Lernmöglichkeiten zu nutzen: *Mut zu einem Unterricht, der den Kindern und der Lehrerin gleichermaßen Spaß macht!*

In diesem Buch habe ich meine Erfahrungen zusammengefaßt, die ich in 20 Jahren im 2. Schuljahr sammeln durfte. Vielleicht klingt manchmal die Freude durch, wenn mir etwas gelungen erscheint. Vieles glückte mir nicht auf Anhieb, sondern erst nach weiteren Anläufen in den folgenden Jahren. Trotzdem kann das Buch keinen „Königsweg" aufzeigen, sondern nur erprobte Hinweise liefern als Hilfe bei Ihrer individuellen Unterrichtsplanung. So versteht sich das Handbuch als ein Baukasten, mit dessen Elementen Sie erprobend arbeiten können:

- *Grundbausteine* zeigen den methodischen Weg auf, der in kleinen, leicht zu bewältigenden Lernschritten zu den Jahreszielen führt. Dabei sollen Lernschwierigkeiten möglichst vermieden werden, denn dies ist besser, als sie später ausbügeln zu müssen.
- Damit Sie aus dem „Vollen" schöpfen und auswählen können, habe ich zahlreiche *Übungsmöglichkeiten, Zusatzangebote* und auch *spielerische Lernformen* zusammengestellt, mehr als in der zur Verfügung stehenden Zeit realisiert werden können.
- Auch die zahlreichen *Übungsblätter* wollen Sie nicht gängeln, sondern zeigen: So kann man's machen. Einerseits sollen sie abwechslungsreich sein, ohne durch zu großen Wechsel der Aufgabenstellung zu überfordern. Andererseits sollen auf einem Übungsblatt vorwiegend nur die Übungen angeboten werden, die die Kinder nicht selbst ins Heft schreiben können,

sei es aus Zeitgründen, oder sei es wegen zu schwieriger Darstellungsformen. Die ganzseitigen Übungsblätter im Buch können Sie nach Vergrößerung unmittelbar im Unterricht verwenden. Sie können sich jedoch auch durch Kopieren mehrerer Übungsblätter und anderer Abbildungen im Buch, durch Zerschneiden und Zusammenkleben selbst neue Arbeitsblätter zusammenstellen.

- Schließlich verstehen sich auch die vorliegenden *Lernzielkontrollen* nicht als „Muß", sondern als Hilfe, vor allem für in der Jahrgangsstufe wenig erfahrene Lehrerinnen und Lehrer.
- Im *Stoffverteilungsplan* am Ende des Buches finden Sie Zeitrichtwerte, die Ihnen den Überblick über das Schuljahr erleichtern wollen.
- Obwohl ich versuchte, alle wesentlichen Inhalte und Maßnahmen theoretisch und auch pragmatisch zu begründen, hätte sicher manches Für und Wider noch ausführlicher erörtert werden können. Doch kann auch die ausführlichste Darstellung eigenes Nachdenken nicht ersparen. Wer tiefer schürfen will, sei deshalb auf die angegebene Literatur verwiesen, die mir zusammen mit meinen praktischen Erfahrungen eine wertvolle Hilfe war.

So ist das Buch aus der Praxis für die Praxis geschrieben. Es will zeigen, wie zugleich Rechenfertigkeit und Rechenfähigkeit, also denkendes Rechnen, entwickelt werden können. Viele haben mit ihren Fragen, Meinungen und Ideen an der Entstehung des Buches mitgewirkt: „Meine" vielen Schülerinnen und Schüler und ihre Eltern, die mich immer wieder herausgefordert haben; erfahrene und junge Kolleginnen, mit denen ich Mißerfolge und Zweifel besprechen konnte; und schließlich auch meine Tochter, die mich Schule aus dem Blickwinkel der Mutter erleben ließ, und die mir auch Zeit zum Schreiben ließ.
Allen danke ich. Ich danke auch dem Lektor, Herrn *Georg Weigand*, für die in langen Jahren bewährte Zusammenarbeit und dafür, daß er mich ermutigt hat, dieses Buch zu schreiben.

Nürnberg, im Frühjahr 1990

Silvia Regelein

1. Der Mathematikunterricht (MU) als Bereich grundlegender Bildung

1.1 Aufgaben und Ziele des MU

Orientierung am Kind
Eine eigenständige Grundschule hat sich vorrangig am Kind und seiner Umwelt zu orientieren. Die Inhalte des MU können deshalb nicht „von oben her" bestimmt werden, weder von den weiterführenden Schulen noch durch fachwissenschaftliche Forderungen von Universität und Forschung. Prüfen wir darum kritisch von der Fachwissenschaft übergestülpte Inhalte (wie z. B. die Mengenlehre, nichtdekadische Zahlsysteme oder die Topologie), ohne uns jedoch Neuem zu verschließen!

Erziehung im und durch Unterricht
Jeglicher Unterricht leistet nicht nur „einen Beitrag zur Erziehung" – wie es so oft heißt –, sondern Erziehung findet tagtäglich im und durch Unterricht statt. Pädagogische Anliegen wie vor allem das Entwickeln von Selbstvertrauen, Lernfreude, Selbständigkeit und Leistungsbereitschaft bestimmen die Art des fachlichen Lernens mit. Fundamental bedeutsam sind dabei das Lehrerverhalten und kooperative Arbeitsformen.

Erschließung der Umwelt
Die Umwelterschließung anhand kindgemäßer und fachlich geeigneter Fragestellungen dient sowohl zum Anstoß des Lernens als auch zum Erproben und Anwenden des Gelernten. Der Umweltbegriff ist dabei weit zu fassen: Umwelt kann die unmittelbare Umgebung im Klassenzimmer und in der Schule sein, in der wir Gegebenheiten mit mathematischem Hintergrund untersuchen (Beispiele: 100 Kinder, Vermessen des Klassenzimmers, des Schulhofes und der Turnhalle). Auch einfache, alltägliche Fragestellungen (z. B.: Wie viele Seiten hat unser Rechenheft?) sind durchaus für die Kinder interessant). Durch Mitbringen von Dingen aus der außerschulischen Umwelt können wir die Handlungsmöglichkeiten erweitern. Dabei ergeben sich Anknüpfungspunkte *an persönliche Interessen und Vorlieben* (z. B.: Unser Spielzeug – Was kostet es eigentlich? Preisvergleiche, Verkaufsspiele), *an den Sachunterricht* (z. B.: Messen der Länge von Pflanzen und Tieren, Berechnen von Zeitspannen beim Vorbereiten von Unterrichtsgängen) oder *an die Kinder interessierende, nicht im Lehrplan erfaßte Themen* (z. B.: Ablesen des Alters von Tieren am Zahlenstrahl). Auch wenn wir auf *Unterrichtsgängen und Ausflügen* die schulische Umwelt verlassen, ergeben sich immer

wieder Anlässe zum Quantifizieren und Mathematisieren. Die Umwelt muß nicht unbedingt real vorhanden, sondern kann auch in Bild oder Wort fiktiv dargestellt sein, wie z. B. bei *Sachaufgaben*. Dabei ist auf realitätsnahe Bezüge (Könnte es wirklich so sein?) und auf den Einklang mit erzieherischen Anliegen zu achten (z. B.: Einseitige Rollenklischees vermeiden, aus gesundheitserzieherischen Gründen nicht mit Süßigkeiten, Weinflaschen usw. rechnen). Obwohl jeder sinnvolle und interessante Umweltbezug aufzugreifen ist, kann die Hereinnahme der Umwelt auch übertrieben werden. So scheint es unnötig, zur Veranschaulichung der Rechenverfahren jede Menge Äpfel, Orangen usw. mitzubringen. Denn hier kann unsere „didaktisch vorbereitete Umgebung", also unser didaktisches Material, oft wesentlich präziser auf das Kernproblem hinweisen, ohne daß die Kinder durch vordergründige Garnierung abgelenkt werden.

Fachübergreifende und fachliche Ziele
Der Unterricht in der Grundschule strebt grundlegende Bildung als tragfähige Grundlage an, auf der später weitergelernt werden kann, ohne die Grobrichtung wechseln zu müssen. Neben fachlichen Inhalten steht deshalb eine Fülle weiterer Aufgaben, die sowohl im MU als auch in anderen Lernbereichen wahrzunehmen sind. Dies sind z. B. die Schulung des Sprachgebrauchs, die Förderung des Denkens und der Kreativität, das Erlernen vielfältiger Arbeitsweisen und -techniken oder das Anbahnen einer sachgemäßen und zielorientierten Arbeitshaltung.

1.2 Grundsätze der Unterrichtsgestaltung

> „Schüler nehmen verschieden viel und verschieden intensiv wahr.
> Manche Schüler neigen dazu, ähnliche Gedächtnisinhalte ineinanderfließen zu lassen; andere tendieren dazu, deutlich zu unterscheiden und zu trennen.
> Schüler sind in unterschiedlichem Maß bereit, für sie ungewohnte Beobachtungen und Einsichten zu akzeptieren.
> Die Wahrnehmung kann mehr oder weniger stark vom Kontext beeinflußbar sein (Feldabhängigkeit).
> Die Fähigkeit, kompliziertere Sachverhalte in allen Aspekten zu erfassen und zu verarbeiten, ist verschieden gut entwickelt (kognitive Komplexität).
> Die Schüler bevorzugen in verschiedenem Grad die motorische, die optische, die akustische und die symbolische Auffassung.
> Die Schüler zeigen Vorliebe für bestimmte Arten der Begriffsbildung: sie halten sich mehr an einzelne Objekte der Objektklasse (analytisch), mehr an die gemeinsamen Merkmale der Objektklasse (kategorial) oder an Beziehungen zwischen Objekten (relational).
> Die Schüler zeigen unterschiedliches Tempo im Verarbeiten von Informationen sowie im Auswählen, Durchführen und Prüfen von Lösungsideen; die einen

neigen zu raschem, aber risikoreichem Arbeiten, die anderen zu langsamem, aber sicherem Vorgehen (Impulsivität bzw. Reflektiertheit)."

(aus: *Maier, Hermann*: Mathematikunterricht in Grund- und Hauptschule: Grundsätzliche Überlegungen zum mathematischen Lernprozeß. In: Blätter für Lehrerfortbildung 1981/Heft 9, S. 307.)

Trotz dieser unterschiedlichen kognitiven Stile der Kinder lassen sich einige Grundsätze für einen erfolgreichen MU zusammenstellen.

Die Planung einer Unterrichtssequenz

Das folgende Modell von *H. Reischl* zeigt die einzelnen Phasen des Lernprozesses in ihrem Beziehungsgefüge und verdeutlicht zugleich, wie „Gelerntes" zum Ausgangspunkt für neues Lernen wird.

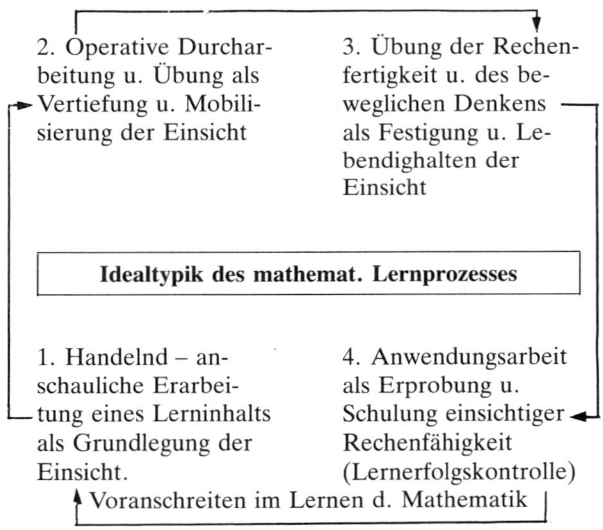

(aus: *Reischl, Helfried*: Zur Idealtypik des mathematischen Lernprozesses. In: Blätter für Lehrerfortbildung 1983/Heft 10, S. 350.)

Um unverstandenem, ausschließlich mechanischem Rechnen vorzubeugen, muß die Lehrerin in allen Phasen *dem Verstehen und der Einsicht* besondere Aufmerksamkeit widmen. Es kann auch nicht erwartet werden, daß alle Kinder die Phasen im Gleichschritt durchlaufen.

Die Einführung in eine Rechenoperation
als Grundlegung der Einsicht

Nach den denkpsychologischen Erkenntnissen von *Piaget* entfalten sich Rechenoperationen am besten auf der Basis von *konkreten Handlungen*, die dann zu Denkhandlungen verinnerlicht werden. So ist handelndes Tun die beste Vorausetzung, um dem Kind Einsicht in den abstrakten Rechenvorgang zu vermitteln. Doch kann andererseits auch das Tun von der Klarheit der logischen Struktur ablenken.
Aebli formuliert deshalb folgende Grundregel: „Je schwieriger die Manipulation und je komplexer die einzuführende Operation, desto eher muß ihre Erarbeitung im gemeinsamen Klassenunterricht erfolgen. Umgekehrt: Je einfacher die Manipulation und je einfacher die logische Struktur . . ., desto eher können die Schüler die Lösung durch individuelle Arbeit an einem praktischen Problem selber suchen."

(*Aebli, Hans*: Grundformen des Lehrens. Stuttgart 1969, 6. Aufl., S. 98)

Nach *Bruner* entwickelt sich das Denken weniger zeitlich abgestuft (wie bei Piaget), sondern vielmehr *gleichzeitig in verschiedenen Darstellungsebenen*, die in enger Wechselbeziehung stehen.

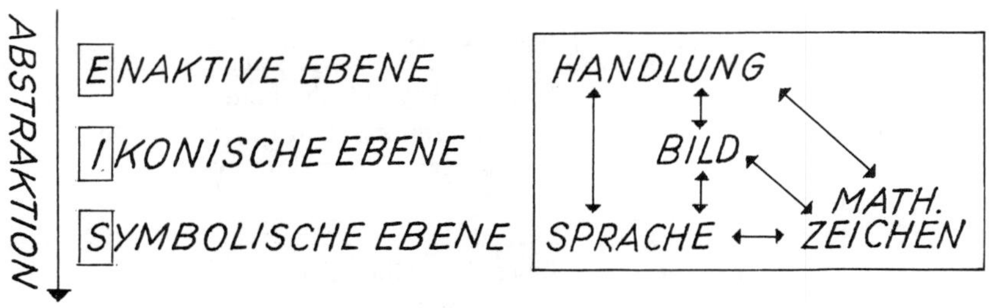

(nach Zech, Friedrich: Der Aufbau von math. Begriffen und Denkoperationen durch die operative Methode. In: Blätter für Lehrerfortbildung, 9/1978, S. 399)

Nach der *EIS-Theorie* folgt deshalb dem Handeln das *zeichnerische Darstellen*. Indem die Grafik die Handlung vereinfachend wiedergibt, lenkt sie den Blick auf das Wesentliche und fördert das Ausbilden der Vorstellung und damit die „Verinnerlichung". Nachdem durch Handeln und Sprechen wie durch bildliches Umsetzen ein grundlegendes Operationsverständnis geschaffen wurde, wird die Handlung durch mathematische Zeichen wiedergegeben.
Hervorzuheben ist, daß die *Trias Handeln–Bild–Symbol* nicht nur einmal durchlaufen und dann „als erledigt abgehakt" wird, sondern daß vielmehr Einzelhandlungen immer wieder in Bild, Sprache und mathematische

Zeichen umgesetzt werden und umgekehrt mathematische Zeichen immer wieder zum Sprechen, Handeln und grafischen Darstellen auffordern.
Die Einführung in eine Rechenoperation zielt auf den *Aufbau eines mathematischen Begriffs*. Weitere Aufgaben der Begriffsbildung sind: der Zahlbegriff (vgl. 1. Schuljahr), der Gleichungsbegriff (Rechengesetze, Rechenregeln), der Relations- und Funktionsbegriff (Zuordnungen, Operatorschreibweise) sowie die Größenbegriffe. Auch hierfür gilt: Begriffsverständnis wird nicht durch Definitionen erreicht, sondern durch vielfältiges Handeln anhand geeigneter Modelle.

Die Vermittlung mathematischer Kenntnisse

Neben dem Verständnis mathematischer Begriffe ist es unabdingbar, daß die Kinder einen Grundbestand an abrufbaren Kenntnissen besitzen, wie z. B. *das kleine Einspluseins* (Addition und Subtraktion bis 20) und *das kleine Einmaleins*. Damit sich Kenntnisse ausbilden können, müssen sie nach dem Durchlaufen des sog. Ultrakurzzeitspeichers (U) und des Kurzzeitspeichers (K) im Langzeitspeicher (L) festgehalten werden (vgl. *Vester, Frederic*: Denken, Lernen, Vergessen. Stuttgart 1975). *Maier* zeigt konkret auf, wie die Forderungen der Gedächtnispsychologie im MU zu verwirklichen sind:

Erster Schritt: Vom U-Speicher in den K-Speicher	
bewußt aufnehmen (nicht nebenbei) volle Aufmerksamkeit (keine Ablenkung)	Ruhe und Arbeitsdisziplin Aufmerksamkeit und Konzentration vorzugsweise Frontalunterricht
Interesse, Motivation Unlust, Zwang, Angst vermeiden	klare Zielstellung, Sinn des Inhalts ansprechende Ausgangssituation Abwechslung Erfolgserlebnisse schaffen

Zweiter Schritt: Vom K-Speicher in den L-Speicher	
Aufnahme über verschiedene Sinneskanäle	motorisch (Legen, Handeln), grafisch, akustisch (z. B. rhythmisch sprechen)
„Verankerungsideen" nützen	z. B. Reime, Merkplakate
durch sofortige Wiederholung im Bewußtsein halten	nach der Einführung intensiv üben, anfangs tägliche Kurzübung

Übersättigung vermeiden	▷	nicht zu lange zusammenhängend üben, abwechselnde Übungsformen
Überlagerungen vermeiden	▷	z. B. Einmaleinsreihen zuerst isoliert festigen, dann erst Beziehungen aufsuchen nicht zu viele Einmaleinsreihen nacheinander

Damit das Wissen nicht in den sog. inaktiven Langzeitspeicher absinkt, sondern jederzeit abrufbar bleibt, bedarf es weiterer Maßnahmen:

Lernen in Zusammenhängen	▷	Beziehungen zwischen den Aufgaben, z. B. halb–doppelt, Nachbaraufgaben, Tausch- und Umkehraufgaben
verteilte Wiederholung	▷	in zunehmend größeren Zeitabständen üben, permanent wiederholen
variative Wiederholung	▷	Abwechslung in den Übungsformen und den Sozialformen
entspannte Situation (Angst vermeiden)	▷	Nicht im Eiltempo abfragen! Nicht strafen! „Nothilfen“ zulassen!

(nach: *Maier, Hermann*: Mathematikunterricht in Grund- und Hauptschule: Grundsätzliche Überlegungen zum mathematischen Lernprozeß. In: Blätter für Lehrerfortbildung 1981/Heft 9, S. 303)

1.3 Üben und Anwenden

Nach der Einführung in einen neuen Lerninhalt wird für einen Großteil der Klasse ein nochmaliges, bei schwachen Schülern ein mehrmaliges Durchlaufen der Erarbeitungsschritte notwendig sein. Zur *Wiederholung* werden dabei analoge und variierte Aufgaben durch Handeln und zeichnerisches Darstellen gelöst, auch an wechselnden Modellen. Beim *operativen Üben* sollen gewonnene Einsichten gefestigt, vertieft und ausgeweitet und dadurch *Rechenfähigkeit und bewegliches Denken* „trainiert“ werden. Operatives Üben ist nicht an einen bestimmten didaktischen Ort gebunden, sondern erfolgt wiederholt, auch wenn bereits Fertigkeitsübungen zur Schulung der Rechentechnik einsetzen.
Inhaltlich beziehen sich die Übungen auf alle vom Lehrplan geforderten Inhaltsbereiche, auch auf geometrische Lerninhalte, auf das Lösen von Sachaufgaben, auf den Umgang mit Größen wie auch auf Arbeitstechniken und Lernformen.

Operatives Üben

Rechenoperationen zeichnen sich durch drei Eigenschaften aus:
- *Reversibilität (= Umkehrbarkeit):* Es gibt zu jeder Operation eine Umkehroperation (= Umkehraufgabe).
- *Kompositionsfähigkeit:* Es können mehrere Operationen zu einem größeren Komplex zusammengesetzt bzw. umgekehrt eine Operation in Einzeloperationen (Teilschritte) zerlegt werden.
- *Assoziativität (oder Variabilität):* Das Ergebnis einer Gesamtoperation ist unabhängig von der Reihenfolge der Einzeloperationen.

Demnach zielen operative Übungen auf das Erkennen von Operationszusammenhängen ab. *Kennzeichen operativer Übungsformen:*
- *Erkennen und Anwenden der Umkehrbarkeit*

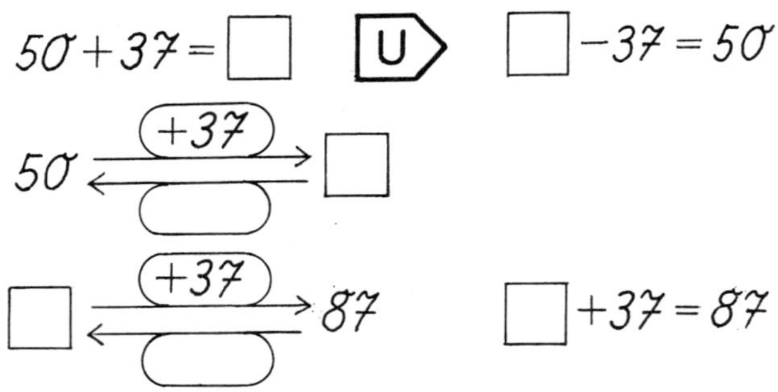

Zahlenrätsel lösen und selbst zu vorgegebenen Aufgaben Zahlenrätsel bilden, z. B.: Ich denke mir eine Zahl. Wenn ich davon 18 abziehe, erhalte ich 45.

−	18		39
	45		
72		60	
			26

Perlen insgesamt	28		35	
Perlen in jeder Kette	7	5		
Anzahl der Ketten		9	5	

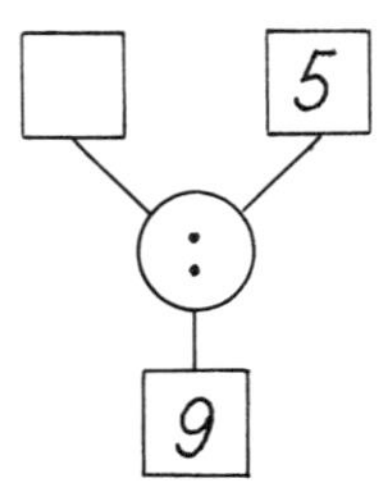

– *Erkennen und Anwenden der Vertauschbarkeit*

Tauschaufgaben: 9 + 84 = □ ⟨T⟩ 84 + 9 = □

4 · 7 = □ ⟨T⟩ □ · □ = □

Vorteilhaft zusammenfassen: 19 + 27 + 21 = [19 + 21] + 27

Verschiedene Lösungswege: 86 − 19 = 86 − 10 − 9

86 − 19 = 86 − 9 − 10

– *Nachbaraufgaben als Lösungshilfe nutzen*

8 + 7 = □ ⟨N] 8 + 8 = 16 [N⟩ 8 + 9 = □

□ ← (−1) — 16 — (+1) → □

4 · 4 = □ ⟨N] 5 · 4 = 20 [N⟩ 6 · 4 = □

□ ← (−4) — 20 — (+4) → □

– *Zerlegen*

„Wolkenkratzer bauen“
(selbständig möglichst viele Aufgaben finden)

Verschiedene Rechenwege finden
86 − 19 = 86 − 10 − 9 = □
86 − 19 = 86 − 9 − 10 = □
86 − 19 = 86 − 20 + 1 = □

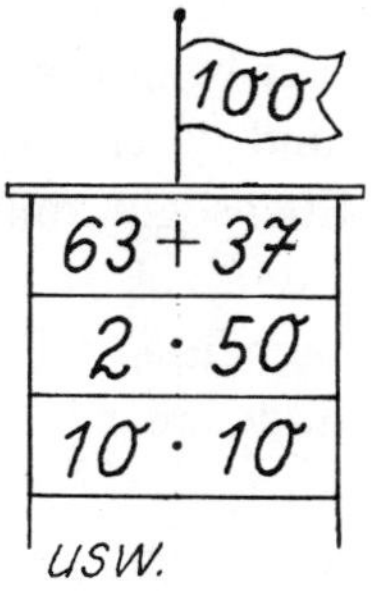

– *Sicher rechnen: Umwege gehen*

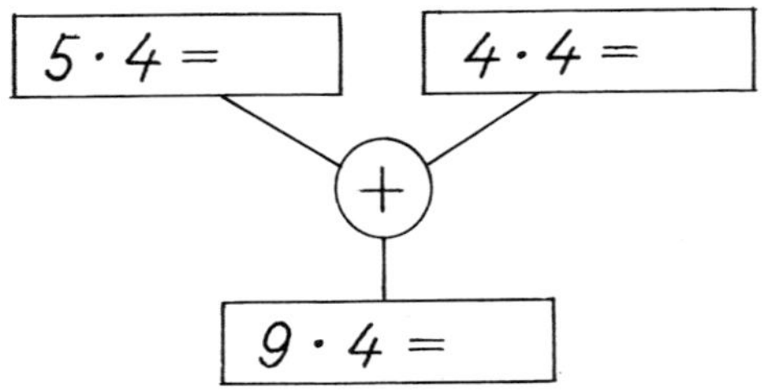

– *Zusammenfassen und Verkürzen von Rechenwegen*

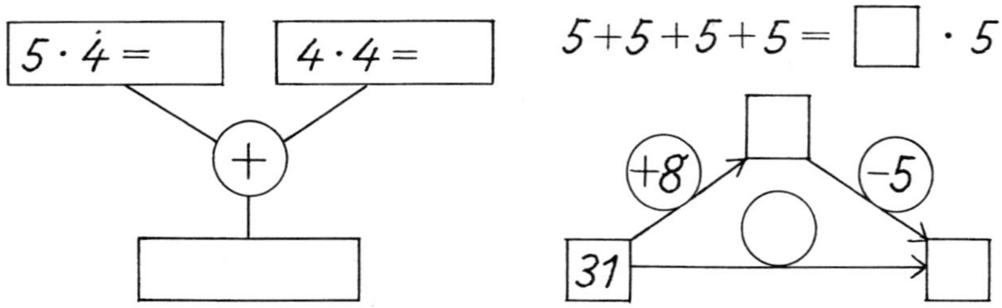

Automatisierende Fertigkeitsübungen

Am Ende eines Lernprozesses, wenn alle Schüler den Lerninhalt verstanden haben, steht die Fertigkeitsübung. Ziel ist dabei das Festigen von Wissen und Können und das Einüben von Rechenverfahren bis zur mechanisierten Geläufigkeit. Beim raschen, sicheren, fehlerfreien und ohne Zwischenüberlegungen ablaufenden Rechnen sollen Reiz-Reaktions-Ketten ausgebildet werden, damit sich bei komplizierteren Aufgaben und Sachaufgaben das Denken auf die mathematischen Probleme konzentrieren kann. Fertigkeitsübungen zur Rechentechnik werden als tägliches Zehn-Minuten-Rechnen oder Kopfrechnen durchgeführt. Dies kann am Anfang einer Unterrichtsstunde sein, damit sich die Schüler beim Lösen bekannter und relativ einfacher Aufgaben „warmlaufen" und durch Erfolgserlebnisse für die weitere Stunde gut gestimmt werden. Ebensogut kann das Zehn-Minuten-Rechnen den Unterricht unterbrechen, wenn z. B. ein Lernplateau erreicht ist oder wenn bei längerer schriftlicher Arbeit eine Pause einzulegen ist. Schließlich kann es auch als Ausklang am Ende einer Unterrichtsstunde stehen. *Grundsätze beim Üben* sind:

– Es soll flott, jedoch ohne zu hetzen, geübt werden. Deshalb muß die Lehrerin sich die Aufgabenbeispiele vor dem Unterricht zusammenstellen und die benötigten Materialien wie Rechentafeln, Tabellen, Rechenkarten, Tafelanschriften usw. vorher bereithalten.

- Die Aufgaben sind so zu wählen, daß sie möglichst jeder Schüler fehlerfrei bewältigen kann. Denn zum einen steigern Erfolgserlebnisse die Übungsbereitschaft, zum anderen tragen nur korrekt vollzogene Rechnungen zum Aufbau eines Automatismus bei. Kommen trotzdem Fehler vor, so sind diese umgehend zu berichtigen.
- Selbständiges und selbsttätiges Üben ist effektiver als passives und rein verbales Üben.
- Alle Übungsaufgaben wie auch die Hausaufgaben müssen von der Lehrerin kontrolliert werden.
- Beim Üben ist sowohl an die langsamen als auch an die schnellen Rechner zu denken. Praxistaugliche Maßnahmen zur Differenzierung sind deshalb zu bedenken.

• *Übungen zum Kopfrechnen*

Damit die zehn Minuten optimal genutzt werden, sollten nach Möglichkeit alle Kinder tätig werden. Über die Vorschläge in Band 1 hinaus (PRÖGEL PRAXIS 131) eignet sich für *„aktives Kopfrechnen“* ein *Zahlanzeiger*, mit dem jedes Kind das Ergebnis anzeigt (vgl. S. 53). Auch das Notieren der Ergebnisse im Rechenheft oder auf einem *Rechenzettel* fordert alle Kinder zum Mitrechnen auf. Dabei werden die Ergebnisse von einem guten Rechner verdeckt an die Tafel geschrieben, so daß zum Schluß jedes Kind seine richtigen Ergebnisse abhaken kann.

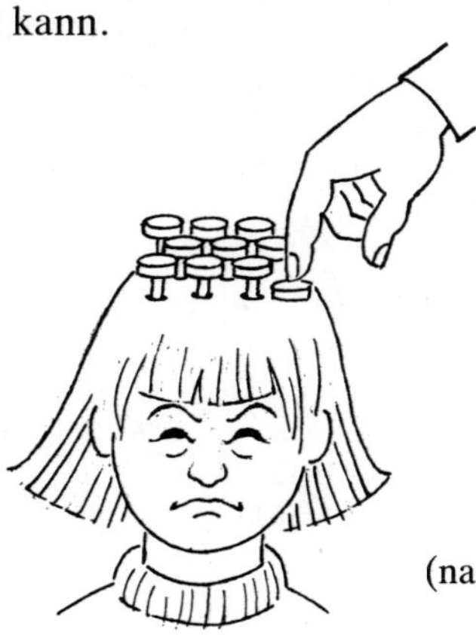

(nach Jules Stauber)

Rechenzettel

	Name:	
Datum	Ergebnisse	richtig
	41 35 …	12 von 15
…	(maximal 20 Ergebnisfelder)	

Kettenrechnungen haben für schwächere Rechner nur einen Sinn, wenn die Ergebniszahlen fortlaufend an der Tafel notiert werden und sie diese auch selbst fortlaufend aufschreiben. Denn andernfalls schalten die Kinder schon bald ab.

- *Schriftliche Fertigkeitsübungen*

– *Übungstabellen auf Folie*

	A	B	C	D	E	F	G
H	78	59	66	32	33	24	47
I	64	49	71	28	45	38	52
K	56	39	54	15	36	21	16
L	77	69	48	34	58	44	23
M	43	29	35	62	43	21	72
N	35	19	46	37	48	25	89

Anweisungen:

a) Vergleiche die Zahlen von A und B: 78 > 59
b) Ordne die Zahlen jeder Spalte nach der Größe: 35 < 43 < 56 < 64 < 77 < 78
c) Suche Vorgänger und Nachfolger von C: 65 <u>66</u> 67
d) Suche die Zehnernachbarn von D: 30 <u>32</u> 40
e) Rechne bei A zum Zehner vor und zum Zehner zurück: 78 + 2 = 80   78 – 8 = 70
f) Rechne A – B: 78 – 59 = □
g) Rechne C + D: 66 + 32 = □
h) Halbiere alle geraden Zahlen: 78 = 2 · 39 oder 78 : 2 = 39
i) Rechne A + 10: 78 + 10 = □
j) Rechne A – 9: 78 – 9 = □
k) Suche die Vielfachen von 5: 35 = □ · 5
l) Suche die Vielfachen von 8: 64 = □ · 8
m) Rechne A + □ = 100: 78 + □ = 100

Dabei kann mühelos quantitativ differenziert werden (Wie viele Aufgaben schaffst du in zehn Minuten?)
Beim Anfertigen einer Tabelle sind jeweils die Zahlen und die Anweisungen aufeinander abzustimmen. Die vorliegende Tabelle läßt sich mehrmals verwenden.

– *Übungsaufgaben mit einfachem Sachhintergrund*

Folie:

Alles für den Haushalt!			Enorm billig!	
Bügeleisen 28 DM	Lampe 15 DM	Leiter 37 DM	Stuhl 24 DM	
Kissen 9 DM	Schüssel 7 DM	Mixer 39 DM	Besteck 53 DM	Hocker 17 DM
Teekanne 16 DM	Wolldecke 18 DM	Kaffeemaschine 44 DM		
usw.				

Anweisungen als Tafelanschrift:

a) Was kann Frau Vielkauf für 50 DM (100 DM) kaufen?
Male die Dinge und rechne!

b) An jedem Tag kauft Frau Vielkauf drei Dinge ein, denn mehr kann sie nicht tragen. Wähle aus und schreibe auf:
Montag: □ DM + □ DM + □ DM = □ DM   100 DM − □ DM = □ DM
Dienstag:
...

c) An jedem Tag bezahlt sie mit einem 100-DM-Schein. Wieviel bekommt sie zurück?

– *Rechnen im Kreis* (vgl. *Radatz/Schipper*, S. 203)

Die Ausgangszahlen werden jeweils an die Tafel geschrieben. Jedes Kind schreibt seine Rechnungen auf.

* *Brummkreisel*

Die Rechenart darf gewählt werden. Wer trifft die 78?

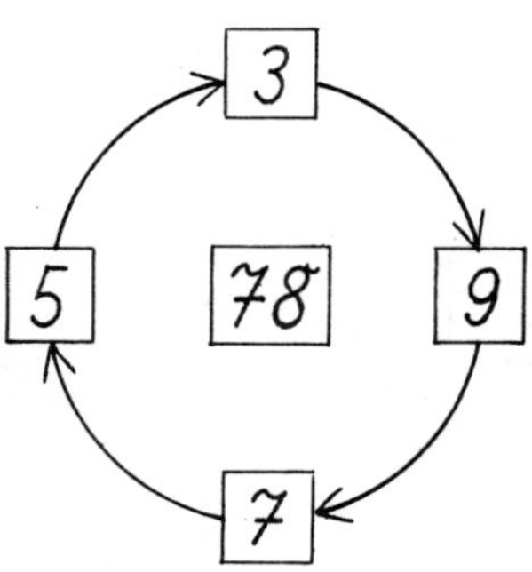

Beispiel:
3 + 9 = 12
12 · 7 = 84
84 − 5 = 79
79 − 3 = 76
76 + 9 = 85
85 − 7 = <u>78</u>
Nun „brummt" der Kreisel.

* *Kette ohne Ende*

Wie oben wird jeweils mit der letzten Ergebniszahl und der im Kreis folgenden Zahl weitergerechnet. Für jede richtige Aufgabe gibt es einen Punkt, für jede Geteiltaufgabe (ohne Rest) einen Zusatzpunkt.

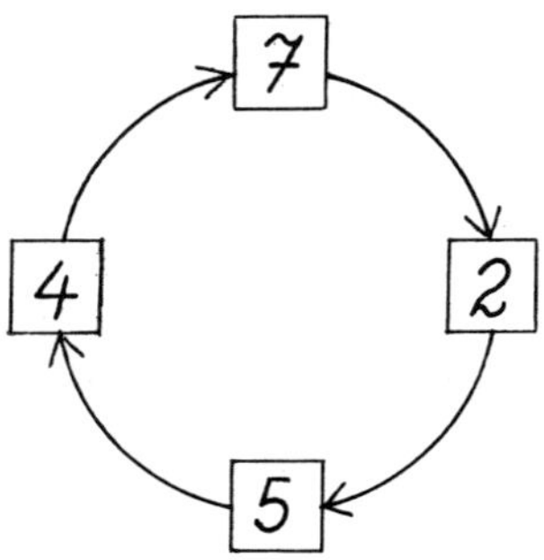

Beispiel:
7 + 2 = 9
9 · 5 = 45
45 + 4 = 49
49 : 7 = 7
7 · 2 = 14
14 · 5 = 70
. . .

– *Übungsmöglichkeiten in Spielform*

Vielfältig einsetzbar sind *Rechenkärtchen*, die auf der Vorderseite eine beliebige Aufgabe zeigen und auf der Rückseite das Ergebnis als Kontrollmöglichkeit. Mit ihnen kann man z. B. die Partnerspiele *„Stechen“* (Regelein 1988, S. 81), *„Memory“* (je zwei verschiedene Aufgaben mit gleichem Ergebnis bilden jeweils ein Paar) oder *„Karten sammeln“* spielen. Dazu holt sich das Paar einen Kasten mit etwa 40 Kärtchen. Im Wechsel nimmt jedes Kind eine Karte heraus und zeigt sie dem Nachbarn. Nennt dieser das richtige Ergebnis, darf er die Karte behalten und vor sich ablegen. Wird ein falsches Ergebnis berichtigt, darf die Karte ebenfalls behalten werden. Andernfalls wird sie in den Kasten zurückgelegt. Gute Rechner können zum Schluß vergleichen, wer mehr Karten sammeln konnte. Es kann aber auch als Ziel gesetzt werden: Schaffen es beide Kinder zusammen, in zehn Minuten den Kasten „durchzurechnen“?

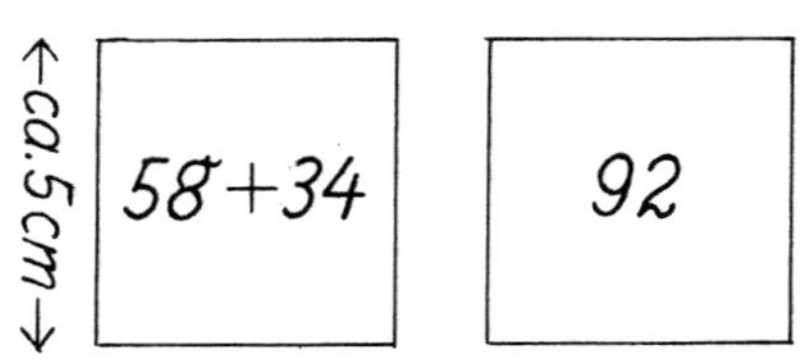

* *Kartenräuber*

Dazu wird die Klasse in zwei gleich große Mannschaften eingeteilt. Mannschaft A (z. B. alle Kinder, die rechts sitzen) bleibt auf dem Platz, und jeder zieht drei Rechenkärtchen, die er mit der Aufgabe nach oben vor sich auf den Tisch legt. Die anderen Kinder (B) gehen nun im Zimmer umher und wählen sich eine Aufgabe aus. Kann B einem Kind von A das richtige Ergebnis einer Aufgabe nennen, darf es die Karte an sich nehmen und „rauben". Andernfalls bleibt sie bei A, und B zieht zu einem anderen Kind. B hat gewonnen, wenn alle Karten geraubt wurden.

* *Der wandernde Kreis*
Die Hälfte der Kinder setzt sich mit dem Stuhl in den Kreis und blickt nach draußen. Die anderen Kinder setzen sich gegenüber, so daß ein doppelter Sitzkreis entsteht. Jedes Kind hat ein Rechenkärtchen und zeigt es seinem Gegenüber. Beide nennen jeweils das Ergebnis der Aufgabe des Partners. Auf ein akustisches Zeichen der Lehrerin rutscht der Innenkreis im Uhrzeigersinn um einen Platz weiter. Die neuen Partner nennen sich wiederum gegenseitig die Ergebnisse. Es wird so lange weitergerutscht, bis man wieder beim anfänglichen Gegenüber angelangt ist. – Erhöht wird der Reiz des Spieles, wenn jedes Kind außer seiner Karte noch eine kleine Schachtel mit kleinen Plättchen, Perlen, Linsen u. ä. mit sich führt. Hat der Partner vor dem Signal das richtige Ergebnis genannt, gibt ihm das Kind einen „Punkt" als sichtbaren Lohn.

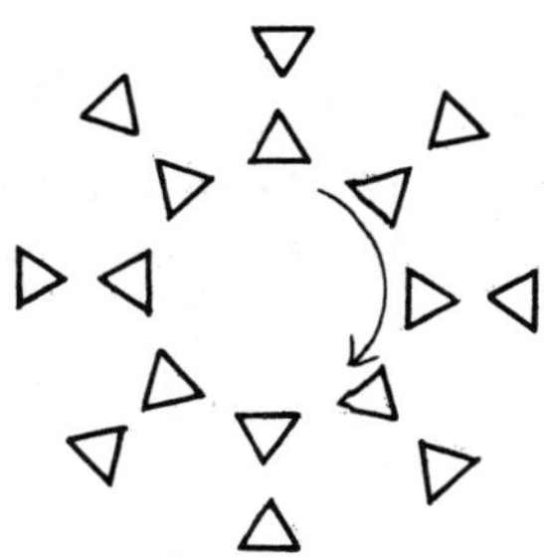

Für viele Spiele ist gar kein großer Materialaufwand nötig, wie z. B. beim

* *Partner-Mitnehmen*
Dazu stehen alle auf, und die Lehrerin stellt eine Aufgabe. Wer sie lösen kann, ruft die Antwort und kann sich setzen. Damit nun aber zum Schluß nicht immer die gleichen schwachen Rechner stehenbleiben, darf der, der zuerst die richtige Lösung nannte, den Namen des Kindes nennen, das sich ebenfalls setzen darf.

* *„Blinde Kuh"*
Die „Blinde Kuh" versucht, mit verbundenen Augen einen Mitschüler in einem eng umgrenzten Spielfeld zu fassen. Ist dies gelungen, stellt sie ihm eine beliebige Aufgabe. Kann sie der „Gefangene" lösen, so ist er wieder frei, und die „Blinde Kuh" muß ein anderes Kind fragen. Wer die Aufgabe nicht lösen kann, wechselt die bisherige „Blinde Kuh" ab.

(Die beiden letzten Spielvorschläge stammen aus *Pallasch, Waldemar/Zopf, Dietmar:* Methodix – Bausteine für den Unterricht. Weinheim/Basel 1980, S. 145 und S. 153)

Alle reden vom Energiesparen,
ich spare meine – und spiele.

– *Hausaufgaben*
Ein neu eingeführter Lerninhalt sollte nicht am gleichen Tag als Hausaufgabe gegeben werden, sondern erst nach einer wiederholten Überprüfung des Verständnisses. Es versteht sich von selbst, daß nicht zu viele Hausaufgaben aufgegeben werden (Gesamtzeit für Hausaufgaben maximal eine Stunde bei „Durchschnittsschülern"!).
Für schnelle Rechner können deutlich markierte *Zusatzarbeiten* angeboten werden. Schließlich ist auch bei Hausaufgaben eintöniges „Päckchenrechnen" zu vermeiden und eine abwechslungsreiche Aufgabenstellung vorzuziehen. Selbständiges Lernen wird gefördert, wenn ein Wochenarbeitsplan aufgestellt wird. Oft ist es sinnvoll, zur raschen Kontrolle die Lösungen vorzulesen. Wer alles richtig hat, darf sich darunter ein kleines „Bild" malen – zuerst nach Ansage der Lehrerin, bis bald die Kinder selbst etwas vorschlagen. In der Zwischenzeit können die anderen Kinder ihre Fehler verbessern.

Völlig verzweifelt sitzt der Vater vor den Hausaufgaben. Peter: „Wenn es so lange dauert, die Hausaufgaben für die zweite Klasse zu machen, möchte ich nicht wissen, wie wir nächstes Jahr klarkommen sollen."

Differenzierung und Freie Arbeit

Während die Einführung neuer Lerninhalte eine langsame, schrittweise Hinführung und einen gemeinsamen Unterricht im Klassenverband verlangt, sind beim Üben offenere Lernformen möglich und nötig. Denn nur Differenzierung kann verhindern, daß sich das leistungsschwächere Kind nicht dem frustrierenden Dauervergleich mit den sicheren und schnellen Rechnern ausgesetzt sieht und daß zum anderen die guten Rechner nicht durch den langweilenden und demotivierenden Gleichschritt mit der Klasse unterfordert werden. Eine nur sporadische Differenzierung bleibt wirkungslos, da Arbeitsweisen und Arbeitstechniken immer wieder eingeübt werden müssen. Deshalb sind von Anfang an praxistaugliche Formen der Differenzierung und Individualisierung einzuschulen, die sich auch langfristig durchhalten lassen. *Voraussetzungen* dafür sind:

○ *Umfangreiches und vielseitiges Material*, am besten mit der Möglichkeit zur *Selbstkontrolle*, z. B.

- wiederverwendbare *Aufgabenkarten* (Lösung auf der Rückseite oder auf einer Lösungskarte);
- Ordner mit numerierten *Arbeitsblättern*, von denen je etwa zehn gleiche Exemplare in einer Klarsichthülle sind (entsprechend numerierte Lösungsblätter oder -folien in einem zweiten Ordner; oder die Lösungen sind auf dem Arbeitsblatt umzuknicken bzw. verschlüsselt vorgegeben);
- selbstangefertigte *Spiele*, z. B. Puzzle, Domino, Memory usw. (Vorlagen für Dominos usw. erst ohne Zahlenmaterial kopieren, damit sie auch mit anderen Zahlen beschriftet werden können);
- eine ausreichende Anzahl von *Spielwürfeln* und *Rommékarten* (auch unvollständige Sätze!) sowie *Material zum Bauen und Legen;*
- *alte Kataloge* (zum Vergleichen von Preisen, zum Zusammenstellen von Sachaufgaben), nicht im Unterricht verwendete *Rechenbücher und Arbeitshefte*.

Wenn Sie erst angefangen haben zu sammeln, fällt Ihnen sicher bald noch mehr ein! Achten Sie jedoch bei der Auswahl des Materials auf Relationen: Die Kinder sollten nicht fünf Minuten rechnen und 15 Minuten ausmalen!

○ *Einschulung von Arbeitstechniken und Arbeitsweisen*
Das notwendige Arbeitsverhalten wie z. B. Kontrolle der Lautstärke und der Arbeitsgeräusche, das Holen und Aufräumen der Materialien, die Technik des Hefteintrags, die Kontrolle der Ergebnisse wie auch das gemeinsame Arbeiten mit einem Partner wird Schritt für Schritt besprochen, vorgemacht und eingeübt. Durch undiszipliniertes Verhalten wird nicht nur die Lehrerin genervt, sondern es werden auch die Kinder gestört. Denn sie brauchen zum selbständigen Lernen *Ruhe und Kontinuität*. Differenzierungsphasen sollten deshalb auch zeitlich nicht zu kurz angesetzt werden. Schließlich lohnt es kaum, wenn die Kinder nach der Zuteilung oder selbständigen Auswahl von Aufgaben diese schon nach wenigen Minuten halbfertig abgeben müssen. In einer solchen Hetze können sich weder solide Arbeitsweisen entfalten, noch kann die Lehrerin wirksame, individuelle Lernhilfen geben.
Folgende Modelle mögen zeigen, wie Differenzierung ohne unzumutbaren Streß realisiert werden kann:

① ***Festigen nach der Einführung in einen neuen Lerninhalt***

Kontrolle der Hausaufgaben (Vorlesen der Ergebnisse, dabei Überprüfen der Vollständigkeit durch die Lehrerin, Einsammeln der Arbeiten)
Gemeinsamer Klassenunterricht: Kurze Wiederholung des erlernten Rechenverfahrens (anschauliche, grafische und symbolische Darstellung werden aufeinander bezogen)

Während der Einzelarbeit ruft die Lehrerin nacheinander einzelne Kinder zu sich, bei denen sie Verständnisschwierigkeiten vermutet. Jedes Kind erklärt nochmals das Rechenverfahren anhand einer Aufgabe, legt und zeichnet ggf. dazu oder füllt z. B. ein Schema mit Operatordarstellung an der Tafel aus.	Alle Kinder erhalten schriftliche Aufgaben zum Einüben des Rechenverfahrens (Arbeitsblatt, Buch). Zusatzaufgaben: Aufgaben zum neuen Stoff oder Wiederholung früherer Lerninhalte in Einzelarbeit. Bereits zu Arbeitsbeginn wird alles abgeklärt: – Aufgabe bearbeiten und nach Fertigstellung im Ablagekorb ablegen. – Wer nicht weiterkommt, meldet sich, damit ihn die Lehrerin als nächsten zu sich ruft. – Anfertigen und Abgabe der Zusatzarbeit.
Besprechen der Hausaufgabe (Wiederholung früherer Lerninhalte, nur bei gesichertem Verständnis aller kann der neue Lernstoff aufgegeben werden.)	
Je nach Zeit: Zehn-Minuten-Rechnen	

② *Übungsstunde*

Überprüfen der Hausaufgaben Zehn-Minuten-Rechnen: Gemeinsames Spiel	
Unsichere Rechner Die Kinder sammeln sich auf den vorderen Plätzen. Gemeinsam mit der Lehrerin bearbeiten sie die gleichen Aufgaben wie die andere Gruppe, jedoch wesentlich langsamer, da zu jeder Aufgabe ggf. gelegt und ausführlich gesprochen wird. Wer merkt, daß er allein rechnen kann, rechnet für sich weiter. (Falls genug Plätze vorhanden sind, kann sich das Kind nach hinten setzen.)	*Sichere Rechner* Zuteilung von Aufgaben, auch durch einen Wochenarbeitsplan. Nach Beendigung Aufgaben nach freier Wahl aus dem vorhandenen Angebot, bei entsprechendem Arbeitsverhalten auch zusammen mit einem ebenfalls fertigen Partner. (Hierfür ist ein sonst unbesetzter Tisch mit vier Plätzen günstig. Ansonsten tauschen zwei Kinder den Platz.) Wer feststellt, daß er allein mit seinem Pflichtpensum nicht weiterkommt, kann jederzeit bei der „Lehrergruppe" zuhören.
Besprechen der Hausaufgabe	

Nach dem gleichen Modell können auch Sachaufgaben effektiv bearbeitet werden.

③ ***Vertiefungsstunde***

Hausaufgabe Zehn-Minuten-Rechnen	
Unsichere Rechner In Einzel- oder Partnerarbeit werden, möglichst in Spielform, lösbare Aufgaben bearbeitet. Zusatzaufgabe!	*Sichere Rechner* Die Lehrerin sammelt die Kinder auf den vorderen Plätzen und führt sie in eine schwierigere Aufgabe ein (Pfeildiagramme, Zahlenrätsel, Kettenaufgaben, mehrgliedrige Sachaufgaben u. ä.), die für die anderen Kinder zu schwer wäre.
„Leichte Hausaufgabe“	Die Kinder können zwischen der „leichten“ Hausaufgabe und der „schweren“ (analog des behandelten Stoffes) wählen.

④ ***Wiederholen bisher erlernter Inhalte***

Gemeinsames Spiel: Zehn-Minuten-Rechnen	
Die Lehrerin arbeitet mit einem Kind oder wenigen Kindern mit erheblichen Lernschwierigkeiten, möglichst in Spielform.	Alle Kinder bearbeiten zugeteilte Aufgaben (wenn das Pflichtpensum noch nicht beendet wurde) oder Aufgaben nach freier Wahl aus dem vorliegenden Angebot.
Hausaufgabe entsprechend den Lernschwierigkeiten	Selbst gewählte Hausaufgabe (Zusatzarbeitsblatt, Arbeitskarte)

Bereits diese wenigen groben Modelle für Differenzierungsstunden erfordern von der Lehrerin ein hohes Maß an Erfindungsgabe, Engagement, Geschick, Geduld und – trotz aller Planung – an Flexibilität. Auf eine feste Gruppeneinteilung wird bewußt verzichtet. Wenn die Lehrerin mit einzelnen oder einer Gruppe von Kindern arbeiten will, ruft sie diese namentlich zu sich. Dazwischen können die Kinder selbst entscheiden, ob sie Lehrerhilfe benötigen oder nicht.

Wesentlich für die inhaltliche Organisation der Differenzierung ist das Unterscheiden zwischen einem unabdingbaren Pflichtpensum, das für das Weiterlernen nötig ist, und einem vertiefenden Zusatzpensum. Denn nur so ist auch für schwache Rechner zielerreichendes Lernen möglich und zugleich die Förderung der guten Rechner gewährleistet.

Ein Tip: Es spornt die Kinder an, zeigen zu können, was sie zusätzlich geleistet haben: Legen Sie deshalb ein eigenes Heft für Zusatzaufgaben an! Lassen Sie in einer aushängenden Namenliste die Schüler mit Hilfe von Symbolen und Zahlen eintragen, wenn eine Arbeit beendet wurde!

1.4 Leistungsermittlung und Leistungsbewertung

Kernpunkt jeglicher Leistungsbeurteilung ist, zu überprüfen, ob und in welchem Umfang ein Kind die im Unterricht behandelten Lerninhalte erfaßt hat und ob es sie selbständig darstellen kann. Aus dieser Diagnose des Leistungsstandes leitet die Lehrerin Folgerungen für die weitere Unterrichtsgestaltung ab sowie Argumente für die Beratung von Eltern und Schülern. Die alltäglichen Schülerbeobachtungen werden ergänzt durch mündliche und schriftliche Leistungsnachweise, deren Ergebnisse schriftlich festgehalten werden, sei es verbal oder als Note. Maßstab für die Bewertung sind dabei die Anforderungen der Lehrpläne. Diese fordern zum einen gesicherte Grundkenntnisse als Voraussetzung für erfolgreiches Weiterlernen (Rechenfertigkeit), zum anderen jedoch auch anspruchsvollere Fähigkeiten wie schlußfolgerndes Denken (Rechenfähigkeit). So sind im Unterricht sowohl Rechenfertigkeit als auch Rechenfähigkeit zu „trainieren“ und zu bewerten. Bei der Aufgabenstellung lassen sich folgende Anforderungsstufen unterscheiden:

Erinnern	(1)	Stufe der *Reproduktion*: Gedächtnismäßiges Wiedergeben von Wissen und Verfahrensweisen
Verstehen	(2)	Stufe der *Reorganisation*: Wiedergabe des Gelernten unter veränderten Gesichtspunkten, indem der Stoff gekürzt, ergänzt, umgeformt, anders angeordnet und somit selbständig verarbeitet wird
Denken	(3)	Stufe des *Transfers*: Übertragen von Grundprinzipien des Gelernten auf neue, ähnliche Aufgaben
	(4)	Stufe des *Problemlösens*: Kreatives Lösen von Aufgaben mit relativ neuen Strukturen auf der Grundlage eines allgemeinen, bisher erworbenen Grundwissens

(Vgl. Deutscher Bildungsrat: Strukturplan für das Bildungswesen. Stuttgart 1973, S. 78 ff.)

Aufgabenbeispiele

(1) *Reproduktion von Grundkenntnissen*

- Aufgaben mit Platzhalter am Ende wie 62 − 18 = □
- Einfache Rechenanweisungen (Ziehe von der Zahl 62 die Zahl 18 ab!) und einfache, eingliedrige Sachaufgaben, die im Unterricht behandelt wurden (gleicher Sachfall, jedoch andere Zahlen)

(2) *Reorganisation*

- Aufgaben mit Platzhalter nicht am Ende wie □ − 18 = 44
- Suchen von Umkehr- und Nachbaraufgaben
- Einfache Rechenanweisungen mit leichten Veränderungen
- Einfache Sachaufgaben mit anderem Sachfall

(3) *Transfer*

- Zeichnen von Pfeilbildern
- Komplexe Rechenanweisungen und komplexe Sachaufgaben mit mehreren Operationen
- Fortsetzen von Zahlenreihen, z. B. 16, 35, 54, □

Fritz und Karlchen sind zusammen 18 Jahre. Karlchen und Paulchen sind zusammen 16, dagegen Fritz und Paulchen zusammen 12. Wie alt ist jeder der drei?

(4) *Problemlösen*

- Erfinden von Sachaufgaben mit Vorgabe von Operationen
- Rechenanweisungen und Sachaufgaben mit höherer Komplexität, z. B.: „Wenn du zu einer Zahl das Doppelte von 16 dazugibst, erhältst du die Hälfte von 90. Wie heißt die Zahl?"

(Staatsinstitut für Schulpädagogik und Bildungsforschung München: Handreichung zur Ermittlung und Beschreibung von Schülerleistungen in der Grundschule. Donauwörth 1987, S. 86 ff.)

In der Praxis lassen sich die Stufen 2, 3 und 4 oft nicht exakt trennen, und *es genügt die Unterscheidung von leichteren Aufgaben (Grundkenntnisse) und schwierigeren „Denkaufgaben"* (Anwendungsaufgaben). Aussagekräftige Lernzielkontrollen sollten 25% bis 50% „Denkaufgaben" enthalten. Für eine an den Anforderungen orientierte Bewertung folgt daraus:

- Nur wer die schwierigeren Aufgaben löst, zeigt *weiterreichende Fähigkeiten* (Note 1/2 oder entsprechende Verbalbemerkung).
- Wer die Grundkenntnisse beherrscht, zeigt eine *durchschnittliche Leistung* (Note 3/4 je nach Ausprägung).
- Wenn Grundkenntnisse bereits auf Reproduktionsniveau lückenhaft sind, ist ein erfolgreiches Weiterlernen stark gefährdet. Individuelle Fördermaßnahmen sind unabdingbar, ggf. auch das Einschalten der Schuljugendberatung.
- Die *Vergabe von Punkten* muß so angelegt werden, daß sie die bisherigen Aussagen stützt. So sind leichtere Aufgaben zurückhaltend zu bepunkten (z. B. halbe oder viertel Punkte für Einmaleinsaufgaben). Denn Schüler und Eltern können es nicht verstehen, wenn trotz einer relativ hohen Punktzahl keine gute Note erreicht wird oder keine entsprechende Bemerkung. (Vgl. *Czinczoll, Bernhard/Hartl, Roland:* Die Leistungsfeststellung und -bewertung in der Grundschule. In: Pädagogische Welt, Heft 5/1989,

S. 226.) Ferner sind bei der Gewichtung der einzelnen Aufgaben die Nähe zum vorausgegangenen Unterricht zu bedenken (erst kürzlich behandelt oder schon länger zurückliegend) und die Unterrichtsschwerpunkte (zentral oder mehr nebenbei angesprochen).

- Gleiches gilt analog auch für die Bewertung der mündlichen Leistungen, deren Ergebnisse sich übersichtlich in einem Beobachtungsbogen festhalten lassen.
- In der Zeugnisnote bzw. im Zeugnisbericht werden die Einzelurteile zusammengefaßt, allerdings nicht nur durch ein Bilden des arithmetischen Mittels der Einzelnoten, sondern durch eine von pädagogischen Überlegungen bestimmte Gesamtwürdigung. (Hinweise zum Erstellen des Wortberichts finden sich in *Regelein* 1990.)

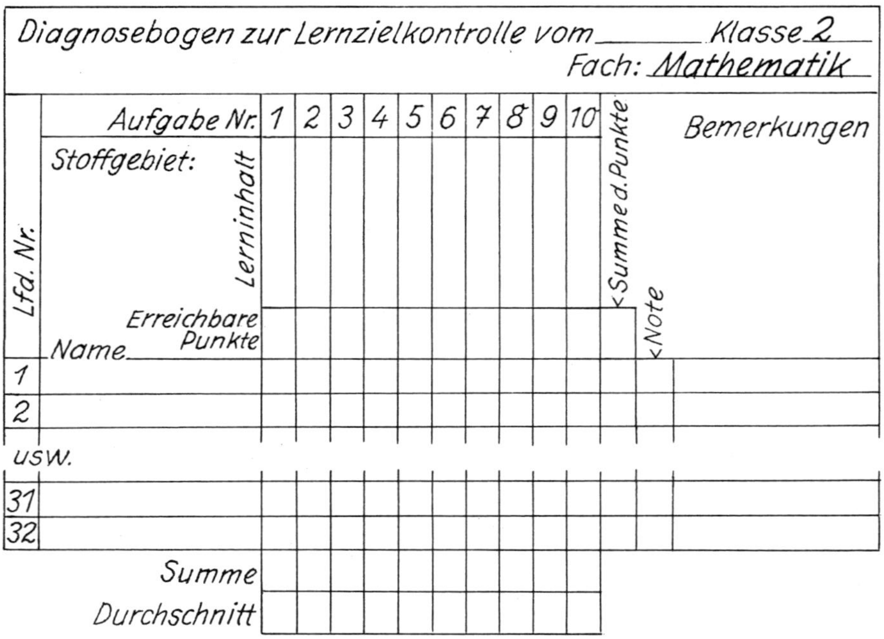

Im Diagnosebogen wird für jede Aufgabe die erreichbare und die tatsächlich von jedem Schüler erreichte Punktzahl angegeben. In der Spalte „Bemerkungen“ kann z. B. die Arbeitszeit angegeben werden, oder ob das Kind mit oder ohne Material gerechnet hat.

Beobachtungsbogen Mathematik
Klasse__ Schulj.__

+ weiterreichende Fähigkeiten
Ø Grundkenntnisse
— Grundkenntnisse fehlen

Name	Add. u. Subtr. bis 20	Darstellen der Zahlen bis 100	ZE±Z	ZE±E (ohne ZÜ)	ZE±ZE (ohne ZÜ)	ZE±E (mit ZÜ)	ZE±ZE (mit ZÜ)	Halbieren u. Verdoppeln	Multiplizieren	Dividieren	Messen	Sachaufgaben leicht	Sachaufgaben schwer	Geometrie leicht	Geometrie schwer	Lernverhalten: Auffassung	Lernverhalten: Tempo	Lernverhalten: Ausdauer	Lernverhalten: Kreativität	
1.																				
2.																				
usw.																				

Der Beobachtungsbogen läßt sich sowohl als Klassenübersicht nutzen, als er auch mehrere Einträge für je ein Kind ermöglicht (z. B. für jedes Kind fünf Zeilen). Neben dem Symbol zum Bewerten wird das Datum vermerkt.

2. Zu Schuljahresbeginn: Rechnen bis 20

2.1 Didaktische Hinweise

Nicht alle Lehrpläne der Bundesländer sehen am Anfang des 2. Schuljahres eine Wiederholung vor. Ein Test (vgl. Band 1. Schuljahr, S. 221) zeigt, ob eine Wiederholung nötig ist und bestimmt das Ausmaß. Die folgenden Unterrichtsanregungen verquicken die Wiederholung mit der Einführung neuer Darstellungsweisen, die später beim Rechnen bis 100 benötigt werden.

– *Pfeildiagramm* (Pfeilbild): Mit dem Pfeilbild lassen sich anschaulich Relationen (Beziehungen) zwischen zwei Elementen darstellen. Bei *Gleichheitsrelationen* (Äquivalenzrelationen) wie „hat die gleiche Farbe wie" gibt es zu jedem Pfeil zwischen zwei Elementen einen Gegenpfeil (Symmetrie) und für jedes Element einen Ringpfeil (Reflexivität). *Beispiel:*

Ordnungsrelationen wie „ist größer als" sind dagegen asymmetrisch (kein Gegenpfeil) und ir- oder antireflexiv (kein Ringpfeil). Sowohl Gleichheits- als auch Ordnungsrelationen sind transitiv: Immer wenn ein Pfeil von einem Element a zu einem Element b und einer von b zu einem Element c führt, führt auch direkt einer von a zu c. Ist eine Ordnungsrelation linear, so lassen sich alle Elemente in einer Reihe anordnen. Bei nicht linearen Ordnungsrelationen sind manche Elemente nicht vergleichbar und erhalten deshalb keinen Pfeil.
Beispiele: a ist kleiner als b (linear), a ist Teiler von b (nicht linear). Im 1. Schuljahr werden zwar Gleichheitsrelationen bei der Mengenarbeit angesprochen, jedoch nicht im Pfeilbild dargestellt. Die Doppelpfeile wären für die Kinder zu verwirrend. Die Einführung der Pfeilbilder wird im allgemeinen für das 2. Schuljahr vorgeschlagen (vgl. z. B. *Picker, Bernold*: Die Behandlung von Relationen in der Grundschule. In: Sachunterricht und Mathematik in der Grundschule 1974/Heft 4, S. 193). Relationen sind sowohl für die Rechenfähigkeit als auch für die Rechenfertigkeit bedeutsam, indem sie die Kinder zum Vergleichen von Zahlen und Termen auffordern.

– Die *Operatordarstellung* (Pfeilaufgabe) wird zur übersichtlichen Darstellung des Rechnens in zwei Schritten beim Zehnerübergang erweitert. Sie verweist augenfällig auf die Zehnergrenze, verdeutlicht das Zerlegen und macht so den Rechenweg anschaulich, gerade auch für Kinder mit Schwierigkeiten.

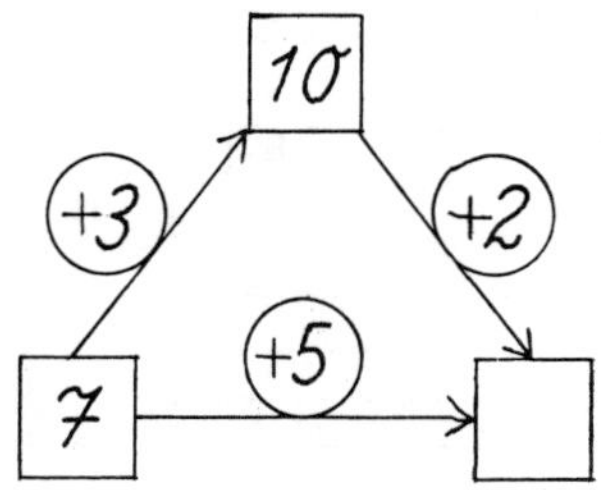

Später wird diese Art der Darstellung auf das Rechnen mit zweistelligen Zahlen übertragen.

– Schließlich wird auch das *Sachrechnen* nun systematisch aufgebaut. Das formale Anwenden des Lösungsschemas Frage–Rechnung–Antwort birgt weniger Schwierigkeiten, als es inhaltlich richtig zu füllen. Eine gute Möglichkeit, die Kinder anzuleiten, die wesentlichen Informationen aus dem Text zu entnehmen, ist der *Rechenplan*. Er wird oft auch „Rechenbaum" genannt, obwohl die Analogie zu einem Baum weit hergeholt erscheint. Das Kernproblem bei Sachaufgaben ist das Umsetzen von Sprache in mathematische Darstellungsweisen. Dazu bedarf es vieler Beispiele mit unterschiedlichen Sachverhalten, aber gleicher mathematischer Struktur.

2.2 Methodische Hinweise

Das wiederholende Rechnen im Zahlenraum bis 20 soll einerseits bei Kindern mit Rechenschwierigkeiten nötige Grundkenntnisse festigen (z. B. den Zehnerübergang); andererseits darf es gute Rechner nicht langweilen. Differenzierung und Freie Arbeit bestimmen deshalb weitgehend den Schuljahresbeginn. Frontalunterricht sollte sich nur auf nötige Erklärungen und gemeinsames Erarbeiten neuer Darstellungsweisen beschränken.
Dies setzt voraus, daß die Lehrerin neben dem Rechenbuch weitere, möglichst ansprechende Übungsmöglichkeiten bereithält.

– *Vorlagen zum Nachlegen:* Die Kinder suchen die passenden Stäbe durch Längenvergleich und bilden die Summe. Schwache Rechner können durch Umlegen der Stäbe in eine Reihe die Lösung ermitteln, andere Kinder errechnen sie und notieren die zugehörige Rechnung im Heft (z. B. 4 + 3 + 2 + 1 + 2 + 3 + 4 = 19). Zugleich regen die Karten auch zum Erfinden, Legen und Zeichnen selbst erdachter Figuren an. (vgl. Abb. S. 204)

Vorschläge für Arbeitskarten zur Differenzierung und für Freie Arbeit

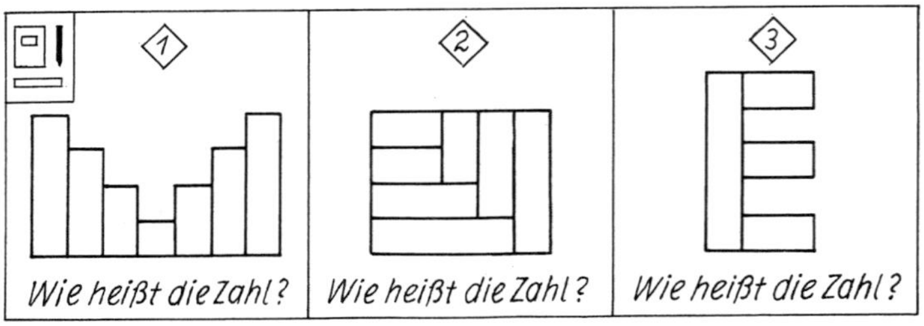

– Ein *Übungsblatt* (ÜB 1, S. 33) bietet ebenfalls die Möglichkeit zu differenzierender Bearbeitung. Schwache Rechner können die Summen durch Auszählen der Punkte feststellen, während gute Rechner das schnellere Verfahren des Addierens anwenden. *Aufgabe 2* richtet sich vorwiegend an gute Rechner (Symbol ‚Lachendes Gesicht').

– Auch das *Dominospiel* auf einem *Übungsblatt* (ÜB 2, S. 34) ist für Kinder mit weiterreichenden Fähigkeiten gedacht. Denn das Aufsuchen von je drei angrenzenden, gleichwertigen Termen ist für die Kinder nicht leicht. Zur Selbstkontrolle können auf der Rückseite die „Nahtstellen" mit unterschiedlichen Symbolen oder Buchstaben gekennzeichnet werden, z. B.:

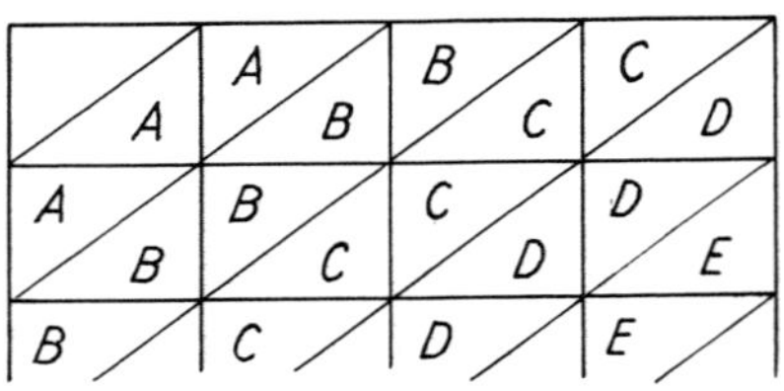

– Ferner werden geeignete *Arbeitskarten* vom 1. Schuljahr verwendet. Anregungen für weitere Arbeitskarten oder Übungsblätter:

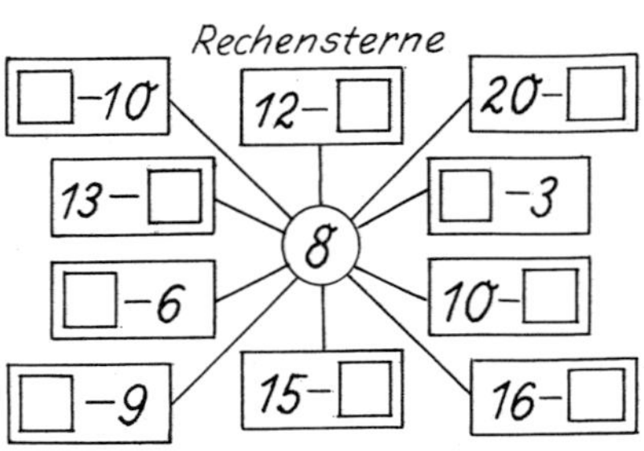

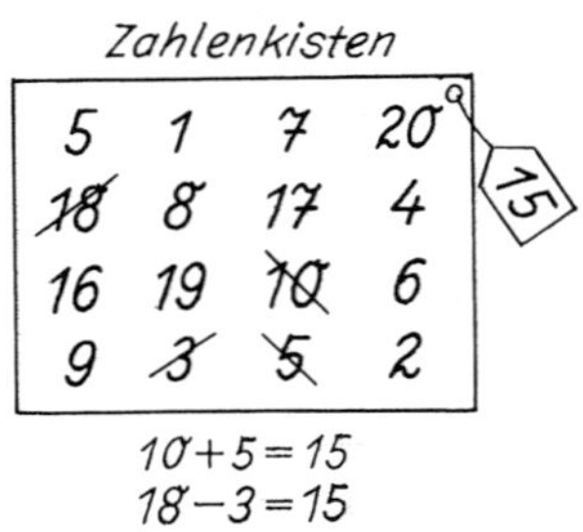

Kannst du es noch? | ÜB 1

Name: ______________________ Datum: ______________

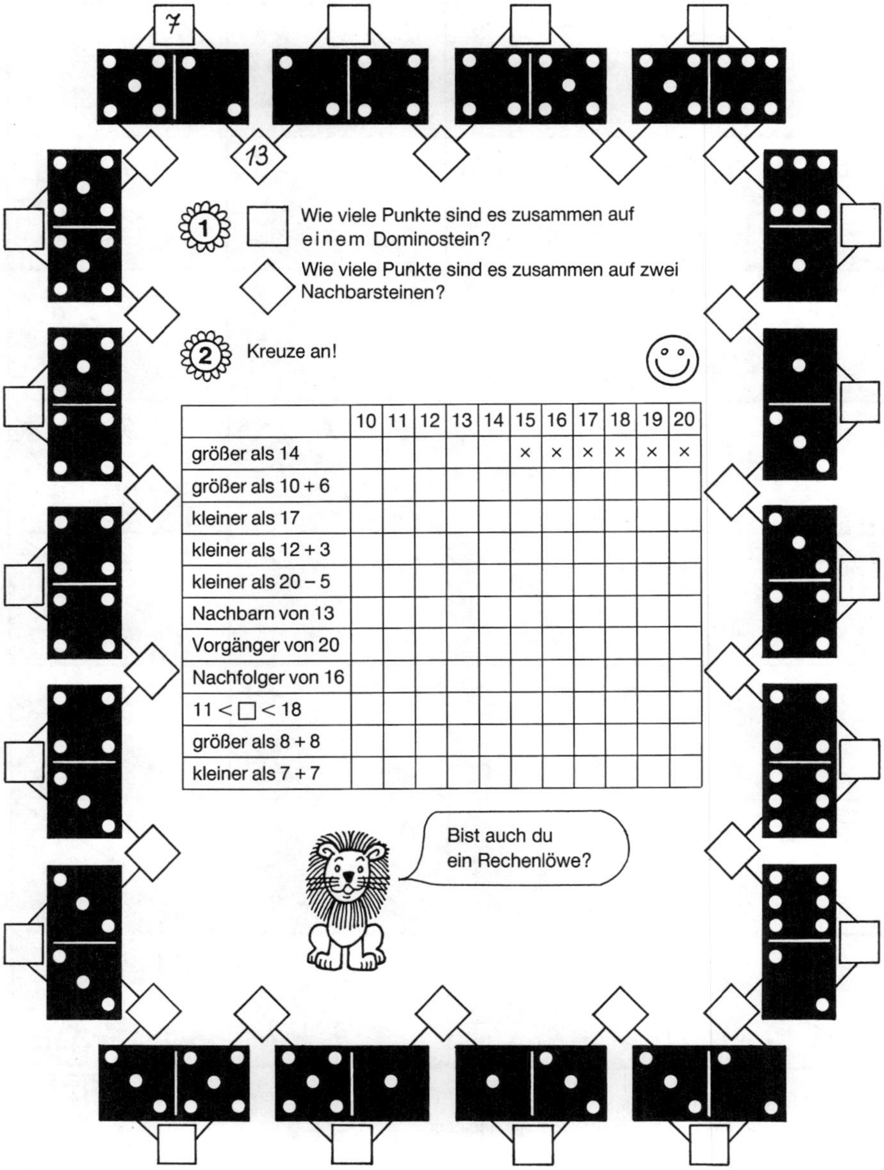

1 ☐ Wie viele Punkte sind es zusammen auf einem Dominostein?

◇ Wie viele Punkte sind es zusammen auf zwei Nachbarsteinen?

2 Kreuze an!

	10	11	12	13	14	15	16	17	18	19	20
größer als 14						×	×	×	×	×	×
größer als 10 + 6											
kleiner als 17											
kleiner als 12 + 3											
kleiner als 20 – 5											
Nachbarn von 13											
Vorgänger von 20											
Nachfolger von 16											
11 < ☐ < 18											
größer als 8 + 8											
kleiner als 7 + 7											

Domino	ÜB 2

Name: ______________________ Datum: ______________

START / 8 + 8	9 + 7 / 10 + 5	12 + 3 / 12 + 2	20 − 6 / 6 + 6
20 − 4 / 8 + 7	9 + 6 / 9 + 5	10 + 4 / 9 + 3	8 + 4 / 5 + 5
20 − 5 / 7 + 7	18 − 4 / 5 + 7	10 + 2 / 7 + 3	8 + 2 / 20 − 2
8 + 6 / 15 − 3	19 − 7 / 6 + 4	20 − 10 / 10 + 8	9 + 9 / 20 − 7
20 − 8 / 19 − 9	14 − 4 / 12 + 6	15 + 3 / 10 + 3	6 + 7 / 10 + 1
9 + 1 / 14 + 4	11 + 7 / 5 + 8	18 − 5 / 7 + 4	20 − 9 / 20 − 3
16 + 2 / 16 − 3	15 − 2 / 15 − 4	8 + 3 / 14 + 3	10 + 7 / 20 − 1
19 − 6 / 9 + 2	5 + 6 / 8 + 9	15 + 2 / 15 + 4	10 + 9 / ENDE

- Schneide die Rechtecke aus!
- Lege je 3 Aufgaben mit gleichem Ergebnis aneinander!

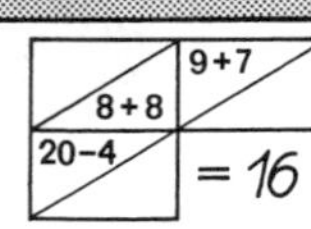

Die Kinder schreiben die Aufgaben jeweils ins Heft. Um einen besseren Überblick zu behalten, können sie in die „Zahlenkisten“ auf verbrauchte Zahlen einen Einerwürfel legen.

Das Anstreichen falscher Lösungen sollte nur sparsam, bei ausgiebig geübten Aufgaben erfolgen. Doch kann dies wohl beim Rechnen bis 10 vorausgesetzt werden.

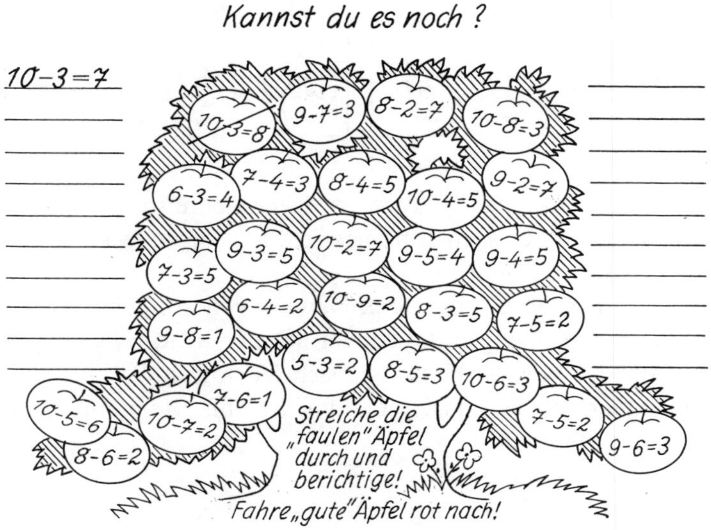

– Schließlich soll auf die zahlreichen Möglichkeiten für *Lernspiele* verwiesen werden (vgl. *Regelein* 1988).

Ein beliebtes Spiel ist das

* *„Kleeblatt-Suchen“*,

bei dem die Kinder selbst die Aufgabenart ihrer Fähigkeit entsprechend wählen können. Analog dem bekannten Spiel „Schiffe versenken“ haben beide Partner je zwei Spielpläne. Im ersten Spielplan werden die Ergebniszahlen zu Rechnungen gestrichen, die der Partner ohne Lösung nennt. (*Beispiel:* 20 − 19, 1 ist „gefunden“ und wird gestrichen). Würde der Partner nochmals eine Rechnung mit dem Ergebnis 1 nennen, sagt das Kind: „Die 1 hast du schon gefunden.“ Im zweiten Spielplan streicht das Kind die Ergebniszahlen an, zu denen es dem Partner Aufgaben nennt (Sagt es z. B. 9 + 3, kreuzt es 12 aus). Es gilt also, sich im Wechsel zu jeder Zahl von 1 bis 20 eine Plus- oder Minusaufgabe auszudenken und zu finden. Wer zuerst alle „Kleeblätter“ des Partners gefunden hat, hat gewonnen. Damit eine gewisse Kontrolle möglich ist, sollte ein schwacher Rechner mit einem guten zusammenspielen.

– Um das *Kopfrechnen* zu trainieren, stellt die Lehrerin ein Programm auf, das die individuellen Schwächen berücksichtigt. Folgende Fertigkeiten sollten die Kinder beherrschen:

- Zerlegen der Zahlen bis 10: Beim Nennen von Aufgaben wie 7 = 3 + hmhm (oder „ups“) zeigen die Kinder entsprechend viele Finger. Damit jeder für sich rechnet, verbinden sie sich die Augen.
- Plus- und Minusaufgaben bis 10 und bis 20 (ohne Zehnerübergang);
- Ergänzen auf 10 und 20;
- Subtrahieren von 10 und 20;
- Aufgaben mit Zehnerübergang;
- Lösen von Aufgaben mit Platzhaltern und Nennen der dabei benötigten Umkehraufgaben.

2.3 Unterrichtspraktische Gestaltung

Ziele

– Vielfältiges Zerlegen der Zahlen bis 20
– Darstellen von Zahlbeziehungen mit dem Pfeildiagramm
– Unterscheiden von geraden und ungeraden Zahlen
– Beherrschen des Zehnerübergangs beim Addieren und Subtrahieren bis 20
– Bilden von Tausch-, Umkehr- und Nachbaraufgaben

Material

① Für jedes Kind ein fortlaufend numeriertes Zahlkärtchen (0, 1, 2 . . .)
③ 20 DIN-A4-Blätter, Folie, für jedes Kind zwei Würfel

Unterrichtsanregungen

① *Die ersten Mathematikstunden im 2. Schuljahr (Wiederholen, Pfeildiagramm)*

– Wir nehmen *unser neues Rechenheft* her und numerieren die Seiten. Ob es mehr als 20 sind? (Die Zahlen über 20 schreibt die Lehrerin an die Tafel. – Das Numerieren der Seiten hat sich in jedem Heft als günstig erwiesen und erleichtert die schriftliche Kommunikation, z. B.: Auf S. . . . hast du sehr schön geschrieben! Auf S. . . . fehlt noch etwas! Usw.

– *Wie wir im neuen Schuljahr sitzen:* Die Kinder werden aufgefordert, um sich zu blicken und dann zu beschreiben, wo sie sitzen. Falls sie sich auf das „Neben" beschränken, fordert sie eine Tafelanschrift zu weiteren Aussagen auf:

Ich sitze neben . . .
hinter
vor
rechts von
links von
zwischen . . . und . . .

– *Wie viele Kinder sind wir?* Die Kinder stellen sich der Größe nach geordnet auf. Das kleinste Kind erhält das Zahlkärtchen 1, das nächste 2 und das größte Kind die letzte Zahl. Auch wenn dabei ggf. der Zahlenraum bis 20 überschritten wird, ist dies unproblematisch. *Sprechreihe:*

Ich bin die Eins. Mein Nachfolger ist die Zwei.
. . .
Ich bin die . . . Mein Vorgänger ist . . .

Die Lehrerin heftet sich ein Zahlkärtchen mit der nächsten Zahl an, tritt vor ein Kind, zeigt mit Zeigefinger und ausgestrecktem Arm darauf und spricht z. B.: „Ich bin größer als du. 26 ist größer als 12." Danach treten einzelne Kinder aus der Reihe, stellen sich vor ein Kind und wiederholen das Sprechmuster.

Nach der Rückkehr auf den Sitzplatz wird das Pfeildiagramm an der *Tafel* erarbeitet:

Lehrerin: „Die Zwölf sagt zur Neun: Ich bin größer als du. Für den ausgestreckten Arm zeichnen wir einen Pfeil. Wir lesen so: 12 ist größer als 9."

Tafelanschrift:

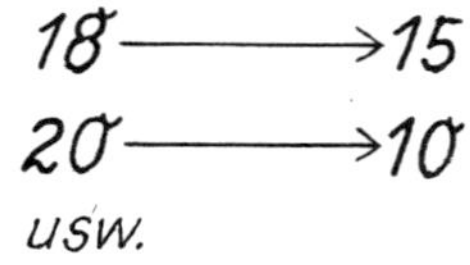

Die Kinder sprechen zu jeder Zeile: ... ist größer als ...
Tafelanschrift:

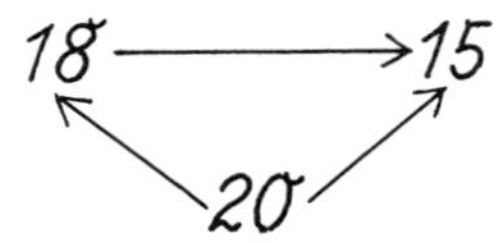

Wer kann an der Tafel die Pfeile richtig einzeichnen und dazu sprechen?
Tafelanschrift:

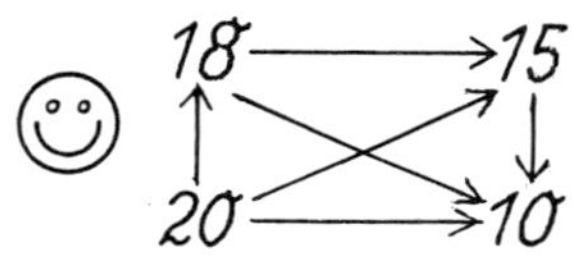

Die Lehrerin wischt die Zahlen von der Tafel und setzt dafür Kästchen als Platzhalter. Die Kinder zeichnen nun die Pfeile ins Heft ab und sollen passende Zahlen einsetzen. Hefteintrag:

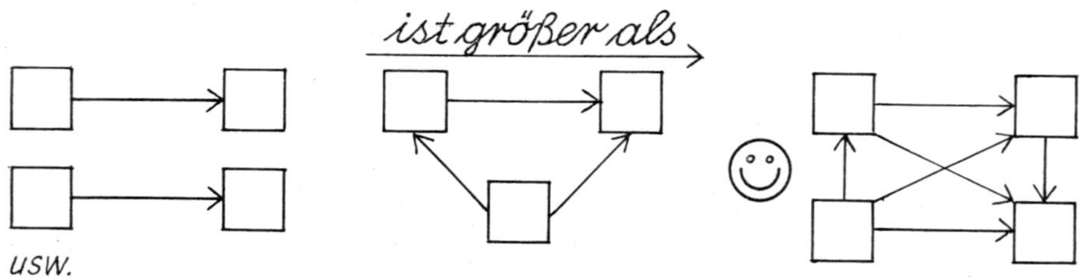

– Am folgenden Tag holen sich die Kinder wiederum „ihr" Zahlkärtchen und stellen sich der Größe nach geordnet auf. Die Lehrerin nimmt diesmal die Karte mit der Null, geht in die Hocke, tritt vor ein Kind, zeigt mit dem ausgestreckten Arm darauf und spricht: „Ich bin kleiner als du. Null ist kleiner als ..." Einzelne Kinder wiederholen dies.
Beim Wiederholen an der Tafel erklärt die Lehrerin: „Der Pfeil kann also auch bedeuten: ist kleiner als. Damit man weiß, was der Pfeil sagen will, schreiben wir es immer über den Pfeil."

Tafelanschrift:

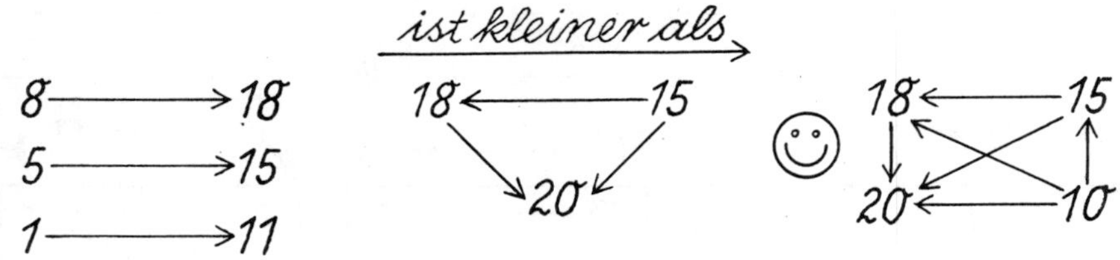

Die Kinder sprechen zur Tafelanschrift und zeichnen die fehlenden Pfeile ein. Wiederum löscht dann die Lehrerin die Zahlen; die Kinder zeichnen die Pfeile ab und setzen passende Zahlen davor (Hefteintrag).

– Noch einmal stellen sich die Kinder mit ihren Zahlkärtchen auf. Lehrerin: „Jetzt soll der Pfeil bedeuten: Ich bin um 2 größer als du.“ Nacheinander stellen sich einzelne Kinder vor ein anderes hin, deuten mit dem ausgestreckten Arm darauf und sprechen. Wiederholen an der Tafel wie bisher.
Wer findet noch andere Regeln für den Pfeil? Um den Kindern die unterschiedliche Bedeutung der Pfeile zu verdeutlichen, werden diese in verschiedenen Farben an die Tafel gezeichnet:

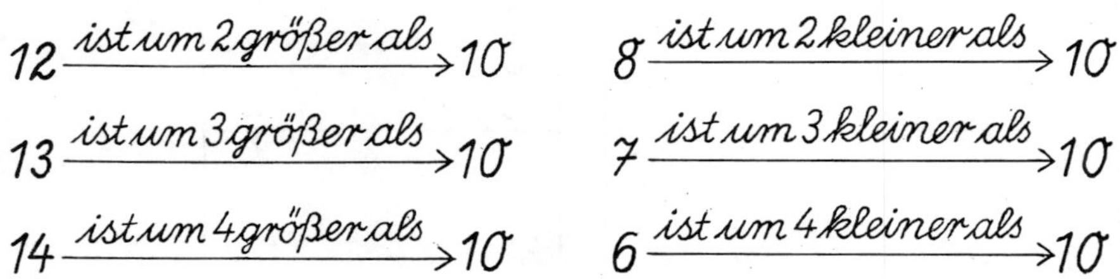

Einüben an der Tafel wie bisher.
Sichern: Übungsblatt (ÜB 3, S. 40)

– *Was wir gerne machen* (Zerlegen der Zahl 20)
Zur Einstimmung fragt die Lehrerin die Kinder nach ihren Vorlieben und hält diese mit Strichlisten an der Tafel fest, z. B.: Wir sind . . . Kinder.
Das machen wir gerne:
Malen
. . .

Da vermutlich nur selten die Klasse genau 20 Kinder umfaßt, wird zum Zerlegen eine „Phantasieklasse“ vorgestellt. „An der Tafel (oder auf Folie)

Pfeilbilder: Achte darauf, was die Pfeile bedeuten!	ÜB 3

Name: ______________________________ Datum: ______________

① ist Vorgänger von →

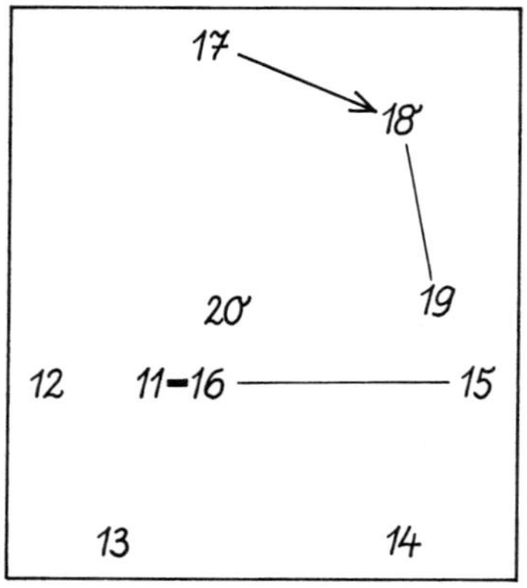

② ist kleiner als →

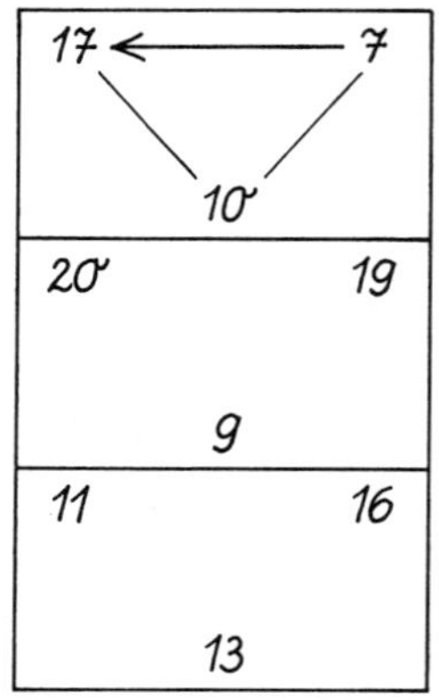

③ ist größer als →

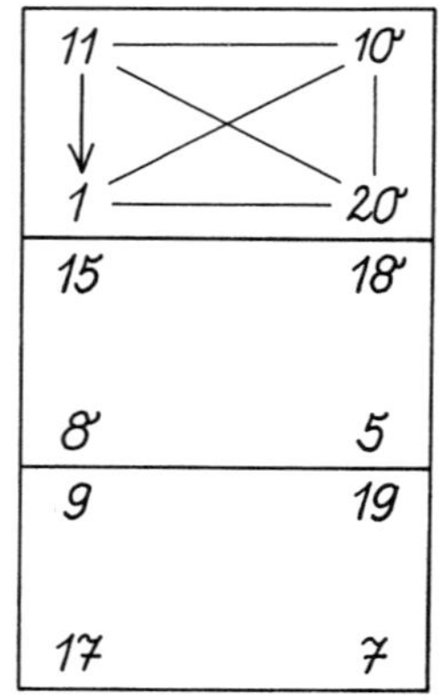

④ ist um 2 größer als →

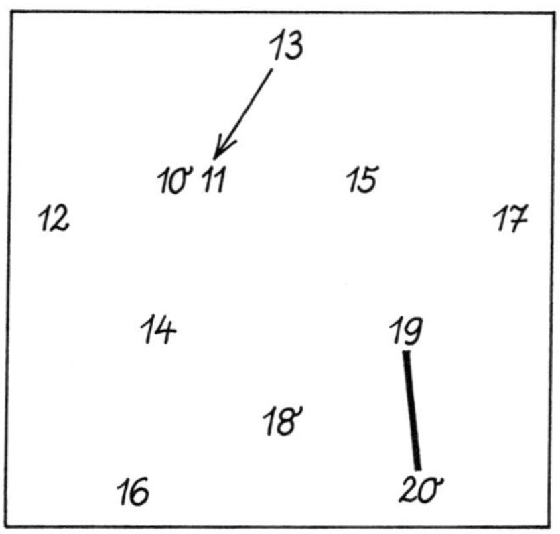

⑤ ist um 2 kleiner als →

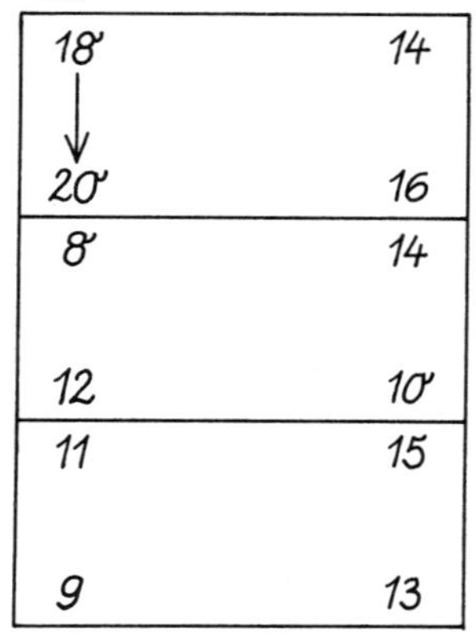

⑥ ist um 3 größer als →

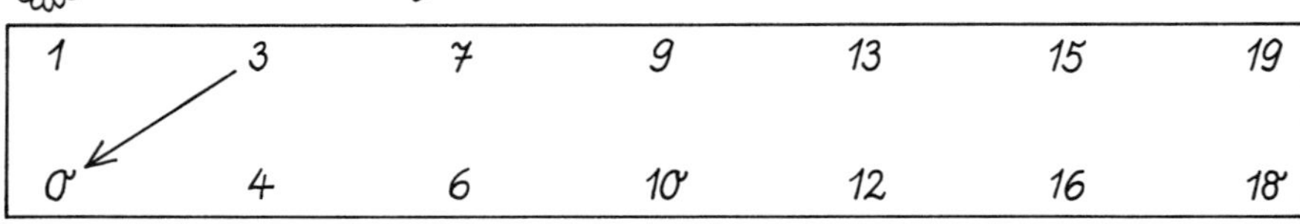

(Hinweis: ① ergibt ein Schiff, ④ einen Stern)

habe ich euch aufgezeichnet, was diese Kinder gerne tun.“ – *Vorbereitete Tafelanschrift:*

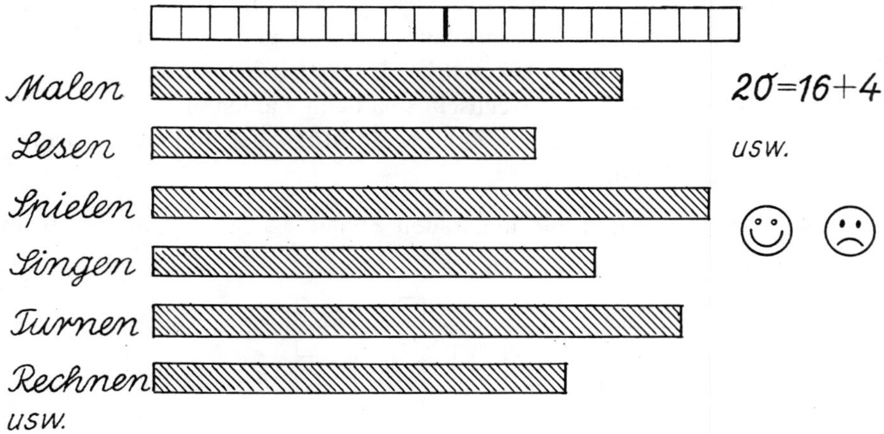

Die Kinder sprechen zu jeder Zeile: „Es sind 20 Kinder. 16 davon malen gerne, 4 nicht. 20 = 16 + 4.“
Anschließend werden die Zerlegeaufgaben ins Heft geschrieben.

② *Gerade und ungerade Zahlen*

– In Band 1. Schuljahr (S. 192) wurden im Anschluß an das Halbieren und Verdoppeln gerade und ungerade Zahlen eingeführt. Deshalb beschränke ich mich auf ein kurzes „Auffrischen“.
Die Kinder stellen sich wiederum mit Zahlkärtchen von 1 bis 20 auf. Die Lehrerin zeichnet einen Pfeil an die Tafel (ist das Doppelte von). Wer findet seinen Partner? Nacheinander stellen sich die Kinder vor ein anderes hin, deuten und sprechen: „Ich bin das Doppelte von . . .“ *Hefteintrag:*

ist das Doppelte von

8 ⟶ 4
10 ⟶ 5
usw.

Die Kinder stellen selbst die möglichen zehn Beispiele in beliebiger Reihenfolge zusammen.
Umkehrung:

ist die Hälfte von

– Lehrerin: „Die Zahlen, die wir halbieren können, sind gerade Zahlen." Die Kinder erhalten Zahlkärtchen bis 20. Wer eine gerade Zahl hat, fährt sie auf dem Kärtchen mit rotem Filzstift nach. Dann stellen sich die 20 Kinder wieder in einer Reihe auf. Sprechreihe: „2 ist eine gerade Zahl. 4 . . ." Die Kinder mit ungeraden Zahlen gehen in die Hocke, so daß wir deutlich sehen: Gerade und ungerade Zahlen wechseln sich beim Zählen ab.
Sprechreihe: „3 ist eine ungerade Zahl. Mein Vorgänger und mein Nachfolger sind gerade Zahlen. 5 . . ."

– Darstellen von geraden und ungeraden Zahlen als „Doppeltürme" beim *Legen mit Stäben*:

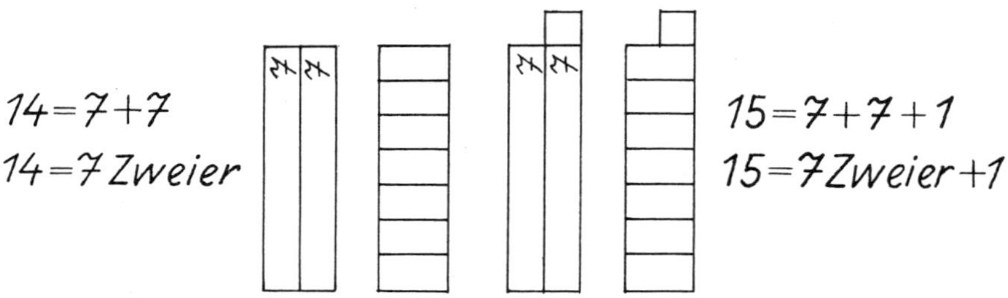

– *Plakat* für das Klassenzimmer:

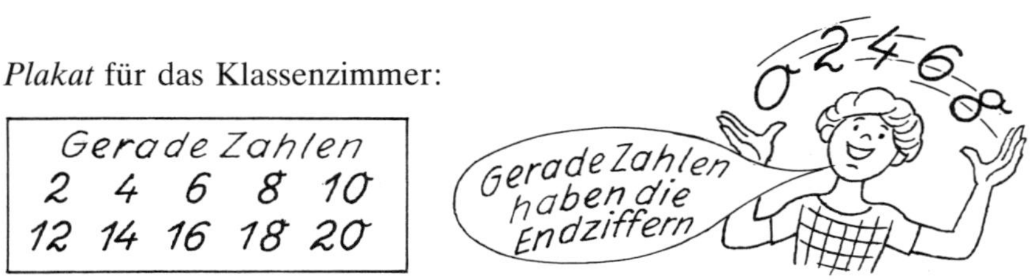

* *Spiel „Gerade oder ungerade"* (für zwei Kinder)
Anfangs wird vereinbart, welches Kind bei „gerade" gewinnt (roter Stift) und welches bei „ungerade" (blauer Stift). Dann legen beide Spielpartner ihre rechte Hand auf den Rücken, zählen gemeinsam bis drei und strecken dann beliebig viele Finger vor. Ist die Summe der gestreckten Finger beider Kinder gerade, macht sich das betreffende Kind auf seinem Zettel einen roten, andernfalls der Partner einen blauen Strich. Wer zum Schluß die meisten Striche hat, hat gewonnen. Später können dann auch beide Hände hinter dem Rücken versteckt und nach Zählen vorgestreckt werden.

③ *Der Zehnerübergang*

– Die Lehrerin kann an das Auffüllen der Eierschachteln im 1. Schuljahr erinnern (vgl. Band 1. Schuljahr, S. 199) oder von einer neuen Handlung ausgehen, wie z. B. einem *Besuch im Kasperltheater*. Dazu legt sie als Plätze 20

Gerade und ungerade Zahlen

ÜB 4

Name: ______________________ Datum: ____________

① ist das Doppelte von →

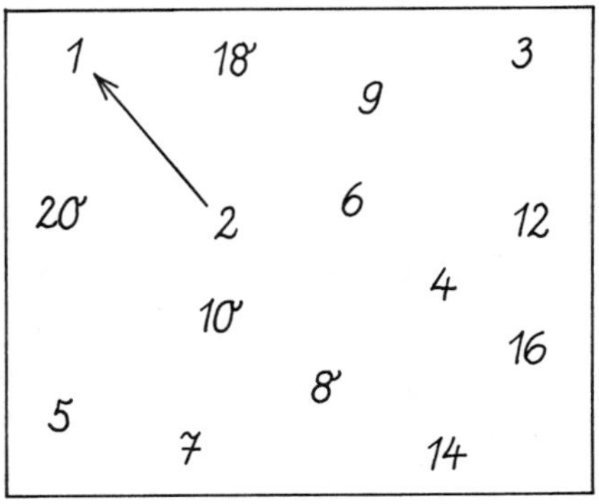

② ist die Hälfte von →

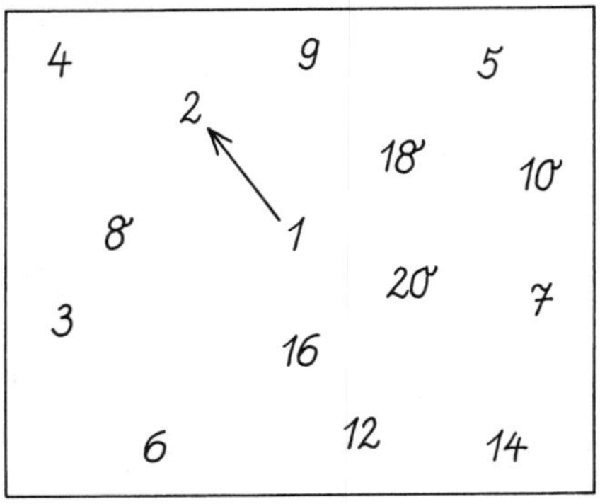

③

	Gerade Zahlen	Ungerade Zahlen
1	2	3
2		
3		
4		
5		
6		
7		
8		
9		
10		21

ist die Hälfte von → ; (+1) →

④ Denke bei den Nachbaraufgaben ans Verdoppeln!

$6 + 6 =$ ☐ N $6 + 7 = 6 + 6 + 1 =$ ☐

N $6 + 5 = 6 + 6 - 1 =$ ☐

$8 + 8 =$ ☐ N $8 + 9 =$ ______

N $8 + 7 =$ ______

$5 + 5 =$ ☐ N $5 + 6 =$ ______

N $5 + 4 =$ ______

$7 + 7 =$ ☐ N $7 + 8 =$ ______

N $7 + 6 =$ ______

$9 + 9 =$ ☐ N $9 + 10 =$ ______

N $9 + 8 =$ ______

Schreibe bei ①, ② und ③ alle geraden Zahlen rot nach!

DIN-A4-Blätter in zwei Reihen auf dem Fußboden aus. Acht Kinder setzen sich auf die ersten acht Plätze. Fünf Kinder treten hinzu.
Sprechen: „Acht Kinder sind schon da. Fünf kommen noch dazu. Von den 5 Kindern setzen sich 2 in die erste Reihe und 3 in die zweite Reihe. Wir rechnen: 8 + 2 + 3 = 13."
Durchspielen mehrerer Beispiele.

– *Darstellen als Pfeilaufgabe*

Tafelanschrift:

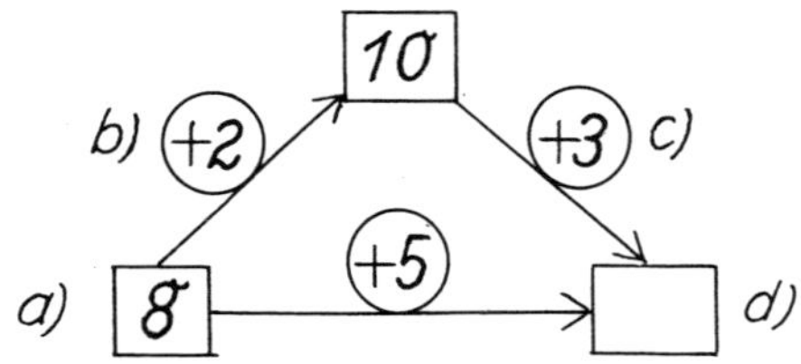

Die Darstellung wird sukzessive mit begleitender Erklärung angeschrieben.
a) Wir sollen rechnen: 8 + 5.
b) Wir rechnen zuerst bis 10, also 8 + 2 = 10.
c) Dazu zerlegen wir 5 in 2 + 3. Wir müssen zur 10 deshalb noch 3 dazuzählen: 10 + 3 = 13.
d) Wir wissen nun: 8 + 5 = 13.
Die Lehrerin wischt die Zahlen in der Pfeilaufgabe vorsichtig weg und trägt zwei neue Zahlen ein (6 + 7). Ein Kind füllt die Darstellung an der Tafel aus und spricht dazu. Nach mehreren Beispielen an der Tafel bearbeiten die Kinder ein Übungsblatt (Üb 5, S. 45).

– *Übertragen auf die Subtraktion*

Tafelanschrift:

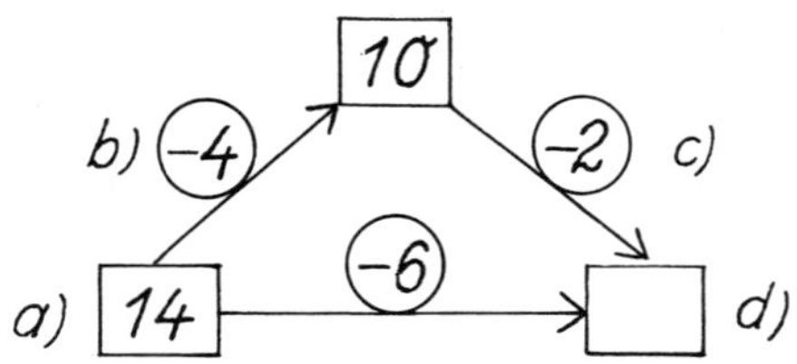

a) Wir sollen rechnen: 14 − 6.
b) Wir rechnen zuerst zur 10 zurück: 14 − 4 = 10.
c) Statt −6 rechnen wir −4, dann −2: 10 − 2 = 8.
d) Wir wissen nun: 14 − 6 = 8.

Immer zuerst zum Zehner!	ÜB 5

Name: ____________________ Datum: ____________

1

7 (+5) → 10	9 (+7) → 10	6 (+7)	8 (+3)
5 (+8)	8 (+9)	4 (+8)	9 (+4)
6 (+8)	5 (+9)	3 (+9)	7 (+8)

2

11 (−6) → 10	13 (−8)	15 (−7)	12 (−5)
16 (−9)	14 (−9)	12 (−8)	13 (−5)
14 (−8)	11 (−7)	13 (−6)	17 (−9)

– *Vertiefung:* Gerade und ungerade Zahlen als Hilfe bei der Ergebniskontrolle

+	1	2	3	4	5	6	7	8	9	10
1										
2										
3										
4										14
5									14	
6								14		
7							14			
8						14				
9					14					
10				14						

$7 + 7 = 14$

In Partnerarbeit füllen die Kinder die Additionstabelle aus. Dazu wird abwechselnd mit zwei Würfeln gewürfelt und die Summe der geworfenen Augen gebildet. Hat ein Kind z. B. eine Fünf und eine Zwei gewürfelt, rechnet es 7 + 7 = 14. Nun darf es 14 an allen passenden Stellen eintragen, während der Partner kontrolliert. Dann würfelt der Partner. Werden eine Sechs und eine Fünf bzw. eine Sechs gewürfelt, wird nochmals gewürfelt, da $6 + 5 > 10$.
Nach dem Vergleich mit einer Kontrollfolie schummern die Kinder alle geraden Zahlen mit rotem Buntstift an. Wir stellen fest: Eine gerade Zahl plus eine gerade Zahl ergibt wiederum eine gerade. Eine gerade plus eine ungerade Zahl ... Festhalten an der Tafel (g = gerade Zahl, u = ungerade Zahl):

$g + g = g \qquad u + g = u$

$u + u = g \qquad g + u = u$

Analog werden die Regeln für die Subtraktion erarbeitet.

Erste Lernzielkontrolle (LZ1, S. 48)

Aufgabe	Anforderung	Bewertungsvorschlag	
1	leicht (Platzhalter am Ende)	12 × ½ P.	6 P.
	gehoben (Platzhalter nicht am Ende)	4 × 1 P.	4 P.
2	gehoben	12 × ½ P.	6 P.
3	gehoben	11 × ½ P.	5½ P.
4	leicht	10 × ½ P.	5 P.
5	leicht (Frage vorgegeben)	Ansatz 1 P., Ergebnis 1 P., Antwort 1 P.	6 P.
		Summe	32½ P.

Grundlegende Ziele erreicht: ca. 20 Punkte (etwa ⅔ der Punktzahl)
Weiterreichende Fähigkeiten: ab ca. 30 Punkten

# Ich zeige, was ich kann	LZ 1

Erste Lernzielkontrolle: Rechnen bis 20

Name: ______________________ Datum: ______________

1

11 + 7 = ☐	8 + 7 = ☐	13 − 6 = ☐	6 + ☐ = 11
13 + 4 = ☐	4 + 8 = ☐	16 − 9 = ☐	☐ + 6 = 15
20 − 6 = ☐	9 + 3 = ☐	14 − 5 = ☐	13 − ☐ = 8
18 − 4 = ☐	6 + 8 = ☐	12 − 7 = ☐	☐ − 7 = 9

2 Setze richtig ein < oder > oder = !

6 + 6 ◯ 13	18 − 9 ◯ 9	7 + 7 ◯ 10 + 3	5 + 5 ◯ 20 − 8
5 + 6 ◯ 13	18 − 8 ◯ 9	7 + 8 ◯ 10 + 6	8 + 8 ◯ 20 − 4
7 + 6 ◯ 13	18 − 10 ◯ 9	7 + 6 ◯ 10 + 2	6 + 6 ◯ 20 − 9

3 Zeichne die Pfeilspitze an die richtige Stelle!

ist kleiner als ⟶

13 ———— 20	
19 ———— 17	

12 — 18 — 16 (Dreieck)

9 — 19 — 11 — 10 (Viereck mit Diagonalen)

4 Rahme die geraden Zahlen rot ein!

1	2	3	4	5	6	7	8	9	10	11	12	13	14	15	16	17	18	19	20

5

Sonja und Jan haben Blumen aus Papier gebastelt, 5 rote Blumen und 6 gelbe. Wie viele Blumen sind das zusammen?

Rechnung: ☐

Antwort: ______________

Linda hat 15 Blumen aus Papier gebastelt. Sie schenkt 7 Blumen ihrer Mutti. Wie viele Blumen hat sie dann noch?

Rechnung: ☐

Antwort: ______________

Du hast von 32½ Punkten ☐ Punkte erreicht. Arbeitszeit: Etwa ☐ Min.

______________ gesehen

3. Die Zahlen bis 100

3.1 Didaktische Hinweise

Eine Tabelle zeigt übersichtlich die anstehenden Lerninhalte, Lernziele und ihre grobe Abfolge (*nach Radatz/Schipper*, S. 92):

	A Vermitteln von Zahl- und Größenvorstellungen	B Bündeln, Stellenwert, Schreib- und Sprechweise der Zahlen	C Ordnung der Zahlen, Orientieren im Zahlenraum	D Rechnen
1. Zehnerzahlen als Ankerpunkte	Bestimmen der Anzahl von konkreten und abgebildeten Mengen	Aufgliedern von Mengen in Zehner (ohne Rest); Umwechseln von je 10 Einern in einen Zehner (Würfel – Stäbe, Geld)	Sukzessives Hinzufügen eines Zehners bis 100, Ordnen: < > ist größer als ⟶	Addition und Subtraktion von Zehnerzahlen in Analogie zum Rechnen bis 10
2. Auffüllen des Hunderters mit Zehner-Einer-Zahlen	wie 1.	Aufgliedern von Mengen in Zehner mit Rest; Darstellen als Zehnerreihen, -stäbe, -striche und als Einer; Zerlegen von Zahlen in Z und E, Stellenwerttafel, Darstellen mit Geld	Hundertertafel, Zahlenband, Zahlenstrahl	Einfache Rechnungen verdeutlichen die Ordnung: +/−1, +/−10, sukzessives Hinzufügen von 1 E oder 1 Z (Aufgabenreihen), Ergänzen und Zurückgehen zur nächsten Zehnerzahl

Erst nach der Grobstrukturierung des Hunderters in Zehner wird die Feinstruktur, die Zehner-Einer-Zahlen, erarbeitet. Die in den Spalten A, B, C und D genannten Inhalte erfordern dagegen nicht immer eine zeitliche Trennung, sondern lassen sich mitunter sinnvoll integrieren und stützen sich dabei wechselseitig. So erscheint die zugrundeliegende Arithmetik jeweils nur in einem anderen Gewand.

– *Bündeln*

Bündeln heißt, unüberschaubare Mengen jeweils zu einem Bündel gleicher Größe zusammenzufassen. So werden große Anzahlen durch Bündelung

sprachlich und schriftlich darstellbar. In diesem Lehrgang wird *nur die Zehnerbündelung* vorgenommen, um zur Einsicht in das dekadische System zu führen. Andere Bündelungen erscheinen als unnötiger Ballast (vgl. z. B. *Mayer M.*, S. 549).
Bei der Zehnerbündelung werden je zehn Gegenstände zu einem Zehnerbündel zusammengefaßt. Dann wird die Anzahl der Zehnerbündel und der jeweils noch verbleibenden einzelnen Gegenstände in einer Stellenwerttafel und als Zerlegaufgabe notiert, z. B.:

Z	E
3	2

32 = 30 + 2 oder 32 = 3Z + 2E

Die Zehnerbündel lassen sich nun durch eine höhere Bündelungseinheit darstellen, als Zehnerstab, -strich, -stange oder beim Geld durch ein Zehnpfennigstück bzw. durch einen Zehnmarkschein.

– *Schreib- und Sprechweise der Zahlen*
Gelegentlich entstehen dadurch Schwierigkeiten, daß Sprech- und Schreibweise gegenläufig sind: Wir schreiben zuerst die Zehner, dann die Einer. Wir sprechen aber zuerst die Einer, dann die Zehner. Im Normalfall reichen die vielen angebotenen Übungen zum Darstellen von Zahlen aus, um den Unterschied von Sprech- und Schreibweise zu überbrücken. Sollten jedoch Kinder hartnäckig die Ziffern bei zweistelligen Zahlen vertauschen, können folgende Maßnahmen hilfreich sein:

– Wir legen nicht die Normaldarstellung, sondern entsprechend der Sprechweise *zuerst die Einer, dann die Zehner*:

Synchrones Legen und Sprechen

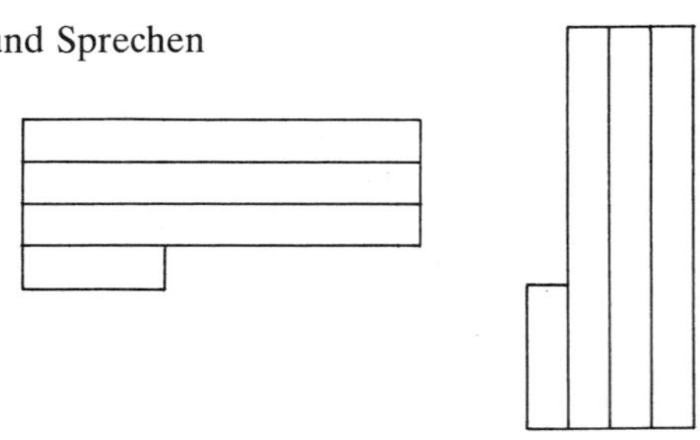

– Wir sprechen und schreiben zuerst 30, schreiben dann über die Null eine Vier und sprechen vierunddreißig.

Synchrones Sprechen und Schreiben

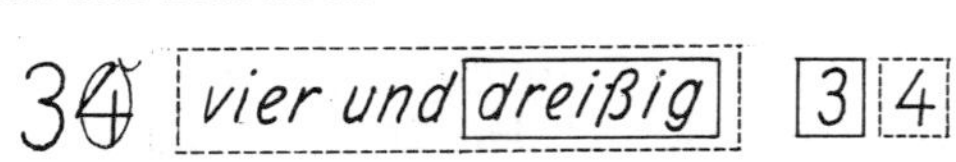

Bald kann man dann beim Schreiben die Null weglassen, die Sprechweise dagegen wird noch längere Zeit beibehalten.

– *Darstellen von Zahlen und Rechnen mit Geld*
Bereits im 1. Schuljahr wurde in den Größenbereich der Währung eingeführt, da die Geldwerte den Kindern meist aus dem Alltag bekannt sind. Zudem ist das Umgehen mit Geld für sie sehr motivierend und erlaubt eine Fülle von Aktivitäten wie Vergleichen, Umwechseln, Dazulegen und Wegnehmen. Beim Umwechseln von zehn Einpfennigstücken in einen Zehner und beim Wechseln von zehn Zehnpfennigstücken in eine DM (= Hunderter) erfahren die Kinder die praktische Anwendung der Zehnerbündelung. Analog werden zehn Markstücke in einen Zehnmarkschein gewechselt und zehn Zehnmarkscheine in einen Hundertmarkschein. Mit Zwei-, Fünf- und Fünfzigpfennigstücken erfahren die Kinder unbewußt, daß man auch andere Zahlen als 10 als Basis beim Bündeln verwenden kann. Nicht nur die Zahl (Maßzahl) bestimmt den Wert eines Geldbetrages, sondern auch der Einzelwert der Münzen (Maßeinheit). Deshalb wird beim Rechnen mit Größen die Maßeinheit als wesentliches Kriterium einer Größe immer mitgeschrieben. Die Wertgleichheit wird durch Legen, Grafik und exaktes Sprechen immer wieder herausgearbeitet, z. B.: „Ein Fünfpfennigstück kann ich in fünf Einpfennigstücke umwechseln. Zehn Zehnpfennigstücke sind genausoviel wert wie eine DM.“ Dadurch lernen die Kinder, Beziehungen zwischen den Münzen und Scheinen herzustellen und sie ihrer Wertigkeit nach zu ordnen.

„Herr Wirt“, beklagt sich der Gast, „Ihr Schnitzel ist noch kleiner als ein 20-DM-Schein.“ – „Na und! Es kostet ja auch nur 19,90 DM.“

– *Ordnung der Zahlen*
Im größeren Zahlenraum treten Mengenbilder immer mehr zurück. Der *ordinale Aspekt* gewinnt zunehmende Bedeutung. Die Einsicht in die Ordnung der Zahlen innerhalb des jeweiligen Zehners und innerhalb des Hunderters läßt sich durch Aufsuchen und Lokalisieren von Zahlen in der Hundertertafel (Hunderterfeld), am Zahlenband und am Zahlenstrahl vermitteln. Weiterhin wird das Verständnis unterstützt durch das Aufsuchen und Nennen von Nachbarzahlen und Nachbarzehnern.
Eine ungewohnte, aber hilfreiche Darstellung der Rechentafel findet sich bei *Gathmann* (S. 4). Dabei werden die Plätze der Zehnerzahlen doppelt belegt:

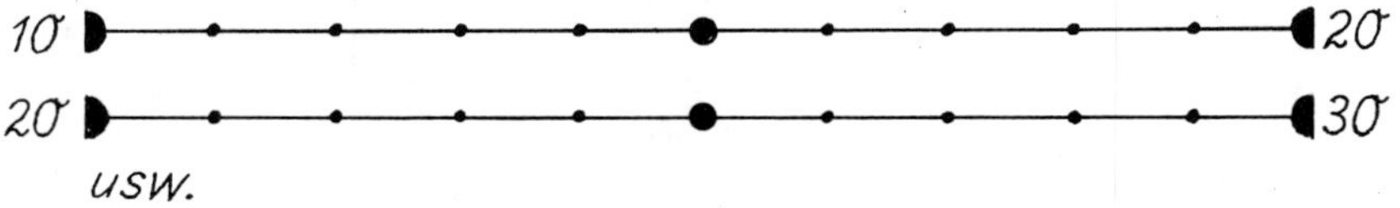

Zur Einführung wird ein Zahlenband mit hervorgehobenen Zehnerstellen durchgeschnitten. Dabei wird den Kindern deutlich, daß Ende des linken und Anfang des rechten Zehnerstreifens dieselbe Zahl bezeichnen. Vor allem für das Rechnen kann dieser Vorschlag Vorteile bringen.

– *Rechnen*

Mit den Zehnerzahlen wird in Analogie wie mit den Zahlen bis 10 gerechnet. Das Analogieprinzip läßt sich durch Stäbe und Geld verdeutlichen:

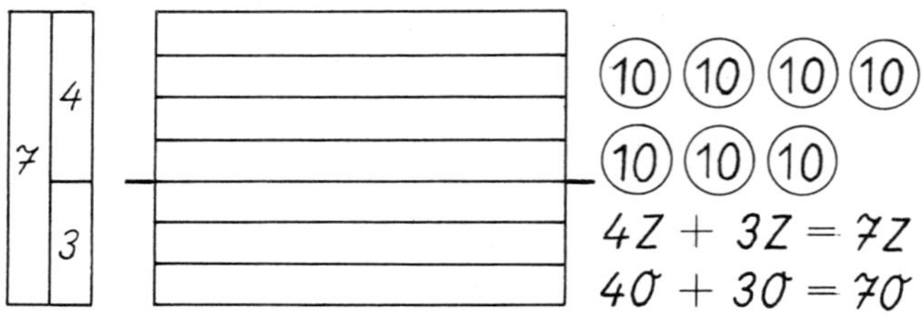

3.2 Methodische Hinweise

Lernhilfen

Beim Bündeln ist es unerläßlich, daß große Mengen gleicher Materialien, wie z. B. homogene Plättchen, Steckwürfel oder Einerwürfel, zur Verfügung stehen. Damit die Ordnung der Zahlen jedem Kind sichtbar vor Augen ist, sollten *Hundertertafel* und *Zahlenstrahl* nicht nur im Klassenzimmer aushängen, sondern jedes Kind sollte diese für sich selbst besitzen. So lassen sich z. B. auf einem DIN-A3-Zeichenblatt Zahlenstrahl, Hunderterfafel und das Abc in Schreibschrift (Groß- und Kleinbuchstaben) gut unterbringen. Damit der Zeichenkarton ansehnlich bleibt, wird er mit selbstklebender Folie überzogen (Elternhilfe!) und dient dann jedem Kind als Schreibunterlage oder auch als Trennwand.

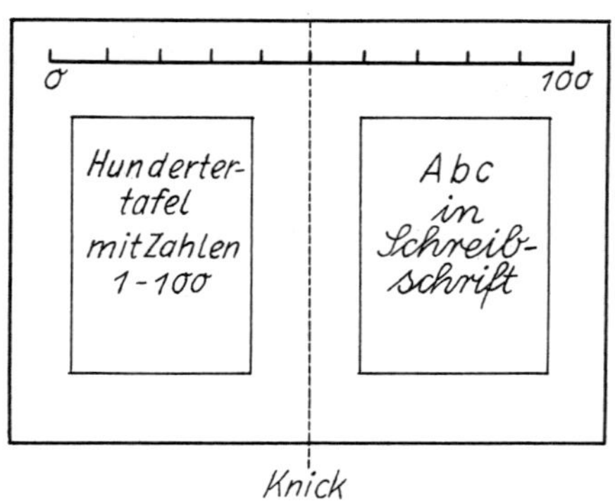

Schreibunterlage für jedes Kind

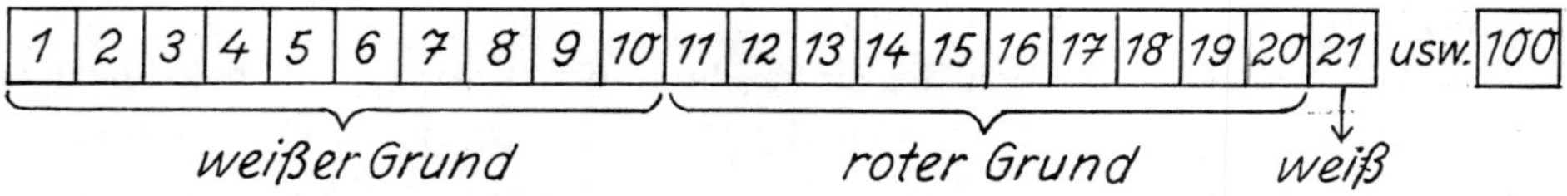

Zahlenband für das Klassenzimmer

Bei einer Kästchengröße von 7 mal 7 cm ergibt sich eine Gesamtlänge von 7 m. Im Wechsel sind je 10 Kästchen weißgrundig und 10 Kästchen mit farbigem Grund.

Ein weiteres bewährtes Hilfsmittel ist der *Zahlanzeiger*. Dazu braucht man einen Kalender mit Spiralheftung. Der Kalender wird entsprechend verkleinert, und jedes Blatt wird in der Mitte durchgeschnitten. Dann wird jedes halbe Blatt mit den Ziffern von 0 bis 9 beschriftet.

Der Zahlanzeiger läßt sich vielfach verwenden:

- An der Flanelltafel oder Tafel wird eine Zahl mit Stäben, Strichen und Punkten oder mit Geld dargestellt. Die Kinder zeigen diese Zahl mit ihrem Anzeiger und halten ihn hoch.
- Die Lehrerin nennt eine zerlegte Zahl, z. B. 4 Z 5 E oder 40 + 5, und die Kinder zeigen wiederum die Zahl.
- Später werden beim Kopfrechnen die Ergebnisse von mündlich gestellten Aufgaben gezeigt.

Lernspiele
Neben den eingestreuten Spielen zum Lesen, Sprechen und Darstellen von Zahlen haben sich auch folgende Spiele bewährt:

* *Schlapp hat seinen Hut verloren* (Kreisspiel)
Jedes Kind hat ein Kärtchen mit einer anderen zweistelligen Zahl (z. B. 34, 65, 82...). Ein Kind (z. B. 34) beginnt und sagt: „Schlapp hat seinen Hut verloren, 34 hat ihn nicht, 65 hat ihn." Daraufhin muß 65 sofort antworten, ohne sich zu verhaspeln: „Schlapp hat seinen Hut verloren, 65 (oder: 60 + 5) hat ihn nicht, 82 hat ihn." Auch dieses Kind muß unverzüglich richtig antworten oder andernfalls ein Pfand abgeben, das später durch Lösen einer Rechnung ausgelöst werden kann.

* *Stechen*
Je zwei Kinder teilen sich die ausgeschnittenen Kärtchen (Arbeitsblatt) und halten sie verdeckt als Stoß in der Hand. Gleichzeitig decken beide je eines auf und legen es auf den Tisch. Wer die größere Zahl hat, darf beide ausgelegten Kärtchen unten in seinen Stoß nehmen. Wer kein Kärtchen mehr hat, hat verloren. Statt Zahlen können auf den Kärtchen auch Terme sein.

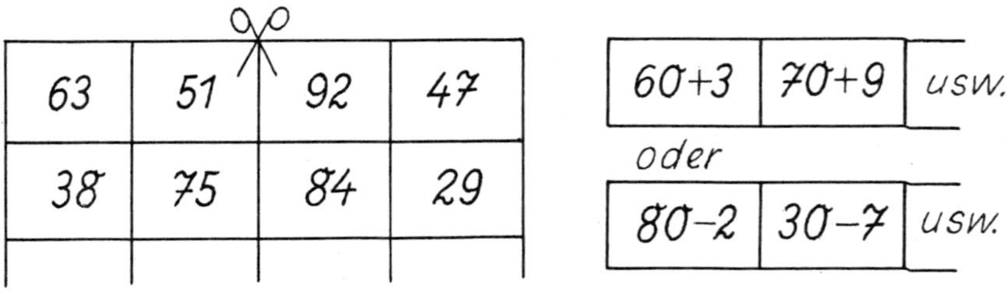

Auf ein DIN-A4-Blatt passen 7mal 4 Kärtchen. Zuerst schneidet ein Kind das Blatt in der Mitte durch. Dann zerschneidet jedes die Hälfte.

* *Kreisspiel „Mein rechter, rechter Platz ist frei"*
Jedes Kind hat ein Zahlkärtchen mit einer beliebigen zweistelligen Zahl. Wer links vom leeren Stuhl sitzt, spricht z. B.: „Mein rechter, rechter Platz ist frei, ich wünsche mir die 69 (oder: 6 Zehner und 9 Einer, 60 + 9) herbei." Das genannte Kind besetzt dann den freien Platz.

3.3 Unterrichtspraktische Gestaltung

Ziele

- Aufgliedern von Mengen in Zehnerbündel und Notieren als Zehner und Einer
- Darstellen der Zahlen mit Stäben, Zehnerstrichen und Einerpunkten, mit Geld, im Hunderterfeld und am Zahlenstrahl
- Lesen und Schreiben von Zahlen und Zahlwörtern
- Vorwärts und rückwärts zählen
- Erkennen von Zahlbeziehungen beim Weiterführen von Zahlenfolgen, beim Vergleichen und Ordnen von Zahlen
- Zerlegen von zweistelligen Zahlen in Zehner und Einer und Notieren als Summe (Zerlegaufgabe)
- Angeben von Nachbarzahlen und Nachbarzehnern zu vorgegebenen Zahlen
- Unterscheiden von geraden und ungeraden Zahlen unter Beachtung der Einerstelle

– Addition und Subtraktion von Zehnerzahlen und einfache Rechnungen mit Zehner-Einer-Zahlen zur Verdeutlichung der dekadischen Ordnung

Material

① Drei Schilder mit grafischen Anweisungen, für die Flanelltafel zehn Zehnerstäbe, zehn Kärtchen mit den Zehnerzahlen 10–100, zehn Wortkarten mit den Zahlwörtern „zehn" bis „hundert", 100 Einpfennigstücke, 10 Zehnpfennigstücke

② Ausreichend Material zum Bündeln (verschiedene Vorschläge), für die Flanelltafel diverse Münzen und Scheine, 100 Kärtchen mit den Zahlen 1–100; für die Kinder eine Hundertertafel, ein Schneidermaßband, ein Spielwürfel sowie Arbeitsblätter

Unterrichtsanregungen

① ***Zehnerbündel und Zehnerzahlen*** (vgl. dazu auch Band 1. Schuljahr, S. 215)

Hundert Kinder!

Vorbereitung: Absprache mit den Kollegen

– *Selbsttätige Auseinandersetzung* mit dem erweiterten Zahlenraum: „Kannst du hundert Kinder malen? ... Damit es nicht zu viel Arbeit ist, malt bitte nur den Kopf als kleinen Kreis."

Die Kinder malen hundert Kreise auf ein Blockblatt. Mögliche Zusatzarbeit: Die Anzahl überprüfen und je zehn Kreise einkreisen.

– *Vermitteln der Zahlvorstellung:* Im Schulhof, notfalls auch in der Turnhalle, treffen hundert Kinder zusammen. Da vermutlich die Verständigung nicht einfach ist, zeigt die Lehrerin jeweils Schilder mit Aufträgen:

- Je zehn Kinder stellen sich in eine Reihe und geben sich die Hand. (Vorher Striche auf dem Boden zeichnen oder Schnüre zum Markieren der Zehnerreihen auslegen.) Die Zehnerreihen stehen hintereinander. In jeder Reihe wird durchgezählt und so die Anzahl überprüft. Das letzte Kind jeder Reihe bekommt ein Schild zum Umhängen mit der entsprechenden Zehnerzahl 10, 20, 30 usf.

- Jedes Kind mit einem Zahlenschild führt seine Reihe an. Nacheinander laufen die Reihen weg, verteilen sich und bilden einen Zehnerkreis.

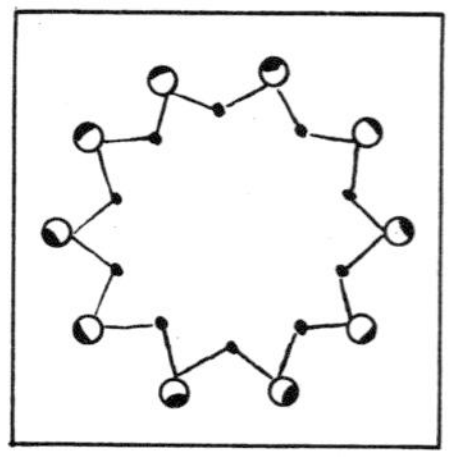

- Der erste Zehnerkreis stellt sich im Gänsemarsch auf und läuft langsam durch den Hof. Der zweite Zehnerkreis schließt sich an usf., bis die Kinder eine „Hunderterschlange“ sind.

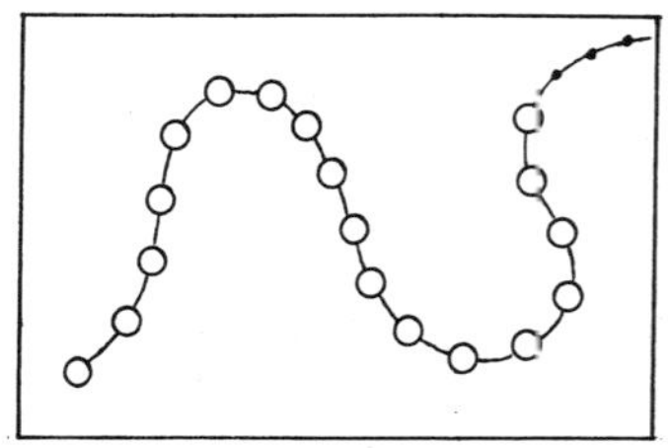

- Schließlich zieht die Hunderterschlange ins Klassenzimmer der 2. Klasse, und wir überprüfen, ob hundert Kinder in unser Klassenzimmer passen.

Mit Dank werden dann die „geliehenen“ Kinder verabschiedet.

– *Überprüfen der Zeichnung vom Stundenbeginn:* Sind es wirklich hundert Kinder? Es werden jeweils zehn Kinder eingekreist, und auf jedes Zehnerbündel wird ein Zehnerstab gelegt. Danach werden die Zehnerstäbe zum Hunderterfeld untereinander gelegt. – An der Flanelltafel legt die Lehrerin mit. Beim gemeinsamen Sprechen werden Zahl- und Wortkarten angeheftet:

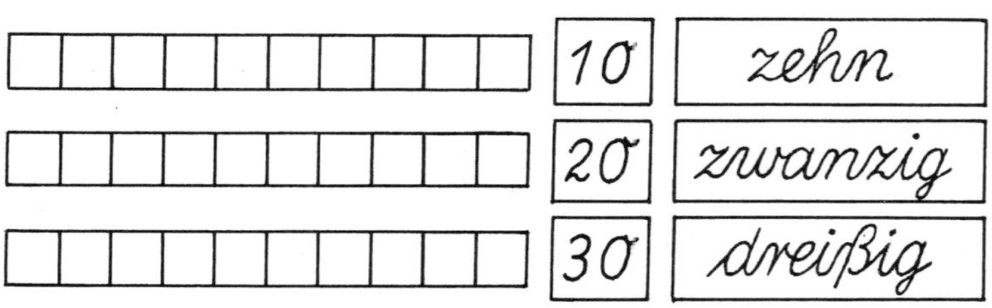

– *Sichern und Üben*

- Die Kinder legen nach Ansage der Lehrerin Zehnerzahlen. *Beispiel:* Lege dreißig! – Kind: Für dreißig brauche ich drei Zehnerstäbe.
  Umkehrung: Lege fünf Zehner! – Kind: Fünf Zehner sind zusammen fünfzig.

- Die Kinder schließen die Augen, und die Lehrerin „zeichnet“ mit dem Zeigestock Zehnerstriche auf einen Tisch. Anschließend legen die Kinder entsprechend viele Zehnerstäbe und bestimmen die gehörte Anzahl: Das waren fünf Zehner, also fünfzig.
- Erklärung an der Tafel und anschließender Hefteintrag:

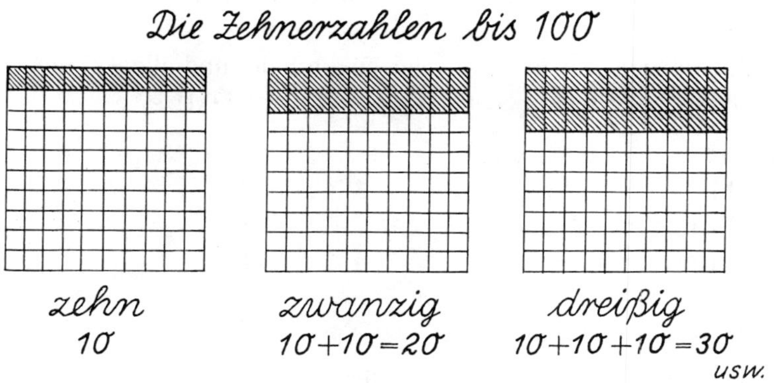

Die Kinder zeichnen im Heft mit dem Lineal zehn Quadrate mit je zehnmal zehn Kästchen (Hunderterfeld). In jedem Quadrat wird eine Zehnerreihe mehr als im vorigen mit Buntstift angemalt, Zahl und Zahlwort werden dazugeschrieben. Die Zahlwörter werden an der Tafel vorgegeben.

② ***Wir wechseln Geld***

– Die Lehrerin zeigt zwei Schachteln mit Geld (Rainers Geld, Lenas Geld). Zum Zählen ordnen es die Kinder an der *Flanelltafel:*

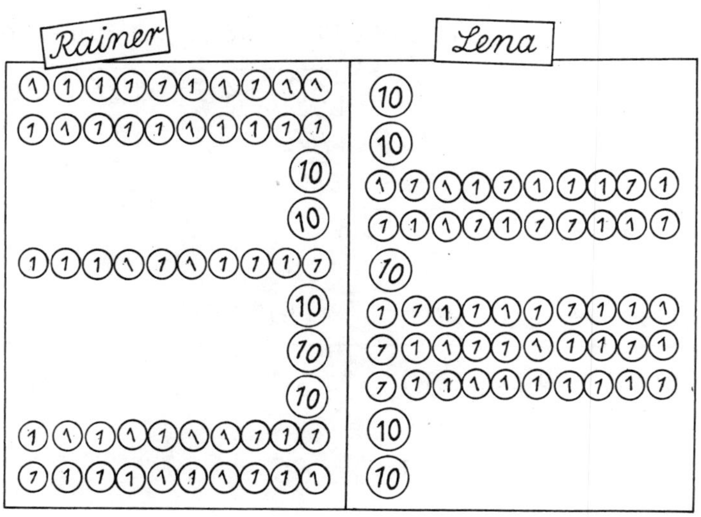

Erklärung: „Rainer sammelt Einpfennigstücke. Wir sagen für Einpfennigstücke kurz Einer. Er möchte seine Zehnpfennigstücke, die Zehner, in Einer umwechseln. Lena sammelt Zehner und möchte ihre Einer im Zehner umwechseln.“
Je ein Kind wechselt an der Flanelltafel um und spricht dazu: „Rainer gibt einen Zehner und bekommt dafür zehn Einer. Lena gibt zehn Einer und bekommt dafür einen Zehner.“
Schließlich liegen alle Einer auf der linken Seite und alle Zehner rechts.
Feststellen: Beide haben gleich viel (100 Pf = 1 DM).

Tafelanschrift und Hefteintrag:

10 Einer = 1 Zehner	3 Z = 30 E
20 Einer = 2 Zehner	7 Z = □ E
30 Einer = 3 Zehner	4 Z = □ E
...	...
100 Einer = 10 Zehner	

– *Weitere Übungen* auf einem Arbeitsblatt, im Rechenbuch oder auf Arbeitskarten:

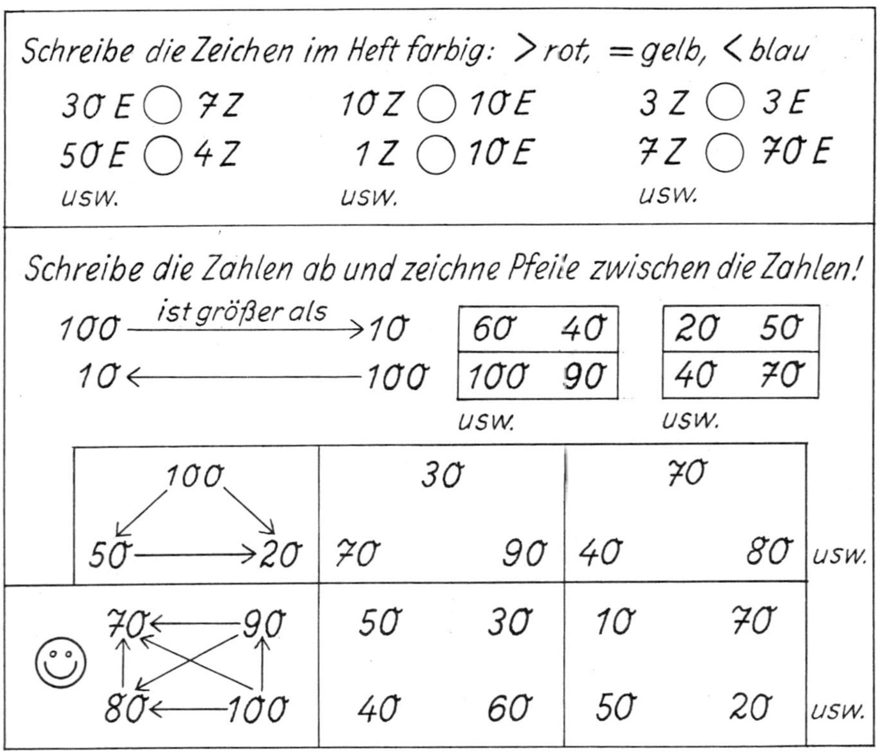

Wir wechseln zehn Einer in einen Zehner.

(1)

Umkehraufgabe	Plusaufgabe	Tauschaufgabe	Umkehraufgabe
70 − 40 = 30	30 + 40 = 70	40 + 30 = 70	70 − 30 = 40
usw.	70 + 30 =		

(2) Wegnehmen von 100 und Ergänzen auf 100

100 − 70 = ☐   20 + ☐ = 100
100 − 40 = ☐   50 + ☐ = 100
usw.   usw.

(3) Lange und kurze Namen für eine Zahl.
Schreibe die Zeichen farbig: ⊳ rot, ⊜ gelb, ⊲ blau

40 − 10 ◯ 70 | 90 ◯ 20 + 70 | 30 + 60 ◯ 40 + 40
usw. | usw. | usw.

(4) Das Rechenrad dreht sich.

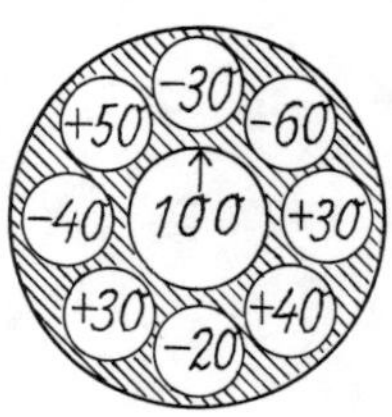

Beispiel:
100 − 30 = 70
70 − 60 = 10
10 + 30 = 40
40 + 40 = 80
80 − 20 = 60
60 + 30 = 90
90 − 40 = 50
50 + 50 = 100

(5) Zauberquadrat

(20)		40
50	(30)	10
		(40)

Immer 90!

③ ***Rechnen mit Zehnerzahlen***

– *Tafelanschrift:* Wir rechnen mit Zehnerzahlen

20 + 30 = □

Die Kinder werden aufgefordert, ihrem Nachbarn eine passende Rechengeschichte zu erzählen. Anschließend teilen einzelne Kinder die Rechengeschichte ihres Nachbarn (genaues Zuhören!) der Klasse mit.

– *Anknüpfen an das Vorwissen:* Wer kann erklären, wie wir diese Aufgabe ausrechnen?
Zusammenfassen mit gleichzeitiger *Tafelanschrift:*

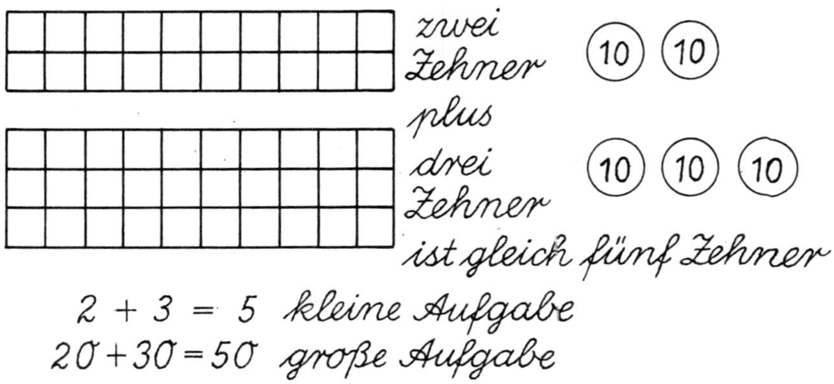

Wir sehen: Wer mit Einern rechnen kann, kann auch mit Zehnern rechnen. Die Lehrerin nennt einige Plusaufgaben mit Zehnerzahlen. Die Kinder nennen jeweils die „kleine" Aufgabe, dann nochmals die „große" und rechnen jeweils aus.

– *Sichern und Üben: Tafelanschrift oder Folie:*

zuerst	dazu	dann
40	30	
	60	90
50		90
...		

(etwa 10 Aufgaben)

Die Kinder schreiben die Rechnungen ins Heft. Schwache Rechner nennen der Lehrerin zuerst die „kleine" Aufgabe.

– Analog werden in der folgenden Stunde *Minusaufgaben* eingeführt bzw. wiederholt.

– *Weitere Übungen* (Rechenbuch, Arbeitsblätter, Arbeitskarten) für Hausaufgaben und Einzelarbeit, während gemeinsam fortgeschritten wird.

④ *Die Zehner-Einer-Zahlen: Wir bündeln*

Das handelnde Herstellen von Zehnerbündeln kann unter zwei Gesichtspunkten erfolgen (Gestaltungsgedanke): Zum einen können wir verschiedene Dinge in unserem Zimmer ordnen und dann leicht zählen (Gruppenarbeit, Partnerarbeit). Zum anderen können wir jedem etwa gleich viele Dinge geben und in einem Geschicklichkeitswettbewerb feststellen, wie viele Dinge ein Kind in einer vorgegebenen Zeit (ca. 5–10 Min.) ordnen konnte (Einzelarbeit, ggf. auch Partnerarbeit). Da die Materialausstattung und leichte Beschaffbarkeit individuell sehr verschieden sind, sollen mehrere *Möglichkeiten zur Anregung* aufgelistet werden.

– *Dinge im Klassenzimmer ordnen und zählen:* Oft finden sich im Schrank zusätzliche Klassensätze von Büchern, Heften und anderen Materialien. Die Lehrerin kündigt an, hier Ordnung schaffen zu wollen, und händigt jeder Gruppe andere Gegenstände aus, z. B. Lesebücher, Rechenbücher, Schreibhefte, Rechenhefte, Stifte, Perlen usw. Die Gruppen legen je zehn Bücher auf einen Stoß und die übrigen einzeln daneben. Oder sie halten je zehn Stifte mit einem Gummi zusammen, füllen je zehn Perlen in einen Joghurtbecher oder in eine kleine Tüte usw. Anschließend wird an der Tafel eine Liste erstellt, wie viele Dinge von jeder Sorte vorhanden sind, z. B.:

Wir machen Ordnung		
Lesebücher	3 Zehnerstöße und zwei Einzelne	30+2 = 32
Stifte	4 Zehnerbündel und drei E.	40+3 = 43
...	... Zehnertüten und ... E.	...
...	... Zehnerschachteln und ... E.	...
usw.		

– Für einen *Geschicklichkeitswettbewerb* eignen sich Aufgaben folgender Art:

- Jeder hat auf einem karierten Papier ein Hunderterfeld umrahmt. Auf das Startzeichen hin soll mit einem spitzen Bleistift in die Mitte jedes Kästchens ein Loch gestochen werden (Wellpappe als Unterlage).
- Wir fädeln Perlen auf eine Schnur auf. Nach je zehn Perlen gleicher Farbe wird die Farbe gewechselt.
- Wir stecken je zehn Büroklammern ineinander.
- Wir kleben farbige Lochverstärkungsringe in Zehnerreihen ins Heft. Nach einer Zehnerreihe wird jeweils die Farbe gewechselt.

. . .

Bei „Stopp" beendet jeder sein Tun.
Anschließend werden die Leistungen an der *Tafel* aufgelistet:

Das haben wir geschafft.
Anja 5 Zehnerreihen und 6 Einzelne 50 + 6 = 56
Benni...
usw.

– Neben die Tabelle wird jeweils die *Stellentafel* geschrieben, z. B.

Zehner Z	Einer E
5	6
usw.	

– Nach dem Handeln und Sprechen legen die Kinder die Zahlen mit Stäben und Einerwürfeln nach und zeichnen sie ins Heft, z. B.

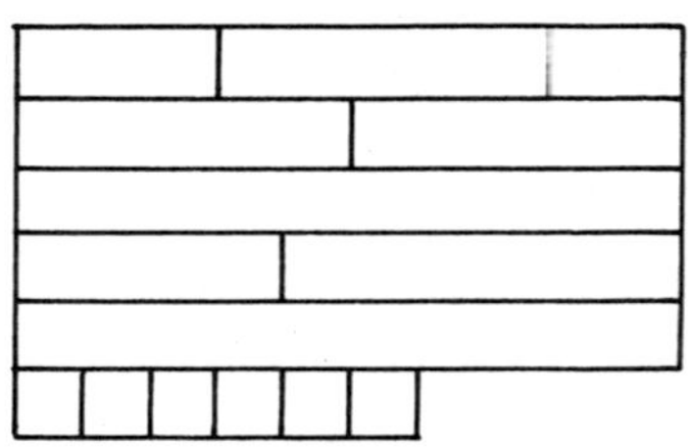

– Als Motivation zum *Bündeln auf grafischer Ebene* eignen sich zwei Bilder, z. B. eines mit 36 Schafen, das andere mit 42 Schafen (oder Hasen, Katzen, Vögeln usw.). Um festzustellen, auf welchem Bild mehr Tiere sind, werden je zehn eingekreist.

Zum Üben und Sichern dient ein *Arbeitsblatt* mit mehreren analogen Aufgaben:

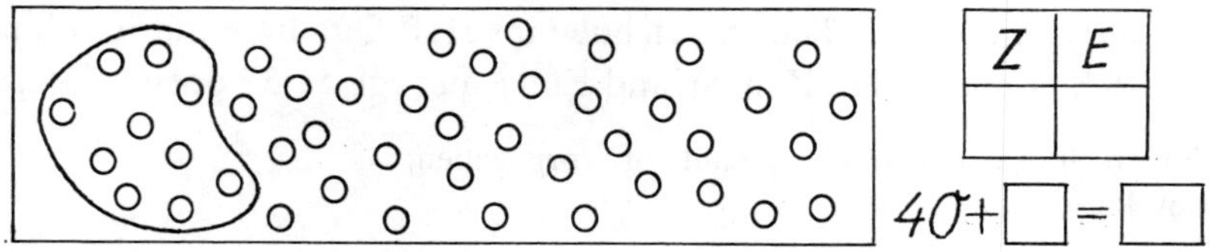

Wer fertig ist, legt jede Zahl mit Zehnerstäben und Einerwürfeln nach.

⑤ *Darstellen mit Stäben oder Zehnerstangen und Würfeln*

– *Einstimmung:* Spiel „Flaschendrehen“ oder „Mein rechter Platz ist leer“. Jedes Kind hat ein Zahlkärtchen. Wenn sich ein Kind ein anderes, z. B. mit der Zahl 69 herwünscht, muß es dessen Zahl zerlegen (60 + 9!). Ebenso muß das Kind, auf das der Flaschenhals zeigt, seine eigene Zahl zerlegen.

– An der *Flanelltafel* legt zuerst die Lehrerin, dann legen einige Kinder nacheinander verschiedene Zahlen. Wie heißen sie? *Beispiel:*

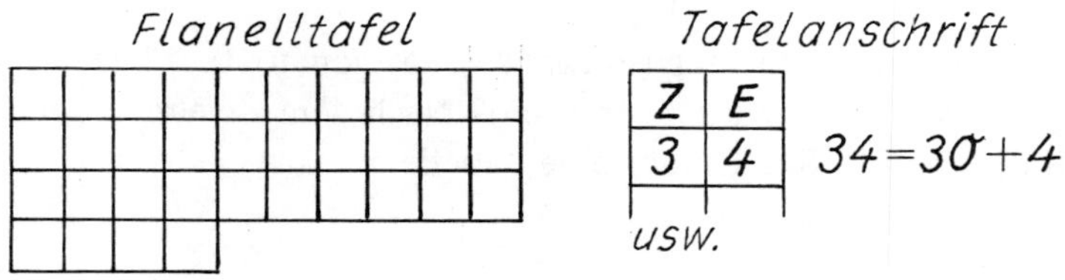

– Die Kinder legen die Zahlen von 21 bis 29 und sprechen jeweils dazu: „Für 21 nehme ich zwei Zehnerstäbe (Stangen) und einen Einer. Für 22 nehme ich . . . und einen Zweier. Usf.

Hefteintrag: Die Zahlen zwischen 20 und 30

21 = 20 + 1

22 = 20 + 2

. . .

29 = 20 + 9

– *Vertiefung:* Wir können die Zehnerstäbe auch senkrecht aufstellen. *Beispiel:*

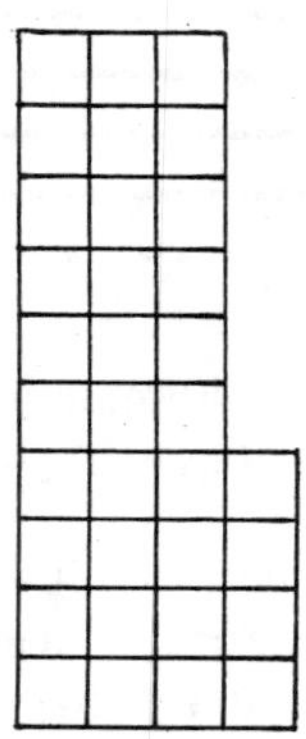

Nach Ansage der Lehrerin legen die Kinder einige Zahlen, z. B.: „Meine Zahl hat 4 Zehner und zwei Einer. Lege! Wie heißt meine Zahl?“

– *Sichern und Üben:* Die Kinder zeichnen ins Heft Quadrate mit je zehnmal zehn Kästchen und malen Zehner und Einer an (vgl. S. 57 oben). *Beispiel:*

Die Zahlen sind an der Tafel als Zahlwort vorgegeben:
siebenunddreißig

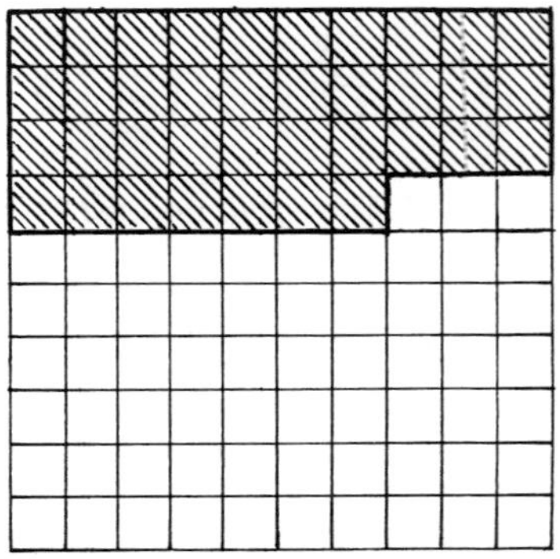

$$37 = 30 + 7$$

Sprechen: Ein Kasperltheater (Parkplatz) hat genau 100 Plätze. Wie viele sind besetzt (37), wie viele sind frei (63)? Nach dem Zeichnen der Hunderterquadrate legen fertige Kinder eine Tabelle an:

besetzt	frei	zusammen
37	63	100

. . .

– *Demonstration an der Tafel:* Es geht schneller, wenn man statt eines Zehnerstabs nur einen Strich (zehn Kästchen lang) zeichnet und für die Einer einen Punkt. *Beispiel:*

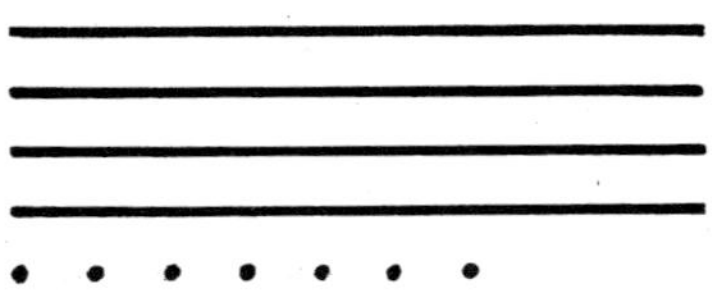

Z	E
4	7

$$47 = 40 + 7$$

Sprechen: Für 40 male ich vier Zehnerstriche, für 7 sieben Einerpunkte. Die Lehrerin löscht die Zeichnung ab und „malt“ neue Zahlen an.

– *„Rückenmalen“:* Die Lehrerin zeichnet einem Kind Zehnerstriche und Einerpunkte auf den Rücken. Das Kind soll die Zahl nennen. Wenn es gelingt, darf es der Lehrerin eine Zahl auf den Rücken malen. Anschließend zeichnet jeder seinem Nachbarn eine Zahl auf den Rücken. Mehrmaliger Wechsel!

– *Hefteintrag:* Zehnerstriche und Einerpunkte

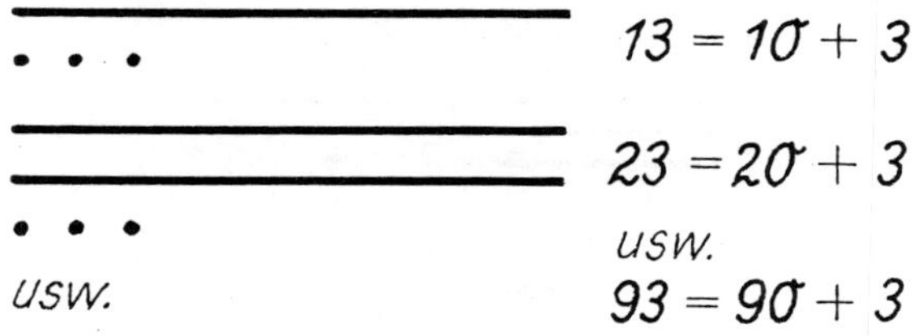

– *Vertiefung:* Senkrechtes Zeichnen der Striche mit weiteren Zahlenbeispielen.

* *„Zahlenbingo"*

Die Lehrerin gibt an der Tafel neun Zahlen vor, z. B. 24, 42, 29, 43, 31, 35, 46, 27 und 38. Die Kinder malen in je ein Feld eine Zahl mit Zehnerstrichen und Einerpunkten. Dabei ist es gleichgültig, in welches Feld eine Zahl gezeichnet wird. Nach der Kontrolle der Spielpläne (Übereinstimmung von Zeichnung und Zahl) kann das Spiel (evtl. am nächsten Tag) beginnen. Die Lehrerin nennt drei beliebige von den neun vorgegebenen Zahlen. Jedes Kind legt auf die genannte Zahl ein Plättchen auf. Wer drei Plättchen in einer waagrechten, senkrechten oder diagonalen Reihe auflegen konnte, ruft „Bingo" und meldet sich. Die Lehrerin überprüft anhand ihrer Notizen (genannte Zahlen jeweils notieren!). Wenn das Kind richtig aufgelegt hat, darf es sich unter den Spielplan einen Siegerpunkt malen. Es kann natürlich sein, daß mehrere Kinder nahezu gleichzeitig „Bingo" rufen. Dann sind sie alle Rundensieger. Es kann aber auch sein, daß nach drei Zahlen noch kein Kind drei Plättchen in einer Reihe ablegen konnte. Dann nennt die Lehrerin noch eine vierte, fünfte . . . Zahl. Nach einer Runde werden die aufgelegten Plättchen abgeräumt, und die nächste Runde beginnt (mit denselben neun Zahlen). Es macht den Kindern Spaß, das Spiel an mehreren Tagen zu wiederholen. Der Schwierigkeitsgrad läßt sich steigern, indem die neun Spielfelder auf verschiedene Weise beschriftet werden:

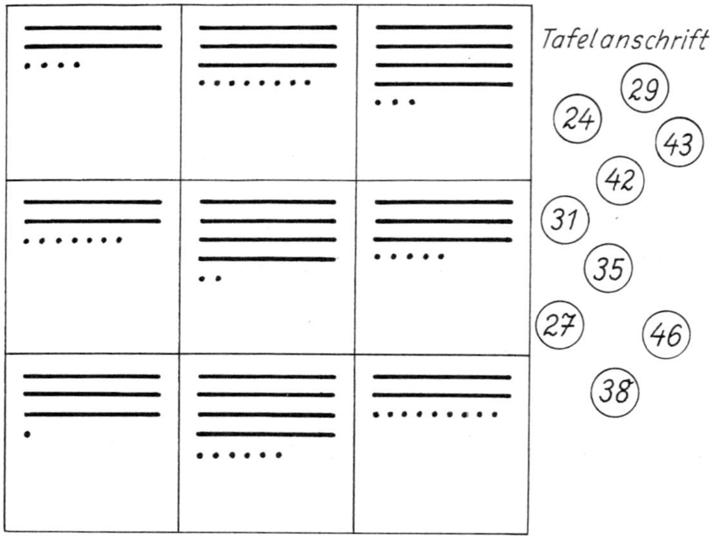

Die ungeordnete Zahlenvorgabe soll einer einheitlichen Reihenfolge entgegenwirken.

Spielplan für Zahlenbingo – ein motivierender Anlaß zum zeichnerischen Darstellen von Zahlen

- mit Zahlen: 24, 42 usw.
- mit Zerlegungen: 20 + 4, 40 + 2 usw.
- mit Zahlwörtern: vierundzwanzig usw.

– *Weitere Übungen* für ein Arbeitsblatt oder für Arbeitskarten

Zerlege in Zehner und Einer!

51 = 50 + 1	29 = ________	67 = ________
57 = ________	59 = ________	32 = ________
...		

Schreibe jede Zahl in dein Heft und zeichne Zehnerstriche und Einerpunkte dazu!

achtundsiebzig	achtundachtzig	
siebenundvierzig	vierunddreißig	...

Schreibe die Zeichen farbig: ⧁ rot, ⊜ gelb, ⧀ blau

63 ○ 69	74 ○ 84	30 + 6 ○ 48	30 + 9 ○ 20 + 8
68 ○ 64	92 ○ 32	50 + 2 ○ 59	50 + 3 ○ 30 + 9

Zeichne Pfeile zwischen die Zahlen!

ist größer als →	ist um 1 größer als →	ist um 10 größer als →
43 40	29 28	59 49
59 50	32 31	78 68
62 70	94 93	21 31
84 91	67 66	44 54
usw.	usw.	usw.
74	98	33
78 71	97 99	23 13
usw.	usw.	usw.
68 47	80 81	45 55
23 91	79 78	65 35
usw.	usw.	usw.

Die Mutter schimpft ihren Sohn: „Statt hier vor dem Fernseher zu sitzen, solltest du lieber deinem Vater bei den Hausaufgaben helfen!"

⑥ ***Darstellen mit Geld***

– *Tafelanschrift:*

Sonderpreise!	
ein kleines Schulheft	nur 19 Pf
ein großes Schulheft	nur 39 Pf
ein kleiner Heftumschlag	nur 29 Pf
ein großer Heftumschlag	nur 59 Pf
ein Radiergummi	nur 49 Pf
eine Spitzdose	nur 89 Pf
ein Bleistift	nur 69 Pf
ein Leuchtstift	nur 99 Pf
ein Lineal	nur 79 Pf

Kurzes Gespräch, warum gerade Sonderpreise an der Einerstelle oft eine Neun haben.
Impuls: „Was würdest du dir kaufen?" Jedes Kind wählt einen Gegenstand aus und legt den Preis mit dem Spielgeld (vorerst nur Zehner und Einer).

Ein hilfreicher Tip: Ich lasse einen Geldbetrag immer auf das umgedrehte Rechenheft als „Zahlschale" legen. Denn so kann man rascher kontrollieren und wird nicht durch das herumliegende übrige Geld verwirrt.

Dann berichten die Kinder, welche Münzen sie hingelegt haben.
Sprechreihe: Ich bezahle 19 Pf mit einem Zehner und neun Einern.
. . .
Tafelanschrift (jeweils hinter dem Preis):

Z	E
1	9

usw.

Auftrag: „Oft ist es unpraktisch, mit so vielen Münzen zu bezahlen. Lege deinen Geldbetrag mit möglichst wenig Münzen!"
Anschließend sprechen und legen einige Kinder an der Flanelltafel, z. B.:

Hefteintrag: Die Kinder zeichnen die obigen Geldbeträge ins Heft und schreiben den Wert dazu.
Vertiefung: Übungsblatt (ÜB 6 Aufgabe 1, S. 70)

– *Klatschspiel:* Für einen Zehner klatscht die Lehrerin einmal in die Hände, für einen Einer klopft sie mit dem Finger auf den Tisch. Die Kinder legen jeweils den entsprechenden Geldbetrag hin.

– *Legen und Aufschreiben von Aufgabenreihen*
Immer ① Pf dazu!

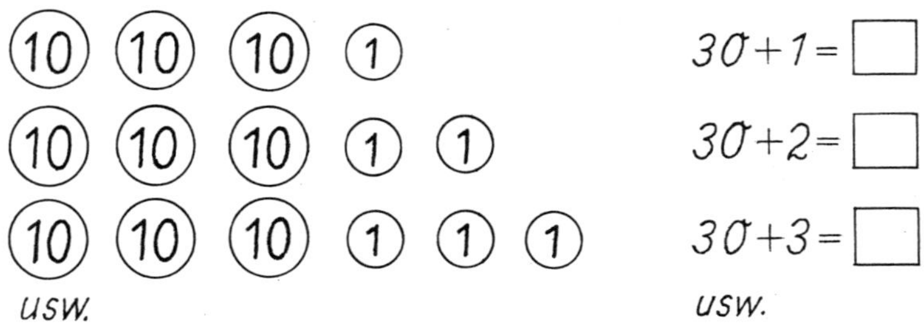

Immer ⑩ Pf dazu!

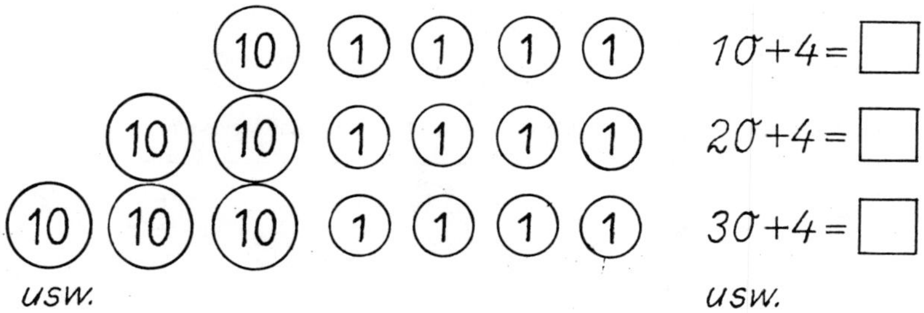

– *Flanelltafel:* Die Münzen und Scheine von 1 Pf bis 100 DM sind ungeordnet an der Flanelltafel. Die Kinder ordnen sie nach ihrem Wert:
1 Pf, 2 Pf, 5 Pf, 10 Pf, 50 Pf, 1 DM, 5 DM, 10 DM, 20 DM, 50 DM, 100 DM.
Dann überlegen wir, in wie viele 1-Pf-Stücke man ein 2-Pf-Stück umwechseln kann usf. Die Kinder legen dazu ein 2-Pf-Stück und darunter den Gegenwert in 1-Pf-Stücken. Wir sprechen: „Ein Zweipfennigstück ist genauso viel wert wie zwei Einpfennigstücke."
Vertiefung: Übungsblatt (ÜB 6 Aufgabe 2, S. 70)

– *Vorbereitende Hausaufgabe zur folgenden Stunde:* Die Kinder werden gebeten, sich einen Geburtstags- oder Weihnachtswunsch zu überlegen, der weniger als 100 DM kostet. Sie schneiden den Gegenstand entweder aus einem Katalog aus oder malen ihn möglichst groß. Dazu schreiben sie gut sichtbar den Preis in DM (Pfennige weglassen).

– Die Klasse stellt sich mit ihren *Wunschbildern* im Halbkreis auf.
Auftrag: „Ordnet eure Wünsche nach dem Preis und stellt euch in dieser Reihenfolge auf!"
Sprechreihe: „Ich wünsche mir ... Es kostet ..." (Legen des Betrages an der Flanelltafel).
Hefteintrag: Je zwei Kinder treten mit Bild vor die Klasse. Die anderen Kinder vergleichen die Preise und schreiben z. B. ins Heft: 47 DM < 84 DM
Dann zeigen zwei andere Kinder ihre Preise. Usf.

– *„Verwechslungszahlen"* (nur für sichere Kinder; die anderen führen leichtere Übungen durch, z. B. Zerlegen oder Aufgabenreihen):
„In einem Geschäft kostete die Puppe (oder anderer Gegenstand, möglichst Bild zeigen) 43 DM, im anderen 34 DM. Welcher Preis ist niedriger?"

Tafelanschrift:

43 DM 34 DM

Geldbeträge bis 100 DM	ÜB 6

Name: ______________________ Datum: ____________

1 Wieviel Geld ist das? Suche Münzen im Wert von 10 Pfennig und kreise ein!

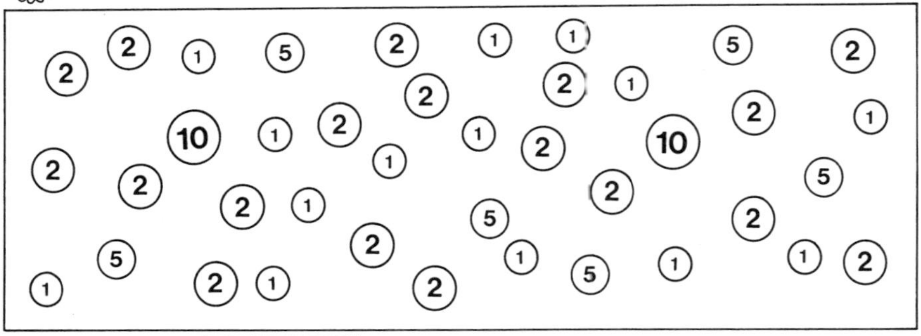

Das sind zusammen [   ] Pf.

2 Wir wechseln um. Fülle aus!

100 — ist genau so viel wert wie → ☐☐☐☐☐☐☐☐☐☐

Für 100 DM bekommt man ______ 10-DM-Scheine.

10 → ○○○○○○○○○○

Für 10 DM bekommt man ______ 1-DM-Stücke.

(1) → ○○○○○○○○○○

Für 1 DM bekommt man ______ 10-Pf-Stücke.

(10) → ○○○○○○○○○○

Für 10 Pf bekommt man ______ 1-Pf-Stücke.

Für 1 DM bekommt man ______ 1-Pf-Stücke.

Für 1 DM bekommt man ______ 2-Pf-Stücke.

Für 1 DM bekommt man ______ 5-Pf-Stücke.

Sprechen: 43 DM = 40 DM + 3 DM
34 DM = 30 DM + 4 DM
Legen oder an die Tafel zeichnen; Tafelanschrift: 34 DM < 43 DM
Die Kinder legen zu weiteren Beispielen und schreiben ins Heft.

* *Geldspiel*
Abwechselnd würfelt jeder zweimal mit einem Würfel. Nach dem ersten Wurf kann der Spieler selbst wählen, ob er sich gleich viele Einpfennigstücke (oder Münzen im entsprechenden Wert) nimmt oder gleich viele Zehnpfennigstücke. Nach dem zweiten Wurf muß er dann genauso viele Zehnpfennigstücke (wenn er schon Einer hat) oder genauso viele Einpfennigstücke (wenn er schon Zehner hat) nehmen. Wenn der Partner seinen Betrag gelegt hat, vergleichen die Kinder die Beträge. Wer den größeren Betrag legen konnte, erhält einen Punkt. Nach dem Abräumen des Geldes beginnt die nächste Runde.

⑦ ***Darstellen im Hunderterfeld***

– *Vorbereitung:* Die Lehrerin hat an die Flanelltafel zehn Zehnerstäbe mit geringem Abstand gelegt. Die Kinder sitzen im Halbkreis davor. In der Mitte liegen auf dem Boden entsprechend große Kärtchen aus Flanelltafelpapier mit den Zahlen 1 bis 100 als unüberschaubare Menge.

– Man kann nun die Stäbe als „Zehnerbänke" im Kaspertheater bezeichnen oder als Parkplatzreihen, die von Besuchern bzw. Autos belegt werden. Man kann jedoch auch die Kinder fragen, was ihrer Meinung nach zu tun ist, und sich von ihrer Phantasie leiten lassen. Vermutlich erkennen sie, daß hier die Zahlen von 1 bis 100 zu ordnen sind. Nicht ganz sicher sind sie, ob die 100 Kärtchen auch auf die Zehnerstäbe passen. Deshalb werden die Kärtchen gleichmäßig an die Kinder verteilt.
Die Plätze werden der Reihe nach besetzt, zuerst die erste Reihe mit den Zahlen von 1 bis 10 (die folgenden zehn Karten haben jeweils eine andere Farbe als die vorausgehenden zehn). Sprechen: „Wir haben die erste Reihe besetzt mit den Zahlen 1, 2 . . . 10."
Nun fordert die Lehrerin auf, die Plätze mit den Zehnerzahlen zu belegen, dann die Plätze mit der Einerstelle 1.
Schon läßt sich die Ordnung erkennen. Wir sprechen: „In der ersten Reihe sind die Zahlen von 1 bis 10. In der zweiten Reihe . . . In der zehnten Reihe . . .".
Dann wird entweder Reihe für Reihe gefüllt, und dabei werden die Zahlen jedes Zehners genannt. Oder es werden die Kärtchen gesucht, die diagonal (schräg) von der 1 zur 100 verlaufen (also 12, 23 usw.). Dabei gibt die

Lehrerin die Zahlen nicht vor, sondern läßt die Kinder suchen und erproben. Analog kann die andere Diagonale von 10 bis 91 gelegt werden. Zum Schluß werden die fehlenden Kärtchen ergänzt und die Zahlen reihenweise gelesen: „Die Zahlen im ersten Zehner sind 1, 2 . . . 10. Die Zahlen im zweiten Zehner sind 11, 12 . . . 20." Usf. Damit dies nicht zu monoton wird, lesen wir die Reihen verschieden: laut, leise, mit hoher Stimme, mit tiefer Stimme, langsam, schnell, singend (jeweils nur ein Kind). Bei den Zehnerzahlen stampfen wir mit den Füßen.
Dann zählen wir rückwärts von 100 ab. Dabei formen wir jedes Wort lautlos mit den Lippen, schnipsen bei jeder Zahl einmal mit den Fingern und stampfen bei jeder Zehnerzahl wiederum mit den Füßen.

– *Zum Sichern und Üben* braucht jedes Kind ein eigenes, nicht ausgefülltes Hunderterfeld. Die Lehrerin gibt wortlos Aufträge zum Ausfüllen, indem sie auf einer Folie am Tageslichtprojektor Zahlenreihen und einzelne Zahlen auf dem ausgefüllten Hunderterfeld abdeckt. *Beispiele:*

- Abdecken des ersten Zehners (1–10), sichtbar sind die Zahlen von 11 bis 100: Die Kinder schreiben die Zahlen von 1–10 in ihr Hunderterfeld.
- Abdecken der Zehnerzahlen
- Abdecken der Zahlen, 1, 11, 21, 31 usf.
- Abdecken der Zahlen 51–60 (mit einem Stift)
- Abdecken der Zahlen 5, 15, 25, 35 usf.
- Abdecken beliebiger einzelner Zahlen

Schließlich ergänzen die Kinder die fehlenden Zahlen.

– Nachdem die Lehrerin das richtige Ausfüllen des Hunderterfeldes kontrolliert hat, werden *nach einer schriftlichen Anweisung an der Tafel* folgende Kästchen gelb angemalt:

2. Reihe Platz 9 (19)
7. Reihe Platz 4 (64)
5. Reihe Platz 6 (46)
. . . (analog die Zahlen 55, 10, 73, 91, 37, 82, 28)
Hellblau werden folgende Zahlen gefärbt:
vierzehn, einundvierzig
fünfundachtzig, achtundfünfzig
neunundzwanzig, zweiundneunzig

– *Hefteintrag:* Wir suchen Zahlen in der Hundertertafel
Tafelanschrift:

- Welche Zahlen sind über 95? (Heft: 85, 75, 65 . . . 5)
- Welche Zahlen sind unter 22?

- Welche Zahlen sind rechts von 53?
- Welche Zahlen sind links von 79?
- Welche Zahlen sind zwischen 62 und 69?

– Jeder zählt für sich *in Dreierschritten*, legt eine Linse auf diese Zahlen und schreibt sie ins Heft. Analog wird rückwärts von 100 *in Viererschritten* gezählt. Dann wird *in Zweierschritten* gezählt. Dabei ergibt sich ein regelmäßiges Muster. Wir erinnern uns an die geraden Zahlen und wiederholen: Auf eine ungerade Zahl folgt immer eine gerade Zahl. Gerade Zahlen haben als Einer eine Null, Zwei, Vier, Sechs oder Acht.

Hefteintrag: Die geraden Zahlen bis 100
2 4 6 8 10...
Bearbeiten des *Übungsblattes* (ÜB 7, S. 74)

* *Würfelspiel*
Je zwei Kinder würfeln abwechselnd und ziehen mit ihrer Spielfigur entsprechend auf dem Hunderterfeld vorwärts. Wer erreicht zuerst 100? Analog kann auch von 100 zu 1 rückwärts gegangen werden.

* *Würfelspiel mit zwei Würfeln*
Die beiden geworfenen Augenzahlen bilden Zehner und Einer (z. B. Fünf und Drei: 53). Diese Zahl wird im Hunderterfeld mit einer Linse belegt. Dann werden die Würfel umgelegt (35), und es wird auch diese Zahl belegt. Gewonnen hat, wer die meisten Pasche geworfen hat und die Zahlen 11, 22... 66 belegen konnte.

⑧ ***Darstellen am Zahlenband und Zahlenstrahl***

– Als Zahlenband dient ein Schneidermaßband, das bis 100 ausgerollt wird.
Spielmöglichkeiten:

* *Wer trifft die meisten Zehnerzahlen?*
(Einzelspiel): Jeder würfelt mit einem Würfel und rückt mit seiner Spielfigur entsprechend vor. Wenn er auf eine Zehnerzahl kommt, schreibt er sie auf den Block.
Analog: Wer trifft die meisten geraden Zahlen?

* *Wettrennen*
(Partnerspiel): Beide Kinder würfeln abwechselnd und rücken entsprechend vor. Wer zuerst bei 100 ist, hat gewonnen.
Mögliche Zusatzregeln (an der Tafel festhalten): Wer auf eine Zehnerzahl kommt, darf nochmals würfeln.

Wir üben an der Hundertertafel	ÜB 7

Name: ______________________ Datum: ______________

1 Im Kasperletheater

freie Plätze

1, 3, 8, 9, 10

besetzte Plätze

2,

insgesamt ☐

Zähle: Wie viele Plätze sind insgesamt frei?
Wie viele Plätze sind besetzt?

insgesamt ☐

2 Hundertertafel zum Knobeln

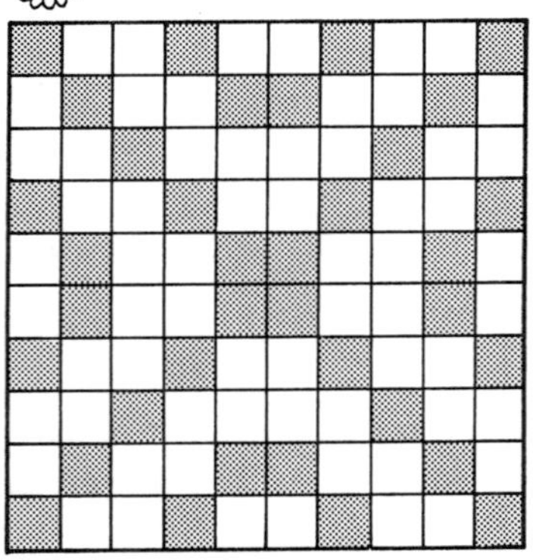

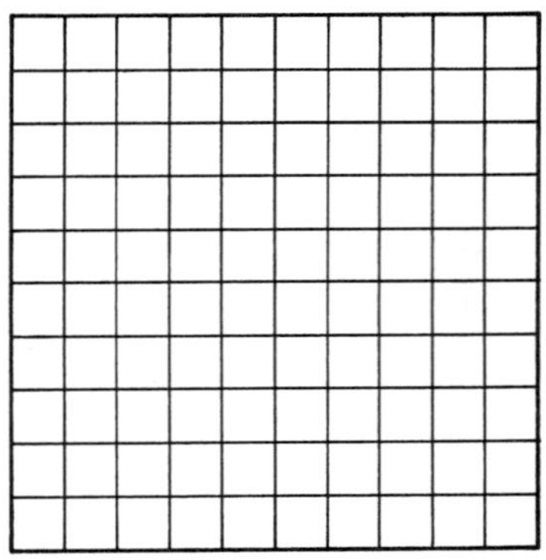

- Schreibe die Nummern der weißen Plätze auf: 1. Reihe: <u>2</u>, 3, 5, <u>6</u>, <u>8</u>, 9
  2. Reihe: ...
- Unterstreiche alle geraden Zahlen rot!
- Zeichne für deinen Nachbarn in die Hundertertafel ein Muster!

Wer auf eine Zahl mit dem Einer 6 kommt, darf zur nächsten Zehnerzahl vorrücken (ohne jedoch nochmals zu würfeln).
Wer auf eine Zahl mit dem Einer 4 kommt, muß zur nächsten Zehnerzahl zurück. (Vorübung zum späteren Runden von Zahlen)
Es wird rückwärts von der 100 zur 1 gezogen.

– Zum genauen Betrachten des Zahlenstrahls regt *Übungsblatt* (ÜB 8, S. 76) an, auf dem die Kinder das Alter von Tieren ablesen. Mit Stäben wird das angegebene Alter jedes Tieres nachgelegt.

Zweite Lernzielkontrolle (LZ 2, S. 77)

Aufgabe	Anforderung	Bewertungsvorschlag	
1	leicht	$10 \times \frac{1}{2}$ P.	5 P.
2	leicht	$4 \times \frac{1}{2}$ P.	2 P.
3	leicht	$12 \times \frac{1}{2}$ P.	6 P.
4	leicht	$15 \times \frac{1}{4}$ P.	$3\frac{3}{4}$ P.
5	leicht	$6 \times \frac{1}{2}$ P.	3 P.
6	leicht	$5 \times \frac{1}{2}$ P.	$2\frac{1}{2}$ P.
7	gehoben	7×1 P.	7 P.
8	gehoben	4×1 P.	4 P.
		Summe	$33\frac{1}{4}$ P.

Grundlegende Ziele erreicht: ca. 20 Punkte ($\frac{2}{3}$ der Punktzahl)
Weiterreichende Fähigkeiten: ab ca. 30 Punkten

Wir üben am Zahlenstrahl	ÜB 8

Name: ______________________ Datum: ______________

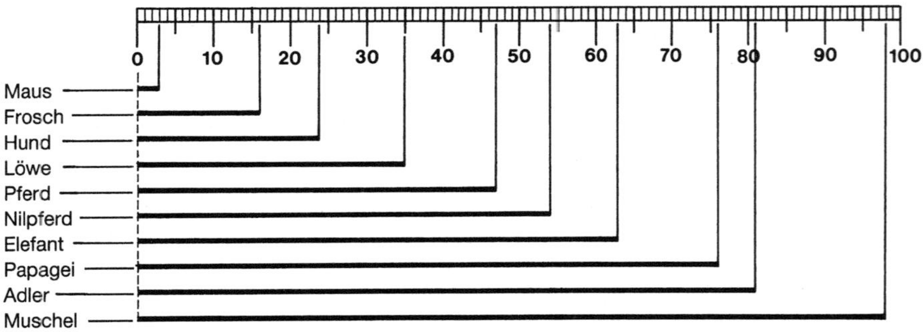

Schreibe in dein Heft: *So alt können diese Tiere werden:*
Die Maus kann 3 Jahre alt werden. Der ...

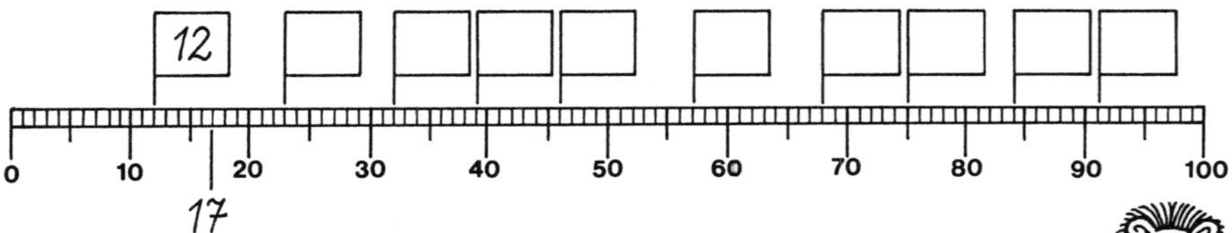

① Schreibe Zahlen auf die Fähnchen!
② Schreibe zu jeder Zahl den Vorgänger und Nachfolger ins Heft!

11 ← (−1) — 12 — (+1) → 13

③ Schreibe zu jeder Zahl die Nachbarzehner ins Heft!

10 < 12 < 20   10 ← (−2) — 12 — (+8) → 20

④ Schreibe diese Verwechslungszahlen an den Zahlenstrahl:

17	71	26	62	43	34	95	59

⑤ Zeichne Pfeile! —ist um 10 größer als→

84 →	74	32	12	55	75	77	87
64	94	42	22	45	65	67	97

Ich zeige, was ich kann | LZ 2

Zweite Lernzielkontrolle: Die Zahlen bis 100; Rechnen mit Zehnerzahlen

Name: ______________________________ Datum: ______________

1 Schreibe die richtigen Zahlen auf die Fähnchen!

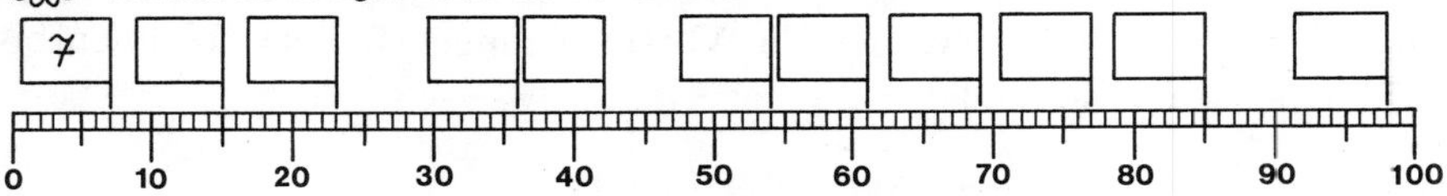

2 Wie heißen diese Zahlen?

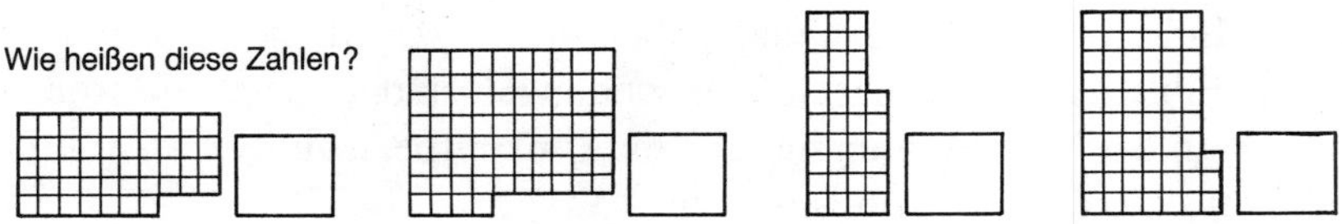

3

40 + 20 = ☐ 80 − 20 = ☐ 20 + ☐ = 50 100 − ☐ = 40

80 + 10 = ☐ 90 − 50 = ☐ ☐ + 40 = 80 60 − ☐ = 50

60 + 40 = ☐ 60 − 30 = ☐ 30 + ☐ = 100 ☐ − 20 = 70

4 Zerlege in Zehner und Einer!

48 = 40 + ☐ 27 = ☐ + ☐ 91 = ☐ + ☐ 34 = ☐ + ☐

62 = ☐ + ☐ 77 = ☐ + ☐ 19 = ☐ + ☐ 43 = ☐ + ☐

5 Rahme alle geraden Zahlen rot ein!

51	48	100	36	92	43	74	65	27	89	50	25

6 Setze richtig ein < oder >!

37 ◯ 35 78 ◯ 80 44 ◯ 33 29 ◯ 92 56 ◯ 65

7 Zeichne Pfeile! ——ist Vorgänger von——▶

27	29	25
31		28
30	26	32

8

Martina hat 20 Pf. Von Papa bekommt sie 30 Pf, von Mutti 50 Pf.

Frage: ______________

Rechnung: ______________

Antwort: ______________

____

Du hast von 33 Punkten ☐ Punkte erreicht. Arbeitszeit: Etwa ☐ Min. ______________ gesehen

4. Addieren und Subtrahieren bis 100

4.1 Didaktische Hinweise

Im bisherigen Lehrgang wurden die Voraussetzungen für das Rechnen bis 100 geschaffen. Dies sind:

- das Verständnis der additiven Operationen;
- das Beherrschen der Grundaufgaben bis 20 (das kleine „Einspluseins“);
- die Einsicht in grundlegende Beziehungen und Gesetzmäßigkeiten, wie z. B. in das Vertauschungsgesetz, die Umkehrbeziehung von Addition und Subtraktion, das Analogieprinzip;
- die Einsicht in den Aufbau der zweistelligen Zahlen aus Zehnern und Einern;
- das Addieren und Subtrahieren von Zehnerzahlen.

Beim Rechnen mit zweistelligen Zahlen ergibt sich aus mathematischer Sicht folgende Schwierigkeitsstufung:

Aufgabentyp	*Rechenwege*
a) ZE ± Z 65 ± 20	(60 ± 20) + 5
b) ZE ± E 65 ± 3 (ohne Zehnerübergang)	60 + (5 ± 3) Nach dem Analogieprinzip Zurückführen auf die „kleine“ Aufgabe im ersten Zehner: 5 + 3 = 8, also 65 + 3 = 68. Im Blick auf den späteren Zehnerübergang sind besonders das Ergänzen zum nächsten Zehner (65 + □ = 70) und das Zurückgehen zum Zehner (65 − □ = 60) zu üben.
c) ZE ± ZE 65 ± 13 (ohne Zehnerübergang	65 ± 10 ± 3 (zuerst die Zehner dazu/weg) 65 ± 3 ± 10 (zuerst die Einer dazu/weg) (60 ± 10) + (5 ± 3) (getrenntes Berechnen von Zehnern und Einern) Eigens zu üben sind die Subtraktion von einer Zehnerzahl (Z − ZE) sowie das Ergänzen auf eine Zehnerzahl (ZE + □ = Z) und auf 100.
d) Halbieren und Verdoppeln	½ · ZE = ½ · Z + ½ · E (54 = 50 + 4, die Hälfte von 50 ist 25, die Hälfte von 4 ist 2, 25 + 2 = 27) 2 · ZE = 2 · Z + 2 · E (27 = 20 + 7, das Doppelte von 20 ist 40, das Doppelte von 7 ist 14, 40 + 14 = 54)

e) ZE ± E mit Zehnerübergang 65 ± 8	Rechnen in zwei Schritten: 1. Ergänzen bzw. Vermindern des ersten Summanden zur Zehnerzahl und entsprechendes Zerlegen des zweiten Summanden. 2. Addieren bzw. Subtrahieren des Restes. 65 ± 8 = 65 ± 5 ± 3
f) ZE ± ZE mit Zehnerübergang 65 ± 28	65 ± 20 ± 5 ± 3 (zuerst die Zehner dazu/weg) 65 ± 5 ± 3 ± 20 (zuerst die Einer dazu/weg) (60 + 20) + (5 + 5 + 3) (getrenntes Zusammenfassen von Zehnern und Einern) 65 + 30 − 2 (Rechenvorteil: Einen Summanden zur Zehnerzahl machen, hier: 28 = (28 + 2) − 2)

Das Finden eines geeigneten Rechenweges erfolgt jeweils anhand konkreter Materialien (Steckwürfel, Cuisenaire-Stäbe, Geld) und grafischen Darstellungen (Hunderterfeld, Zahlenstrahl, Operatordarstellung). Erst diese verschiedenen Darstellungsformen schaffen die Grundlage für das Verstehen und Automatisieren des Rechenweges. Auch wenn verschiedene Rechenwege ausprobiert und begründet werden, ist es vor allem für schwächere Schüler günstig, ein „Normalverfahren“ herauszustellen und einzuüben. Halbschriftliche Verfahren, bei denen die Zwischenergebnisse schriftlich festgehalten werden, fördern die Einsicht in gewählte Rechenwege.
Der folgende Überblick über häufige Schülerfehler (nach *Radatz/Schipper*, S. 77) zeigt, welche Schwierigkeiten die Kinder haben können. Nur selten sind nämlich falsche Aufgabenlösungen zufällige Flüchtigkeitsfehler. Vielmehr zeigen sie, daß ein Kind Begriffe und Zusammenhänge mißverstanden und Fehlstrategien entwickelt hat.

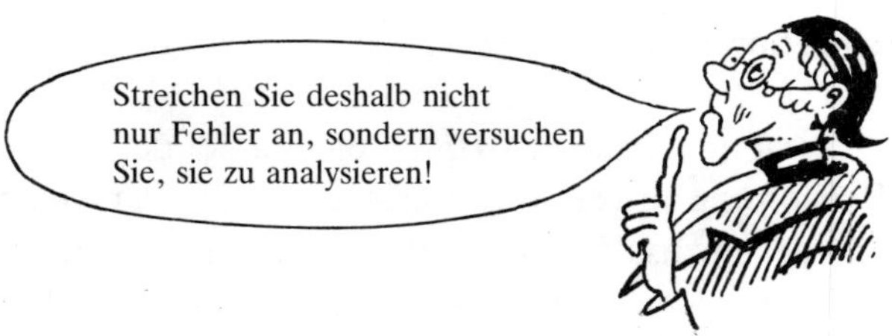

Addition	*Subtraktion*
82 + 7 = 88	96 − 8 = 89
Verrechnen um 1 durch falsches Zählen	
82 + 7 / 82, 83, 84, 85, 86, 87, 88	96 − 8 / 96, 95, 94, 93, 92, 91, 90, 98
62 + 6 = 32	87 − 5 = 73
falsche Leserichtung von Zahlen, gerechnet wurde:	
26 + 6	78 − 5

54 + 8 = 58 gerechnet: 54 + 6 = 60, 60 – 2 = 58 68 + 13 = 55	52 – 7 = 55 gerechnet: 52 – 2 = 50, 50 + 5 = 55 85 – 14 = 99
Addition statt Subtraktion bzw. umgekehrt, auch bei Teiloperation	
27 = 13 + $\boxed{40}$ *Unzureichendes Verständnis von Gleichungen*	
78 + 8 = 88 *Perseverationsfehler:* Dominierende Ziffern wirken nach.	80 – 21 = 60 *Fehlerhafte Subtraktion* von Zehner-Einer-Zahlen.
76 + 8 = 74 *Die Zehnerüberschreitung wird nicht berücksichtigt.*	92 – 28 = 76 *Es wird nicht die Differenz zwischen den Zahlen bestimmt,* sondern zwischen den Ziffern gleichen Stellenwerts.

Bevor von einer Lehrgangsstufe zur nächsten fortgeschritten wird, werden die bisherigen Lerninhalte beim Kopfrechnen, bei Lernspielen oder in Einzelarbeit mit Arbeitsblättern und Arbeitskarten (Differenzierung!) wiederholt.
Damit der Block „Addition und Subtraktion bis 100“ zeitlich nicht zu umfangreich und damit eintönig wird, empfehlen sich eine zeitliche Trennung und das Einschieben von anderen Lerninhalten (vgl. Stoffverteilungsplan, S. 222). Dadurch wird einerseits der Unterricht abwechslungsreicher, zum anderen kann kontinuierlich wiederholt werden.

4.2 Methodische Hinweise

– *Übungsformen mit anschaulichen Hilfen* dienen bei der Einführung dazu, einen neuen Rechenweg zu veranschaulichen und das Verständnis anzubahnen. Wie lange sie einzusetzen sind, richtet sich nach dem individuellen Lernstand des Kindes. Kinder mit rascher Abstraktionsfähigkeit verzichten meist von selbst auf Anschauung, wenn sie diese nicht mehr benötigen. Dagegen müssen langsam lernende Kinder immer wieder gezielt angeleitet werden, sich der anschaulichen Hilfen zu bedienen.

– *Übungsformen zum Einüben eines Rechenweges* zeigen diesen durch eine geeignete grafische Darstellung augenfällig auf und leiten zum Notieren der einzelnen Rechenschritte an.

– Erst wenn ein Rechenweg verstanden wurde, kann ein Kind *Übungen zum Automatisieren* durchführen. Aufgaben mit Selbstkontrolle sind nicht nur

motivierend, sondern halten das Kind zum steten Überprüfen seiner Ergebnisse an. Für den Lehrer wird die Endkontrolle erleichtert. Dazwischen können auch Rechen(aus)malbilder das Übungsangebot erweitern.
Die folgenden Übungen werden als Tafelanschrift oder auf Folie mit dem Tageslichtprojektor, auf einem Arbeitsblatt oder auf einer wiederverwendbaren Arbeitskarte angeboten. Eine neue Übungsform oder auch eine neue Art der grafischen Darstellung ist von der Lehrerin ebenso sorgfältig einzuführen wie ein neuer mathematischer Inhalt. Ungünstig ist es, die Kinder mit neuen Übungsformen zu „bombardieren". Vielmehr werden bekannte Formen immer wieder aufgegriffen, und das Repertoire wird behutsam erweitert. Schwierigere Übungen richten sich an die guten Rechner. Sie reizen die Kinder, ihr Wissen an neuen Fragestellungen zu erproben, und verhindern damit, daß ihnen das Rechnen langweilig wird.
Die folgenden Übungsformen lassen sich auf jeden Aufgabentyp übertragen und bieten auch Anregungen zur Differenzierung und für Freie Arbeit.

Übungsformen mit anschaulichen Hilfen

(1) „Zehnersäckchen" mit Murmeln, Bällen, Kastanien, Perlen usw.

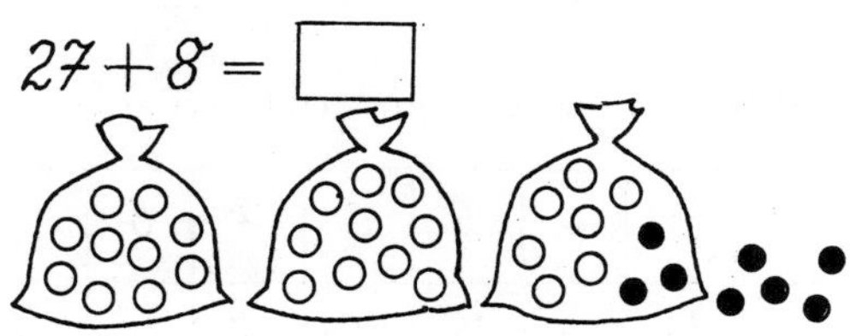

(2) Legen mit Cuisenaire-Stäben oder Steckwürfeln

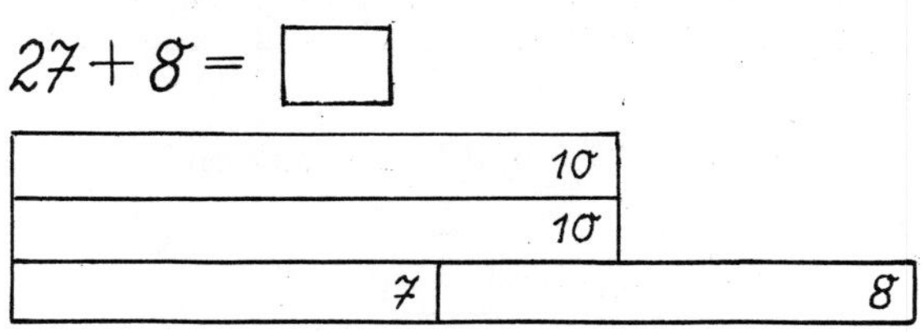

Der Achterstab wird in einen Dreier und einen Fünfer zerlegt. Der Siebener und der Dreier werden in einen Zehner umgetauscht.

(3) Legen mit Geld

27 Pf + 8 Pf = ☐ Pf

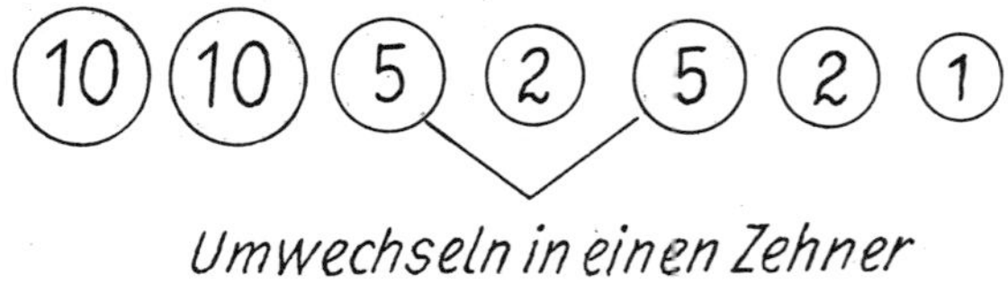

(4) Zeigen am Hunderterfeld

27 + 8 = ☐

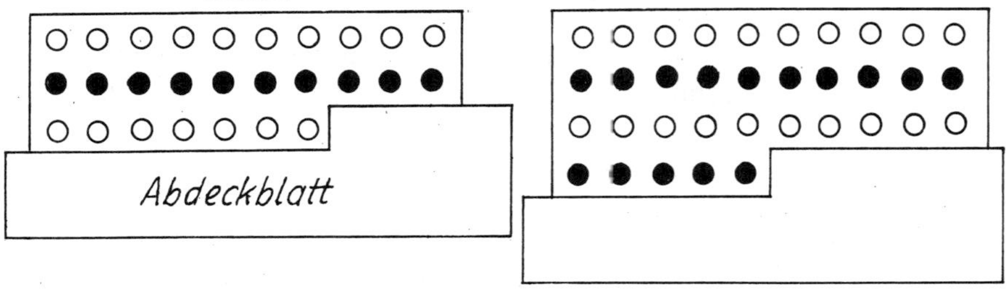

(5) Ablesen von Aufgaben an der Hundertertafel

1	2	3	4	5	6	7	8	9	10
11	12	13	14	15	16	17	18	19	20
21	22	23	24	25	26	27	28	29	30
31	32	33	34	35	36	37	38	39	40

(6) Zeichnen von Zehnerstrichen und Einerpunkten

27 + 8 = ☐

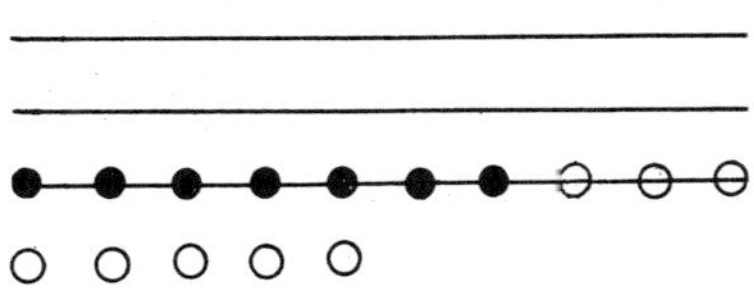

Wird ein Zehner „voll“, zeichnen wir über die Einerpunkte einen Zehnerstrich (10 Kästchen lang).

(7) Zeigen und Einzeichnen von Pfeilen am Zahlenstrahl

27 + 8 = □

Übungsformen zum Einüben von Rechenwegen

(1) „Pfeilaufgabe“ zur Darstellung des Rechnens in zwei Schritten

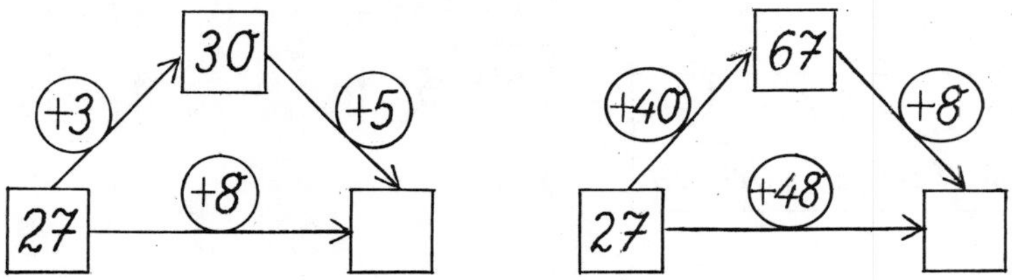

(2)

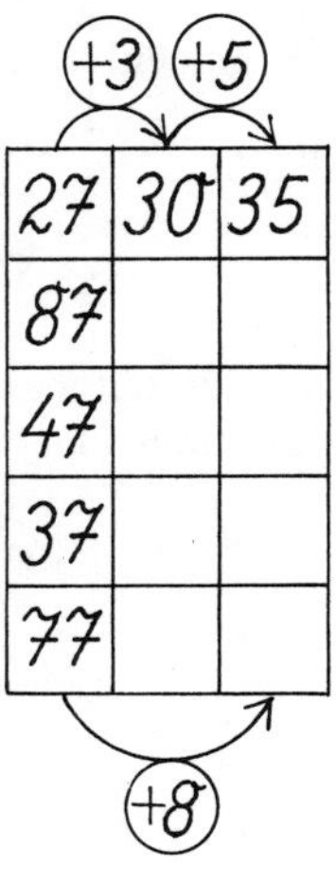

(3) Aufgabenreihen

27 + 8 = 27 + 3 + 5 = □

44 + 8 = 44 + □ + □ = □

69 + 8 = 69 + □ + □ = □

55 + 8 = 55 + □ + □ = □

(4) Lösen von Aufgaben mit Platzhaltern am Anfang mit Hilfe der Umkehraufgabe

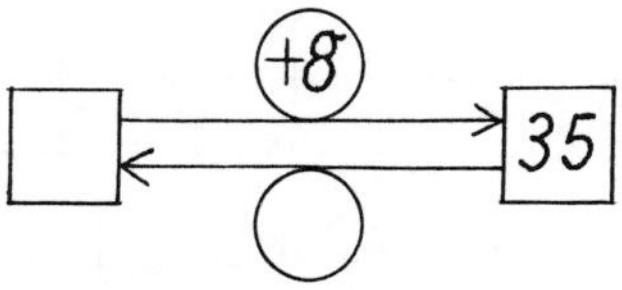

Übungsformen zum Automatisieren mit Selbstkontrolle

(1)

43 + 34 = ☐

84 + 12 = ☐

65 + 34 = ☐

22 + 63 = ☐

71 + 27 = ☐

54 + 43 = ☐

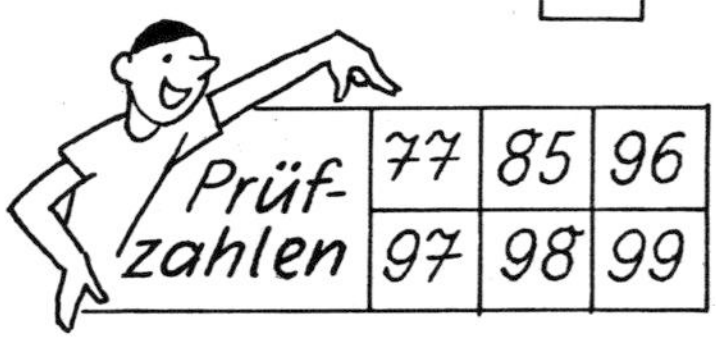

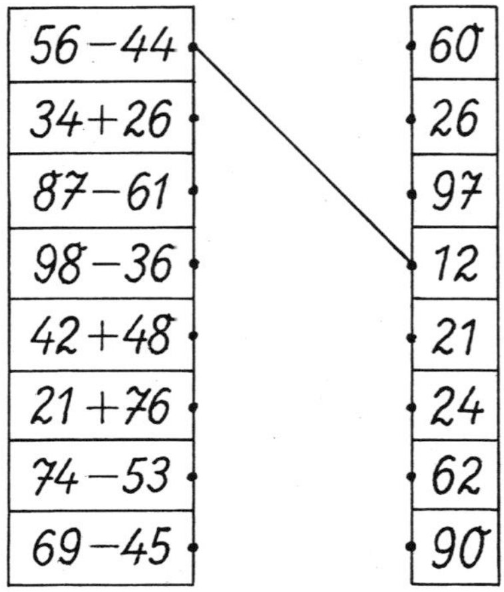

(2) Rechenschlangen

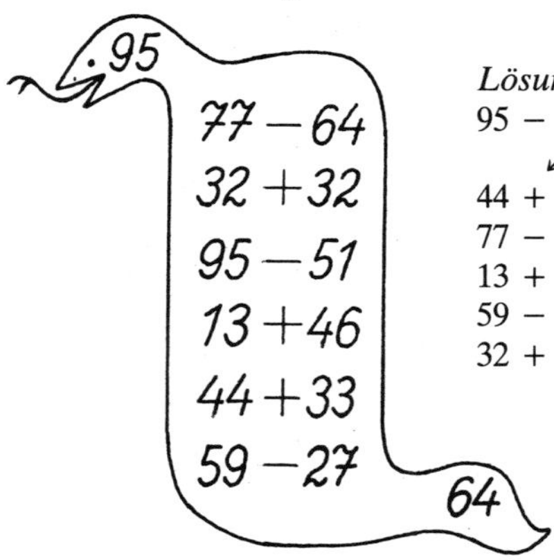

Lösung:

95 − 51 = 44	Mit der „Kopfzahl" beginnen!
↙	
44 + 33 = 77	Das Ergebnis einer
77 − 64 = 13	Aufgabe ist die erste
13 + 46 = 59	Zahl der folgenden
59 − 27 = 32	Aufgabe.
32 + 32 = 64	Das letzte Ergebnis muß mit der „Schwanzzahl" übereinstimmen.

(3) Zahlentreppe

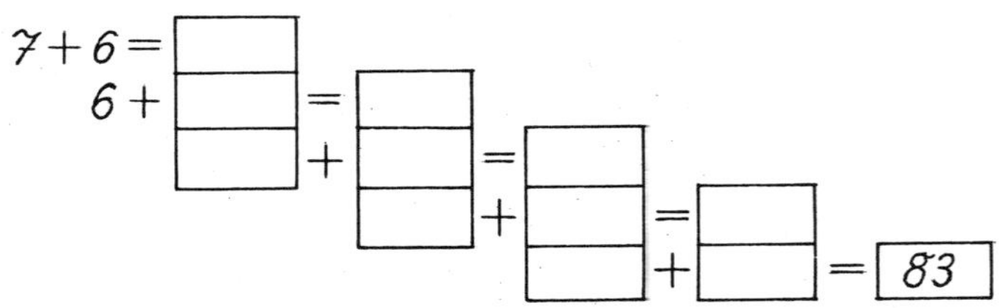

(Lösung: 7 + 6 = 13, 6 + 13 = 19, 13 + 19 = 32, 19 + 32 = 51, 32 + 51 = 83)

(4) Suche 8 Minusaufgaben!

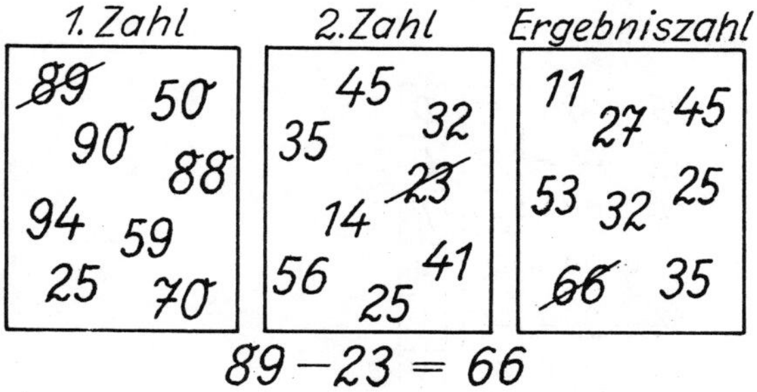

(5) Suche 3 Minusaufgaben!

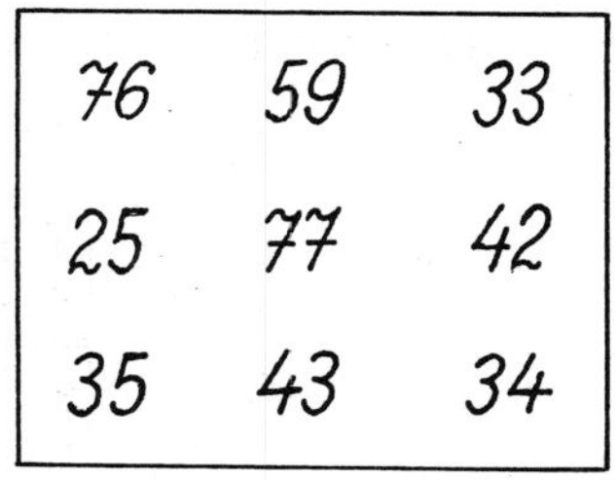

(6) Zahlenhäuser

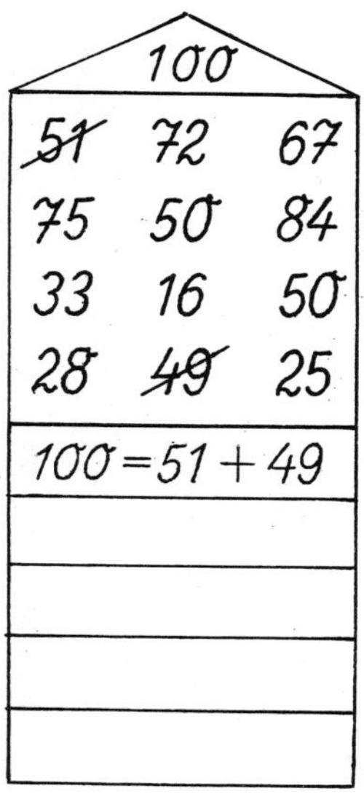

Viele Namen für die Zahl 100!
Verwende für jeden Namen eine andere Farbe!

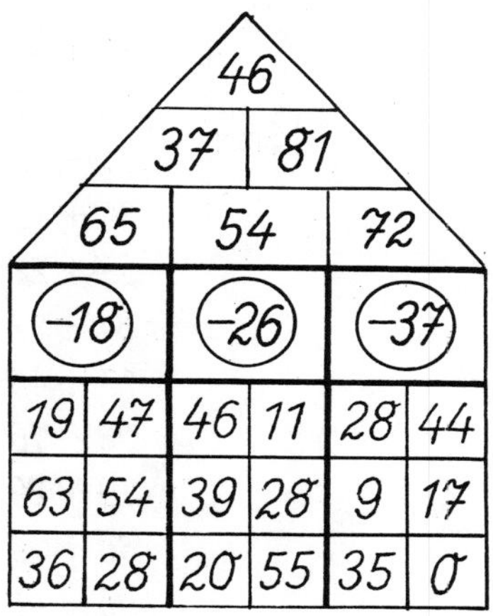

46 − 18 = 28 46 − 26 = 20 46 − 37 = 9
37 − 18 = 19 . . .
. . .

(7) Wer findet die Geheimbotschaft?
Rechne zuerst! Suche dann für jede Ergebniszahl den Buchstaben und schreibe ihn hinter das Ergebnis!

A	91
C	65
D	71
E	54
H	76
I	28
K	83
M	32
N	48
P	29
R	81
S	18
T	62
U	27

25 + 46 =	71	D
92 − 65 =	27	U
55 + 28 =	83	K
63 + 28 =	91	A
84 − 36 =	48	N
77 − 29 =	48	N
75 − 57 =	18	S
45 + 17 =	62	T
82 − 53 =	29	P
37 + 44 =	81	R
96 − 68 =	28	I
71 − 39 =	32	M
36 + 55 =	91	A
59 + 22 =	81	R
81 − 27 =	54	E
17 + 48 =	65	C
92 − 16 =	76	H
19 + 29 =	48	N
38 + 16 =	54	E
96 − 48 =	48	N

(Lösung)

Übungsformen zum Automatisieren ohne Selbstkontrolle

(1) Rechenpäckchen

(24 Aufgaben)

13	32	51	83	24	62
61	82	74	42	53	64
14	93	11	34	44	33
73	81	94	41	12	63

− 5

88	72	64	23	56	41

⊖

3	7	5	9	6	8

(36 Aufgaben)

(2) Rechentabellen

−	35	17	26	8	23	19
69						
42						
45			19			
62						
71						

(30 Aufgaben)

(36)				(72)
(15)				
8	(17)			(44)

Immer +9 → ; +7 ↑

(25 Aufgaben)

a	b	c	b+c	c−a	c−b	a+b+c	c−a+b	c−a−b
2	6	14						
0	3	19						
1	8	23						
3	5	25						
4	9	21						

(30 Aufgaben)

−	53	35	96	69	72	27	44	81	18	25	52	67	76	94	49	31	13
100																	

(3) Zahlenhäuser

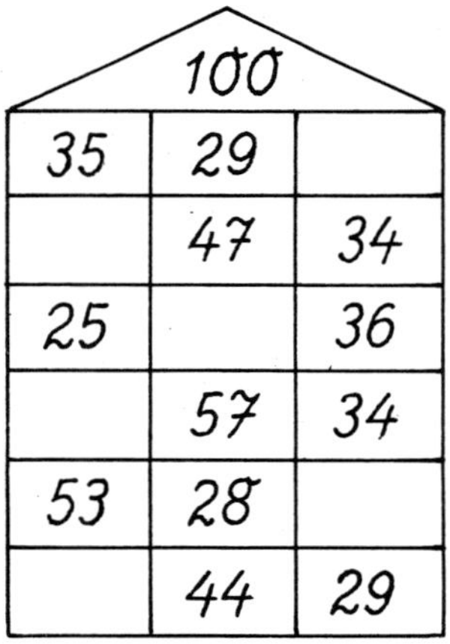

35 + 29 + □ = 100

(4) Rechenhäuschen

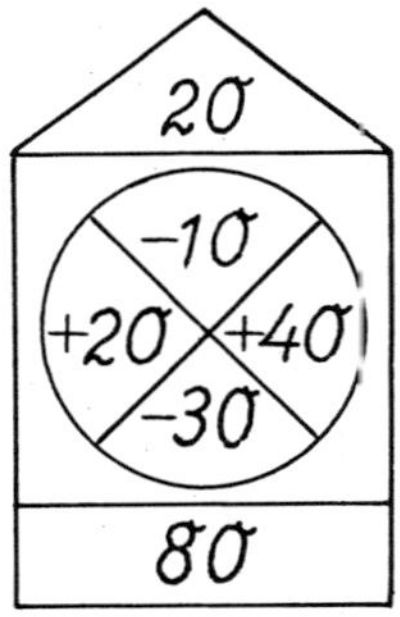

(aus Daumenlang/ Rabenstein, S. 27)

„Dachzahl"

20 − 10 = 10
10 + 40 = 50
50 − 30 = 20
20 + 20 = 40
40 − 10 = 30
30 + 40 = 70
70 − 30 = 40
40 + 20 = 60
60 − 10 = 50
50 + 40 = 90
90 − 30 = 60
60 + 20 = 80

„Kellerzahl"

(5) Rechenräder

Mit dem Ergebnis jeweils weiterrechnen und fortlaufend addieren. Danach wird ebenso subtrahiert:
71 − 8 = 63
63 − 6 = 57
. . .
19 − 2 = 17
Das Endergebnis ist die Ausgangszahl.
(aus Leutenbauer, S. 113)

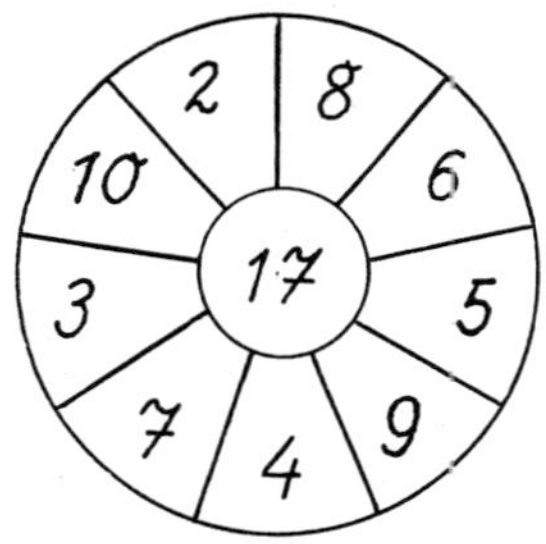

17 + 8 = 25
25 + 6 = 31
usw.
69 + 2 = 71

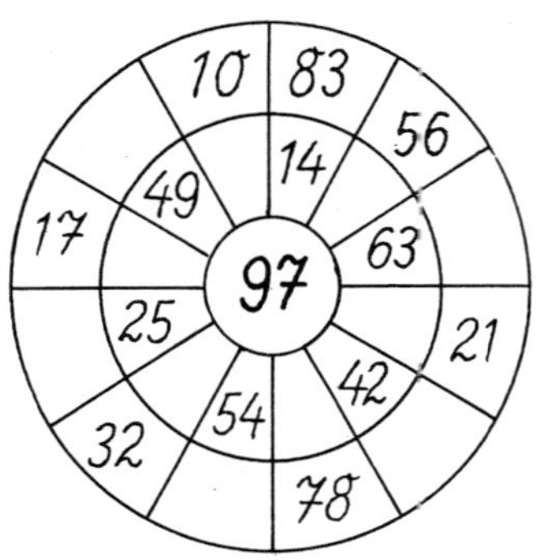

83 + 14 = 97 [U] 97 − 14 = 83

(6) Rechenblume

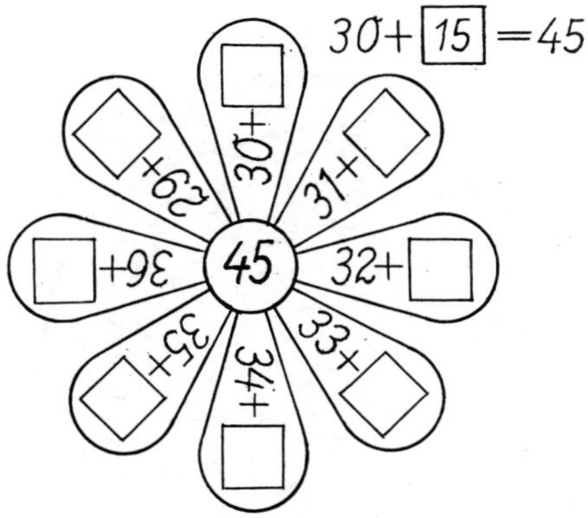

(hier: Gegenläufiges Verändern der Summanden)

(7) Rechenschlangen

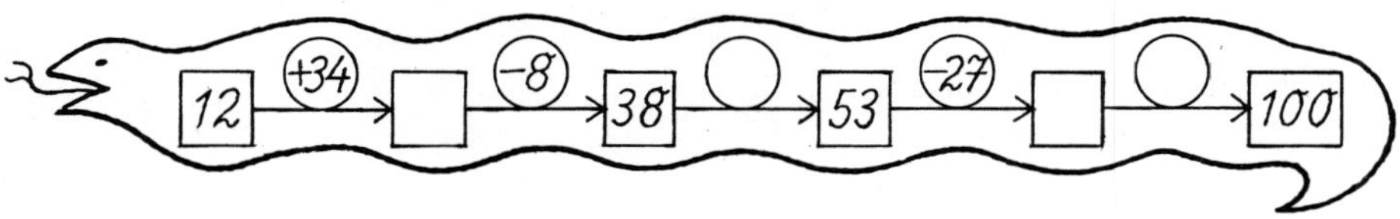

(8) Zahlentürme

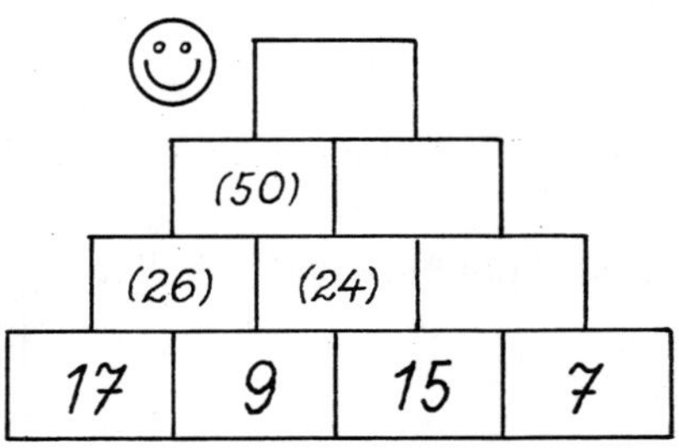

(Lösungen in Klammern)
Je zwei nebeneinanderliegende Zahlen werden addiert. Das Ergebnis wird im Feld darüber eingetragen.

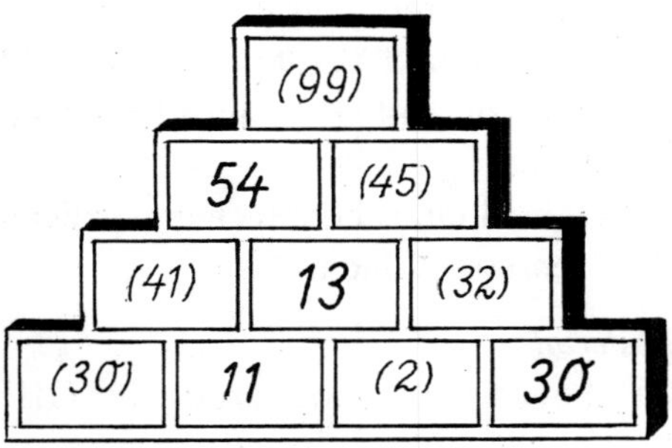

(Lösungen in Klammern)

(9) Zahlensäcke

Streiche 5 Falsche weg!

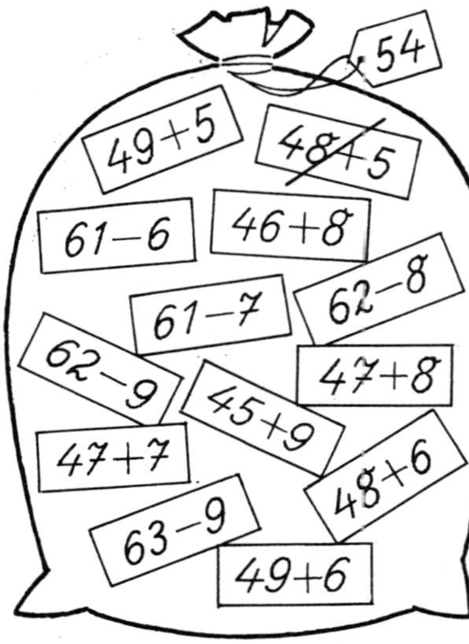

Schreibe nun die richtigen Aufgaben ins Heft!

4.3 Unterrichtspraktische Gestaltung

Ziele
- Addieren und Subtrahieren bis 100
- Halbieren und Verdoppeln von Zahlen
- Lösen von Aufgaben mit Platzhalter mit Hilfe der Tausch- oder Umkehraufgabe
- Erzählen einfacher Rechengeschichten zu Stichpunkten und Tabellen
- Lösen von Zahlenrätseln

Material

① 2 Folien mit Hundertertafel für OHP, eine leere Folie, für jedes Kind ein kleines Plättchen (Linse o. ä.)

② ein Schneidermaßband und eine Büroklammer für jedes Kind

⑤ Hunderterzug für die Flanelltafel und ca. 140 Scheiben in zwei verschiedenen Farben, für jede Vierer- bis Sechsergruppe jeweils 10 Rommékarten und evtl. ein Würfel

Unterrichtsanregungen

① *Wir rechnen: ZE + Z, Z + ZE, ZE – Z*

– *Kopfrechnen:* Zerlegen von ZE in Z und E, z. B. 72 = 70 + 2

– *Zeigen einer Tabelle* (Folie oder Tafelanschrift): So viel haben die Kinder gespart:

	Lena	Jan	Tina	Petra	Thomas	Peter	Mirko
gespart bekommt	53 Pf 40 Pf	68 Pf 30 Pf	29 Pf 60 Pf	47 Pf 30 Pf	81 Pf 10 Pf	74 Pf 20 Pf	32 Pf 50 Pf
zusammen							

Die Kinder erzählen Rechengeschichten, z. B.: „Lena hat 53 Pf gespart. Ihre Mutter schenkt ihr noch 40 Pf. Dann hat sie zusammen 93 Pf."

Legen der Geldbeträge an der Flanelltafel
Aufschreiben der Aufgaben ins Heft: 53 Pf + 40 Pf = 93 Pf

Zeigen einer ausgefüllten Hundertertafel (Folie) mit einer aufgelegten, leeren Folie zum Beschreiben: Ein Kind sucht die Zahl 53 und zeichnet einen Pfeil zur 93. Wir erkennen: Wir „rutschen" vier Zehnerreihen weiter. Analog werden zu den weiteren Zahlen in der Tabelle die Pfeile gezeichnet. Bei jeder Aufgabe kann gesprochen werden:

Die Einer bleiben gleich.
Die Zehner ändern sich.

– *Legen an der Flanelltafel* mit Stäben bzw. *Tafelanschrift:*

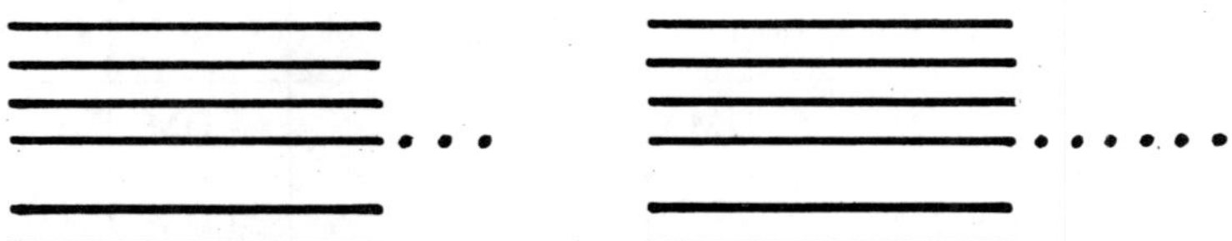

43 + 20 = ☐ (u + g = u)

46 + 20 = ☐ (g + g = g)

Lehrerin: „Mit den ungeraden (u) und geraden (g) Zahlen können wir kontrollieren, ob wir richtig gerechnet haben. Die Einerstelle verrät uns, ob eine Zahl gerade oder ungerade ist." – Ein Kind fährt die geraden Einer rot nach, die ungeraden blau.

Wir wiederholen: Eine ungerade Zahl und eine gerade haben eine ungerade Zahl als Ergebnis. Eine gerade ... (vgl. S. 91).
Ergänzen der Tafelanschrift
Wir prüfen in unserem Heft nach und fahren bei den Aufgaben zur Tabelle die Einerstellen farbig nach.

– *Tauschaufgaben:* Die Lehrerin vertauscht an der Flanelltafel die Summanden bzw. verändert die Tafelzeichnung entsprechend. *Tafelanschrift:*

$$43 + 20 = 63 \qquad\qquad 46 + 20 = 66$$
$$\boxed{T}\rangle\; 20 + 43 = 63 \qquad\qquad \boxed{T}\rangle\; 20 + 46 = 66$$

Zu weiteren Aufgaben an der Tafel oder aus dem Rechenbuch die Tauschaufgaben aufschreiben.

– Analog der Addition wird die *Subtraktion* erarbeitet.
Vorschlag für den Einstieg:

Aktion: Gesunde Pause!	
Möhre	10 Pf
Apfel	20 Pf
Milch	30 Pf
Müsliriegel	40 Pf
Vollkornsemmel	50 Pf

	Lena	...
hat	65 Pf	
gibt aus	30 Pf	...
Rest		

Nach der Arbeit am Hunderterfeld werden die Minusaufgaben zusätzlich am Zahlenband und Zahlenstrahl gezeigt.

– *Lösen von Sachaufgaben*
Sonderpreise!

	Kleid	Rock	Hose	Mantel	Jacke	Pullover
alter Preis	76 DM	59 DM	87 DM		64 DM	
Preisnachlaß	30 DM			50 DM	20 DM	30 DM
Sonderpreis		39 DM	57 DM	48 DM		13 DM

Erklären der Begriffe Sonderpreis, Preisnachlaß (billiger um).

> *„In der vergangenen Woche haben Sie sich um 50 Mark geirrt!" sagt die Kundin an der Supermarkt-Kasse. „Das hätten Sie gleich sagen müssen. Für eine Reklamation ist es jetzt zu spät!"*
> *„Na gut, dann behalte ich das Geld eben!"*

– *Zahlenrätsel*
Tafelanschrift:

> .....: Meine Zahl ist um 40 größer als 37.
> .....: Meine Zahl ist um 30 kleiner als 99.
> .....: Meine Zahl ist um 60 größer als 17.

Die Kinder lesen die Zahlenrätsel still durch. Wer meint, er kann eines lösen, schreibt seinen Vornamen davor und notiert die Lösung auf einen Zettel. Nun erarbeiten wir gemeinsam die Lösung, die die Kinder vorher natürlich nicht verraten dürfen.
Lösung mit Hilfe des Pfeilbilds (mathematische Darstellung analog der Sprache):

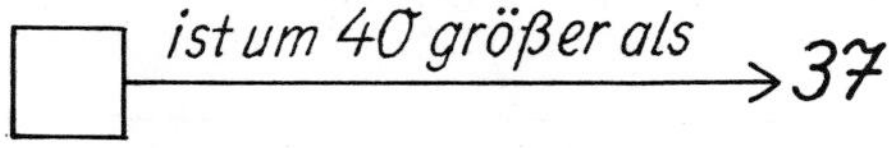

Lösung mit Hilfe der Gleichung (Umkehrung der Sprache):

$$37 + 40 = \square$$

Erklärung: „Um 40 größer" meint + 40. Also ist 37 die kleinste Zahl und muß vorne stehen.
Übertragen auf den Rechenplan (vgl. Abb. S. 94, Ziff. 7)

– *Vorschläge zum Üben*

(1) Male dazu, was fehlt!

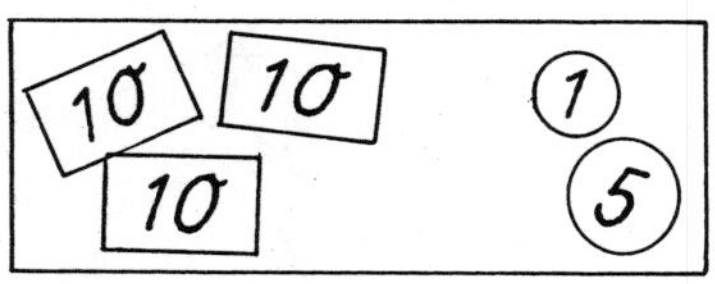

$\square$ DM + $\square$ DM = 56 DM

(mehrere Beispiele)

(2) +30

41	
25	
33	
59	
12	
67	

(mehrere Tabellen, auch mit Minus)

(3) Streiche weg, was zuviel ist!

$\square$ DM – $\square$ DM = 64 DM

(mehrere Beispiele)

(4)

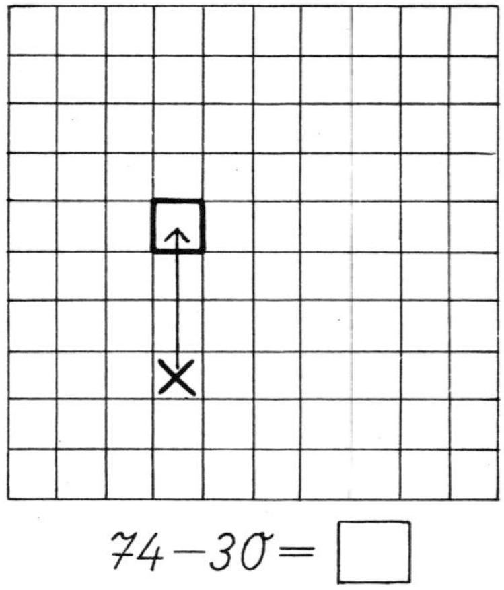

(5)

Umkehraufgabe	Plusaufgabe	Tauschaufgabe	Umkehraufgabe
76 − 50 = 26	26 + 50 = 76	50 + 26 = 76	76 − 26 = 50
. . .			

(6) Zeichne Pfeile!

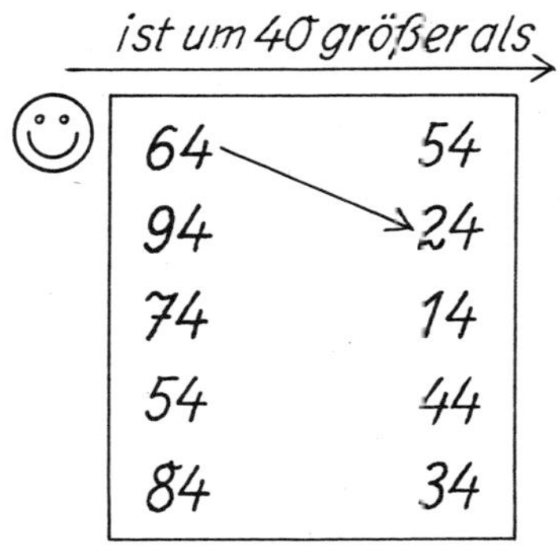

(mehrere Beispiele)

(7) Zahlenrätsel

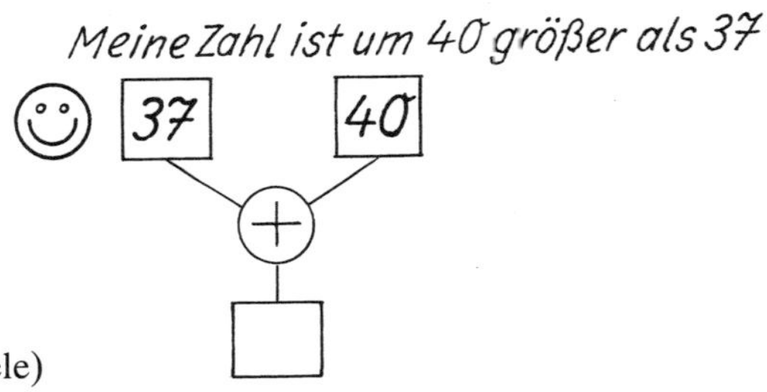

(mehrere Beispiele)

Zu *Aufgabe 4:* Zu vorgegebenen Aufgaben (Rechenbuch, Tafel) zeichnen die Kinder in ihr Rechenheft Hunderterfelder (10mal 10 Kästchen), kreuzen die erste Zahl an und zeichnen einen Pfeil zum Ergebnisfeld, das eingerahmt wird.

② ***Wir rechnen: ZE + E, ZE − E*** (ohne Zehnerübergang)

– *Kopfrechnen:* Zerlegen von ZE in Z und E, z. B. 35 = 30 + 5

– *Anknüpfen an das individuelle Wissen:* Die Kinder schreiben zu von der Lehrerin genannten Aufgaben die Ergebniszahlen auf. Sie weist darauf hin, daß es nicht schlimm ist, wenn man die Aufgaben nicht lösen kann (Strich machen), und kündigt an, daß später noch geübt wird.
Aufgabe: Auf einem Parkplatz sind 35 Autos. 3 fahren dazu. (Ein guter Rechner schreibt verdeckt an die Tafel 35 + 3 = 38.) Etwa 5–10 weitere Parkplatzaufgaben. Gemeinsame Kontrolle

– *Erarbeiten des Rechenweges:* Wer kann erklären, wie er gerechnet hat? – Würdigen der Vorschläge
Am Tageslichtprojektor wird eine Hundertertafel mit einer zweiten leeren Folie überdeckt. Nacheinander trägt die Lehrerin Pfeile ein und gibt so eine Aufgabe nach der anderen vor. Die Aufgaben werden jeweils an die Tafel geschrieben.

1	2	3	4	5	6	7	8	9	10	5 + 3 = 8
11	12	13	14	15	16	17	18	19	20	15 + 3 = 18
21	22	23	24	25	26	27	28	29	30	25 + 3 = 28
usw.										usw.
91	92	93	94	95	96	97	98	99	100	95 + 3 = 98

Wir erkennen: Das Rechnen ist in jedem Zehner gleich. Wer die „kleine" Aufgabe 5 + 3 = 8 weiß, weiß auch die Aufgaben 15 + 3, 25 + 3 usw. Eintragen der Aufgaben ins Heft (Ergebnisse an der Tafel vorher ablöschen).

– *Wiederholen:* Die Lehrerin nennt „große" Aufgaben, die Kinder sagen die passende „kleine" Aufgabe und lösen beide. Lösen von Aufgaben aus dem Rechenbuch oder auf einem Arbeitsblatt.

– *Tauschaufgaben:* 5 + 23 = □ (Tafelanschrift)
Finden von Rechenwegen: Ich denke an die „kleine" Aufgabe 5 + 3 (ohne Zehner) und lege dann wieder die Zehner dazu.

Hefteintrag: 5 + 23 = □ [T> 23 + 5 = □

. . .

– *Ergänzen zur nächsten Zehnerzahl*
Auf ihrer Hundertertafel legen die Kinder ein kleines Plättchen auf eine von der Lehrerin genannte Zahl, z. B. 54. Dann schiebt jeder sein Plättchen vor zur nächsten Zehnerzahl. Ein Kind nennt die Aufgabe: 54 + 6 = 60, denn 4 + 6 = 10. Analog etwa zehn weitere Beispiele. *Tafelanschrift:*

Vor zur nächsten Zehnerzahl!

83 + 7 = 90 oder $83 \xrightarrow{+7} 90$
58
94
. . .

Hefteintrag

– *Zur Einführung in die Subtraktion* zeigen wir wiederum eine Folie mit der Hundertertafel und zeichnen auf eine zweite Folie Pfeile. Die Kinder nennen die zugehörigen Rechnungen 8 − 6 = 2, 18 − 6 = 12, 28 − 6 = 22 . . . *Tafelanschrift:*

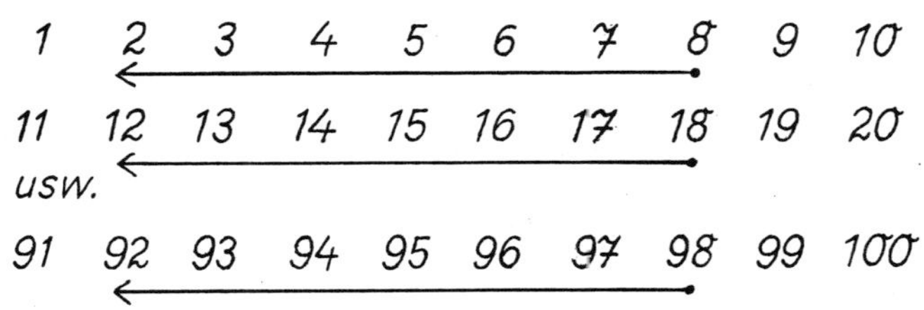

Hefteintrag der Aufgabenreihe (vorher Ergebnisse an der Tafel löschen).

– *Wiederholen:* Die Lehrerin nennt „große“ Aufgaben, die die Kinder jeweils mit Hilfe der „kleinen“ Aufgabe lösen.
Weitere schriftliche Übungen.

– *Wegnehmen von Zehnerzahlen:* Für das folgende Spiel hat die Lehrerin Kartenpaare mit „großen“ und „kleinen“ Aufgaben vorbereitet:

10 − 3	10 − 2	10 − 4	10 − 6	10 − 1	10 − 9	10 − 7	10 − 5	10 − 8
90 − 3	70 − 2	50 − 4	40 − 6	80 − 1	60 − 9	30 − 7	100 − 5	90 − 8

Die Karten werden an die Kinder verteilt, und jeder sucht seinen Partner. Dann setzen sich die Kinder paarweise zu einem Kreis. Der Reihe nach steht ein Paar auf und spricht gemeinsam: „Die kleine Aufgabe heißt 10 – 3 = 7. Die große Aufgabe heißt 90 – 3 = 87.“ Usf.

– *Üben und Sichern:* Zu vorgegebenen Aufgaben zeichnen die Kinder am Zahlenstrahl Pfeile ein (Abb. S. 98, Ziff. 1)

– *Zurückgehen zum vorausgehenden Zehner*
Auf einem Schneidermaßband oder Zahlenband stecken die Kinder eine Büroklammer auf eine von der Lehrerin genannte Zahl, z. B. 54. Dann schiebt jeder seine Klammer zurück zur nächsten Zehnerzahl. Ein Kind nennt die Aufgabe: 54 – 4 = 50. Analog etwa zehn weitere Beispiele.
Tafelanschrift:

Zurück zur vorhergehenden Zehnerzahl!

54 – 4 = 50 oder 54 —(–4)→ 50
96
37
. . .

Hefteintrag

– *Tausch- und Umkehraufgaben*
Auf die Aufforderung der Lehrerin hin „Wer eine Aufgabe weiß, weiß gleich vier!“ suchen die Kinder die „verwandten“ Aufgaben. *Tafelanschrift:*

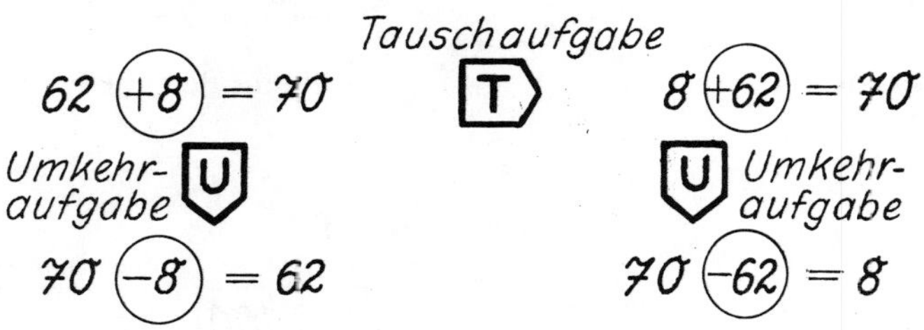

Zu vorgegebenen Aufgaben schreiben die Kinder je vier „verwandte“ Aufgaben ins Heft und rahmen sie jeweils farbig ein.

Arbeitsblatt:

Umkehraufgabe	Plusaufgabe	Tauschaufgabe	Umkehraufgabe
	83 + 5 =		
34 – 3 =			
		4 + 64 =	
. . .			

– *Sichern und Üben:* Sachaufgaben, Aufgaben mit Platzhaltern (am Anfang, in der Mitte), Zahlenrätsel und weitere Übungen

(1)

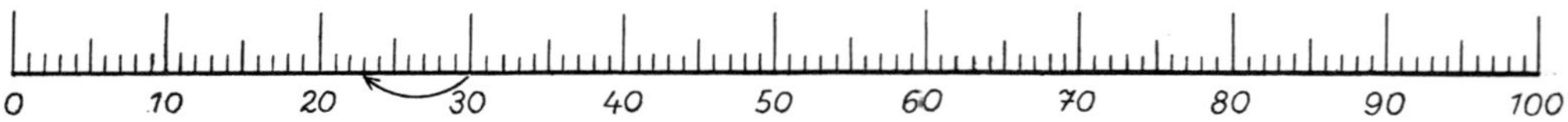

Zeichne zu jeder Aufgabe einen Pfeil!

30 − 7 = □	80 − 4 = □	50 − 6 = □	40 − 3 = □
100 − 8 = □	60 − 5 = □	90 − 9 = □	70 − 2 = □

(2) Male dazu, was fehlt!

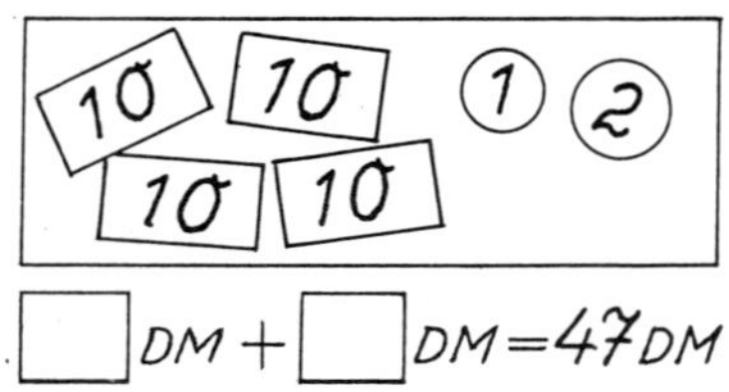

(mehrere Beispiele)

(3) Streiche weg, was zuviel ist!

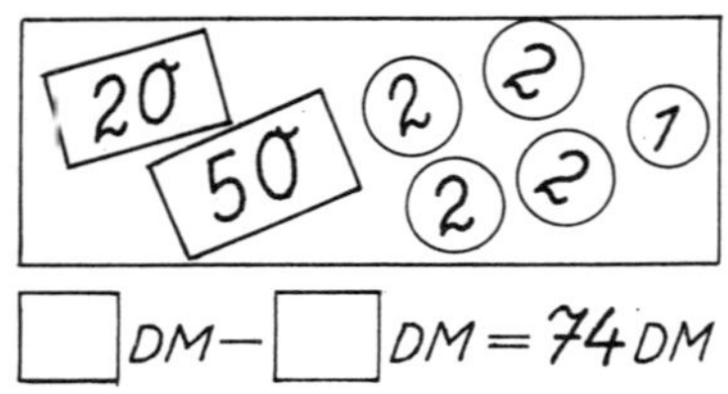

(mehrere Beispiele)

(4)

+5

2	7
12	
52	
72	
32	
92	

(mehrere Beispiele)

(5)

70	100
90	60
50	80
30	40

−

5	8
3	6
2	9
4	7

70 − 5 = □

70 − 3 = □

usw.

(6)

ist um 5 größer als →

85	53
58	80
55	54
59	92
97	50

(mehrere Beispiele)

(7) Zwei verschiedene Namen für eine Zahl

57−4	58−4
52+7	55+3
94−40	58−5
46+10	39+20
58−6	79−20
18+40	82−30
53+6	59−3

(8) Setze ein: > rot, = gelb oder < blau!

60+7 ◯ 63+4	33+30 ◯ 60+6
95−30 ◯ 87−20	70−1 ◯ 62+3
usw.	

„Herr Lehrer, ich habe meine Hausaufgaben nicht gemacht, weil Sie gestern so schlecht aussahen. Ich habe fest damit gerechnet, daß Sie heute krank sind...“

③ *Wir rechnen: ZE + ZE, ZE − ZE* (ohne Zehnerübergang)

– *Kopfrechnen:* ZE ± E, ZE ± Z
– Lehrerin: „Herr Blitz, der Fahrer eines Paketautos, lädt vor dem Postamt Pakete in sein Auto. 31 Pakete hat er schon eingeladen, 25 Pakete muß er noch einladen.“ – Die Kinder nennen Frage und Rechnung. Legen mit Stäben an der *Flanelltafel:*

Tafelanschrift:

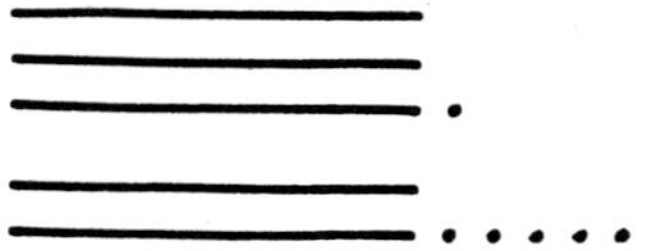

	Z	E
3 Zehner 1 Einer	3	1
plus 2 Zehner 5 Einer	+2	5
□ Zehner □ Einer		

Die Kinder legen mit Stäben nach und suchen nach Rechenwegen:

- Ich rechne so: Ich zähle zuerst die Zehner zusammen, dann die Einer: 30 + 20 = 50, 1 + 5 = 6, 50 + 6 = 56
- Ich zähle zur ersten Zahl die Zehner dazu, dann die Einer: 31 + 20 = 51, 51 + 5 = 56
- Ich zähle zur ersten Zahl die Einer dazu, dann die Zehner: 31 + 5 = 36, 36 + 20 = 56

Tafelanschrift:

35	56	43	24	32
+ 14	+ 23	+ 31	+ 42	+ 27
□	□	□	□	□

Die Kinder legen mit Stäben und rechnen mündlich vor. Eintragen der Ergebnisse an der Tafel.

Tafelanschrift: Tauschaufgaben

35 + 14 = 49 [T> 14 + 35 = 49

Nach diesem Beispiel nennen die Kinder zu jeder Aufgabe die Tauschaufgaben. (Hefteintrag)

– *Legen mit Geld*

Tafelanschrift/Folie:

	Anna	Karin	Martin	Susi	Peter	Thomas	Stefan	Lena
1. Preis 2. Preis	48 Pf 21 Pf	56 Pf 43 Pf	43 Pf 32 Pf	52 Pf 36 Pf	14 Pf 55 Pf	65 Pf 14 Pf	37 Pf 22 Pf	21 Pf 47 Pf
Gesamt								

Die Kinder erzählen zu jeder Spalte eine selbst ausgedachte Rechengeschichte. Dazu wird jeweils mit Geld gelegt. *Hefteintrag:* Die Kinder schreiben die Aufgaben ins Heft: 48 Pf + 21 Pf = □ Pf

– *Einüben des Rechenweges*

Tafelanschrift:

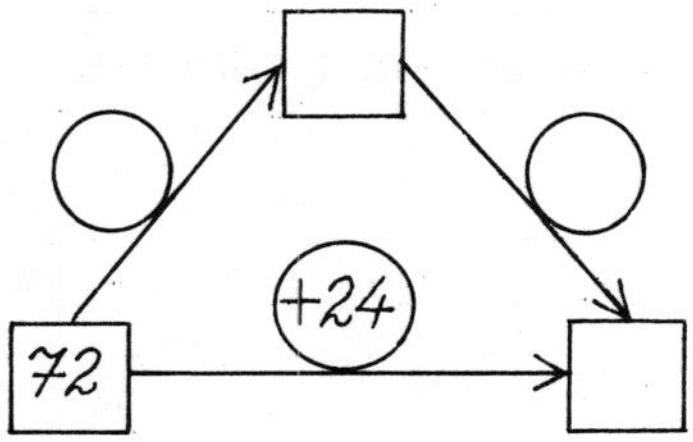

Die Lehrerin erinnert an die bekannte *„Pfeilaufgabe"*. Wer kann die Rechenschritte eintragen? Danach werden die Zahlen vorsichtig gelöscht und weitere Rechnungen schrittweise vorgerechnet.
Weitere Möglichkeit: „Doppelpfeilaufgabe" zur Darstellung beider Rechenwege

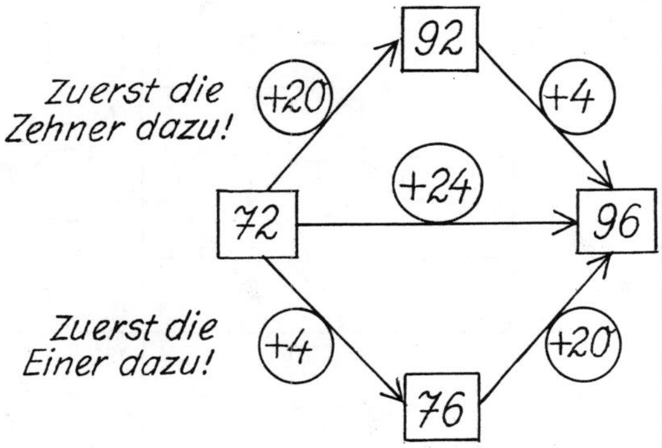

Zur Sicherung *Übungsblatt* (ÜB 9, S. 102; damit das Blatt mehrmals verwendbar ist, wurden keine Aufgaben eingetragen) und Aufgabenreihen wie 31 + 12, 31 + 11, 31 + 15, 31 + 14, 31 + 16.

– *Abziehen von Zehner-Einer-Zahlen*
Tafelanschrift/Folie:

	Tim	Nina	. . .
hat	59 Pf	47 Pf	
gibt aus	25 Pf	43 Pf	
Rest			

Die Kinder legen mit Spielgeld und nehmen in zwei Schritten weg, zuerst die Einer oder Zehner, dann die nächsten Münzen. Ein Kind spricht dazu je-

Wir rechnen in zwei Schritten | ÜB 9

Name: ______________________ Datum: ______________

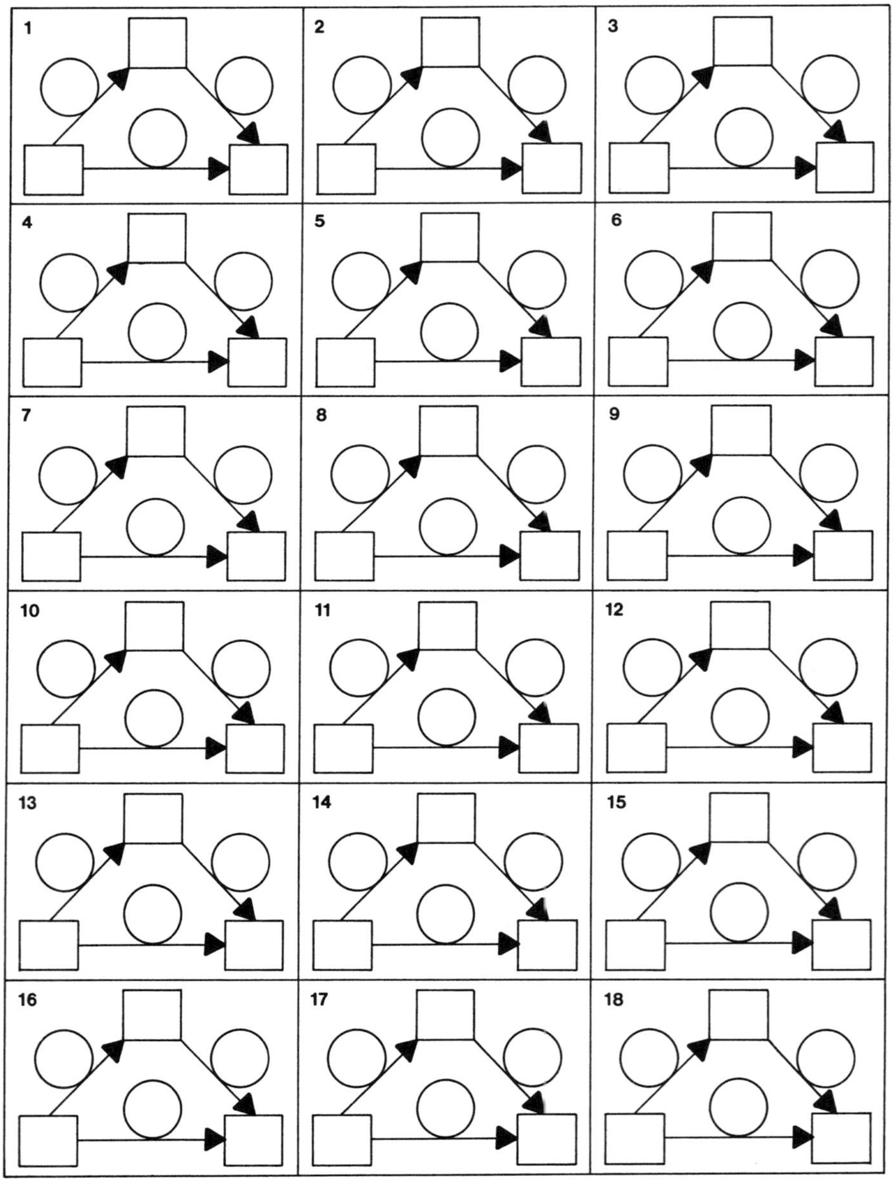

weils: „Tim hat 59 Pf. Er nimmt zuerst zwei Zehner, dann fünf Einer weg. Er hat noch 34 Pf."

Jede Rechnung wird in das Pfeilschema an der Tafel eingetragen: (Abb. S. 101)

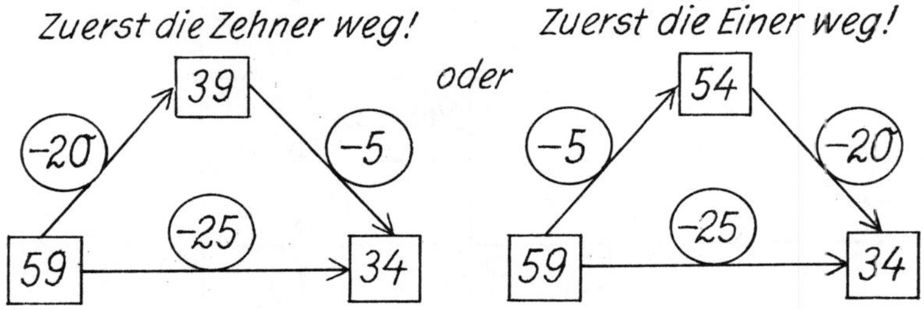

Einüben des Rechenweges auf *Übungsblatt* (ÜB 9, S. 102) und durch Aufschreiben von „langen" Aufgaben wie:

59 − 25 = 59 − 20 − 5 = □

59 − 25 = 59 − 5 − 20 = □

– *Zehner minus Zehner-Einer*

„Frau Reichmann kauft im Kaufhaus in vielen Abteilungen ein. Wieviel bekommt sie an jeder Kasse zurück?" *Tafelanschrift/Folie:*

Sie gibt	50 DM	70 DM	90 DM	100 DM	80 DM	60 DM
Preis	29 DM	54 DM	71 DM	87 DM	72 DM	55 DM
Rückgeld						

Partnerarbeit: Ein Kind legt jeweils den ersten Betrag, der Nachbar das Rückgeld. Jede Aufgabe wird mündlich in zwei Schritten vorgerechnet und der Rechenweg schriftlich notiert (s. o.).

– *Tausch- und Umkehraufgaben*

Tafelanschrift:

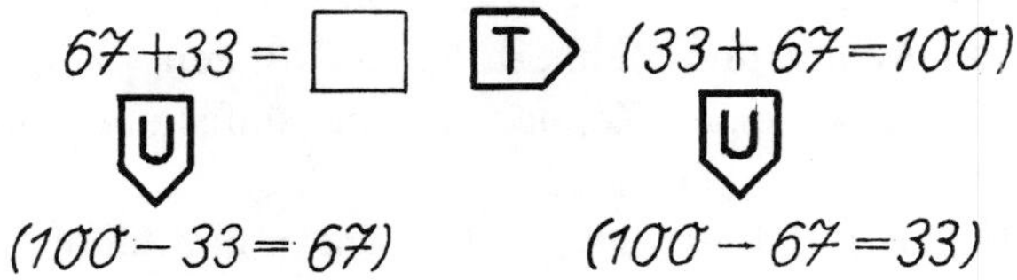

Das bekannte Schema fordert die Kinder zum Suchen der Tausch- und Umkehraufgaben auf.

Analog schreiben die Kinder zu Aufgaben aus dem Rechenbuch jeweils die vier „verwandten" Aufgaben auf, oder sie bearbeiten ein *Arbeitsblatt:*

Umkehraufgabe	Plusaufgabe	Tauschaufgabe	Umkehraufgabe
	82 + 18 =		
		76 + 23 =	
100 − 49 =			
...			

Berechnen von Aufgaben mit Platzhalter am Anfang und in der Mitte, wie z. B.: 49 − □ = 32, 23 + □ = 46, 96 − □ = 34, □ − 37 = 51

– *Lösen von Sachaufgaben*

④ *Halbieren und Verdoppeln*

○ Halbieren

Tafelanschrift: Schlußverkauf (oder: Sonderangebote)! Alles zum halben Preis!

	Hose	Handschuhe	Mütze	Kleid	Pulli	Stiefel	Rock	Anorak
zuerst	60 DM	30 DM	46 DM	82 DM	54 DM	96 DM	78 DM	100 DM
jetzt								

Sprechreihe: „Die Hose hat zuerst 60 DM gekostet. Die Handschuhe ..."
Nacheinander legen die Kinder jeden Betrag so, daß sie ihn halbieren können. Zur Kontrolle wird an der Flanelltafel jeweils mitgelegt. Die Rechenwege werden an der Tafel festgehalten. Beim Legen erkennen wir:

- 60 DM können wir leicht halbieren. Wir legen 6 Zehnmarkscheine. Die Hälfte sind 30 DM. 60 DM = 30 DM + 30 DM
- Wenn wir 30 DM mit drei Zehnern legen, können wir nicht halbieren. Deshalb wechseln wir einen Zehner in zwei Fünfer um. Nun können wir halbieren. 30 DM = 15 DM + 15 DM
- Wir legen 46 DM mit 4 Zehnern und 6 Einern und halbieren: 46 DM = 23 DM + 23 DM
- Wir legen 54 DM mit 5 Zehnern und 4 Einern und erkennen, daß wir so nicht halbieren können. Deshalb wechseln wir einen Zehner in zwei Fün-

fer um. Nun können wir die beiden Hälften auseinanderschieben: 54 DM = 27 DM + 27 DM

Tafelanschrift: Wir halbieren

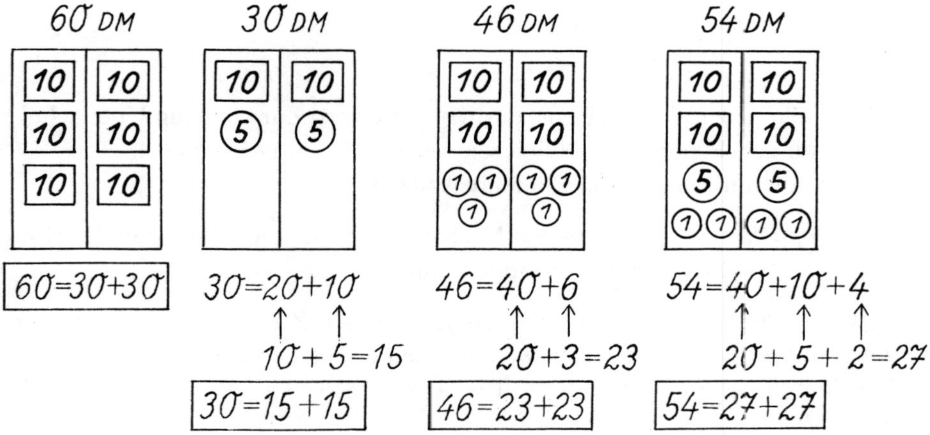

(Die blau gezeichneten Pfeile bedeuten jeweils: ist die Hälfte von)
Gemeinsam wird so die Tabelle ausgefüllt. Abschließende Sprechreihe: Zuerst hat die Hose 60 DM gekostet. Jetzt kostet sie 30 DM . . .

– Diese *Rechenwege* werden nun getrennt nochmals eingeübt.

- Die Kinder legen nacheinander die leicht zu halbierenden Zahlen 60, 80, 40, 20, 100 mit Stäben und halbieren. *Sprechen:* 60 = 30 + 30, 30 ist die Hälfte von 60.
- Dann werden die Zahlen 30, 70, 50, 90 mit Stäben gelegt. Zum Halbieren wird jeweils ein Zehnerstab in zwei Fünferstäbe umgetauscht. *Sprechreihe:* 30 = 15 + 15, 15 ist die Hälfte von 30.
- Die Kinder legen die Zahlen wie 46, 84 usw. (gerade Ziffer an der Zehnerstelle). Jede Zahl wird dabei in Zehner und Einer zerlegt und dann halbiert. *Sprechen:* 46 = 40 + 6, 20 ist die Hälfte von 40, 3 ist die Hälfte von 6. Also ist 23 die Hälfte von 46.
- „Schwierige" Zahlen wie 54 werden erst halbiert, wenn die Kinder das Halbieren von 30, 50, 70 und 90 beherrschen. Dann kann nach dem Zerlegen in Zehner und Einer halbiert werden: 54 = 50 + 4, 25 ist die Hälfte von 50, 2 ist die Hälfte von 4. Also ist 27 die Hälfte von 54.

– *Übungen zum Sichern und Wiederholen*

○ Verdoppeln

Die Lehrerin stellt Zahlenrätsel: „Ich denke mir eine Zahl. Meine Zahl ist das Doppelte von 26. Wie heißt meine Zahl?"

Die Kinder legen mit Stäben die Zahl 26 und nochmals die Zahl 26. Wir sehen: 26 = 20 + 6. Das Doppelte von 20 ist 40. Das Doppelte von 6 ist 12. 40 + 12 = 52. *Tafelanschrift:*

$$
\begin{array}{rcl}
26 = & 20 + & 6 \\
 & \uparrow & \uparrow \\
 & 40 + & 12 = 52 \\
 & 26 + & 26 = 52
\end{array}
$$

(Die Pfeile bedeuten jeweils: ist das Doppelte von. Zur besseren Unterscheidung von den Pfeilen zum Halbieren werden sie rot gezeichnet.)
Wiederholen mit mehreren Zahlenbeispielen

– *Verdoppeln von Geldbeträgen:* Nach Ansage der Lehrerin legen die Kinder einen Geldbetrag und verdoppeln ihn.

– *Wir verdoppeln immer weiter:* Wir legen einen Zweierstab und darunter einen doppelt so langen, dann wieder einen doppelt so langen darunter usf. Wir schreiben auf: 2 + 2 = 4, 4 + 4 = 8, 8 + 8 = 16, 16 + 16 = 32, 32 + 32 = 64.

– *Übungen zum Sichern und Wiederholen* analog den Übungen zum Halbieren.

(1) Halbiere mit einem Strich!

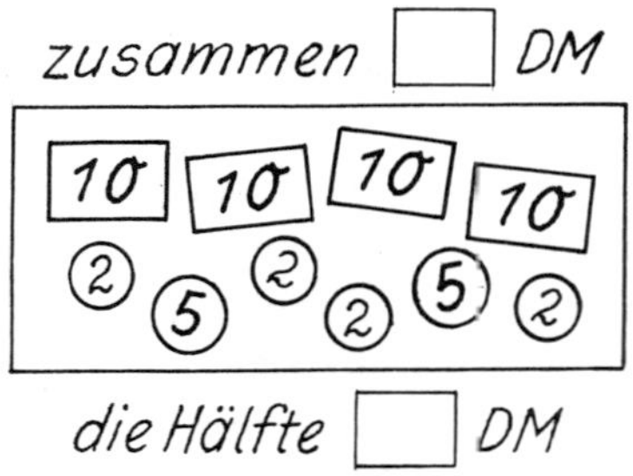

(2) Zerlege in Zehner und Einer!
Dann kannst du halbieren.

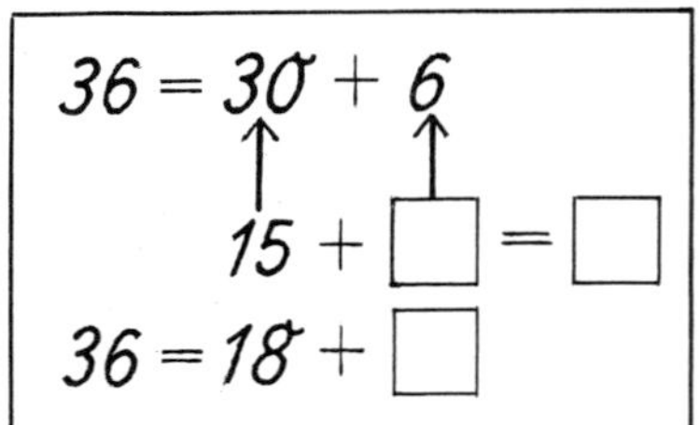

(3)

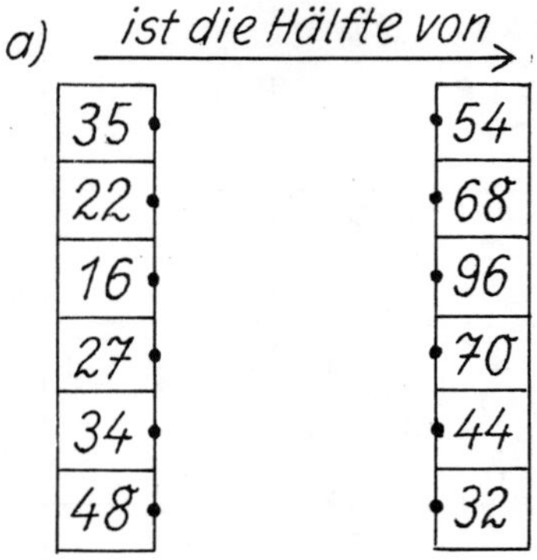

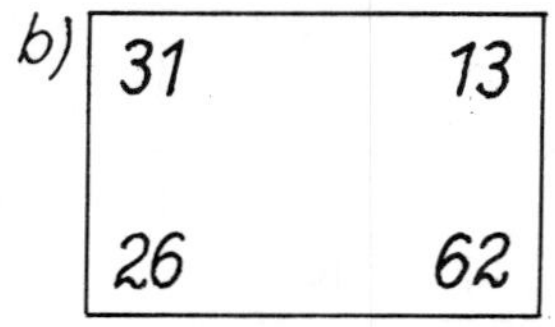

(4)

Zahl	70	28	
die Hälfte			

usw.

(5) Verdopple!

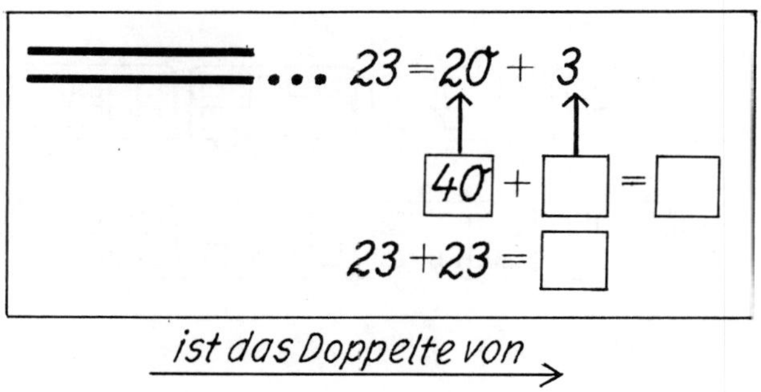

„Peter, ich gebe dir und deinem Bruder 20 Bonbons. Wie viele bekommt jeder, wenn ihr sie euch teilt?" Peter: „Ich bekomme 17 und mein Bruder 3." – „Aber Peter, kannst du denn nicht rechnen?" – „Ich schon, aber mein kleiner Bruder noch nicht."

Dritte Lernzielkontrolle (ohne Zehnerübergang) (LZ 3, S. 109)

Aufgabe	Anforderung	Bewertungsvorschlag		
1	leicht	Für jede T ¼ P. = 1 P.	12 × ½ P. + 1 P.	7 P.
2	leicht	Für jede U ½ P.	12 × ½ P.	6 P.
3	gehoben		12 × ½ P.	6 P.
4	gehoben		9 × ½ P.	4½ P.
5	gehoben		20 × ½ P.	10 P.
6	gehoben	Frage 1, Ansatz 1, Ergebnis 1, Antwort 1	8 × 1 P.	8 P.
			Summe	41½ P.

Grundlegende Ziele erreicht: ca. 25 Punkte
Weiterreichende Fähigkeiten: ab ca. 38 Punkten

⑤ ***Wir rechnen: ZE + E, ZE − E*** (mit Zehnerübergang)

– *Kopfrechnen:* E + E = ZE wie 7 + 8 = □ (Kannst du es noch?) Wiederholen des Rechenweges: Wir rechnen in zwei Schritten. Zuerst rechnen wir bis zehn. Dann zählen wir den Rest dazu.

– *Rechenspiel:* Wer besetzt den letzten Platz im Hunderterzug? *Flanelltafel:*

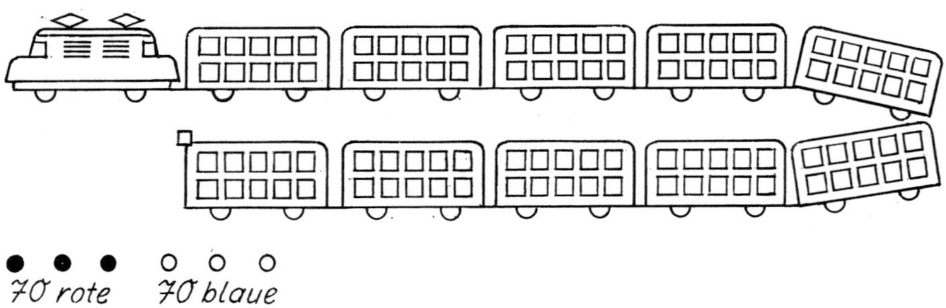

Hinweise zur Herstellung: Die Rechtecke als Wagen werden aus Flanelltafelpapier ausgeschnitten. Darauf werden mit schwarzem Filzstift die Plätze gemalt. Als Männchen dienen kleine Scheiben aus Flanelltafelpapier.

Erklären der Spielregeln

1. Wir spielen reihum in zwei Gruppen. Eine Gruppe bekommt rote Männchen, die andere blaue.
2. Jede Gruppe bekommt 7 Rommékarten mit den Zahlen 3 bis 9.
3. Wir würfeln aus, welche Gruppe beginnen darf.

Ich zeige, was ich kann — LZ 3

Dritte Lernzielkontrolle: Addition und Subtraktion bis 100 ohne Zehnerübergang; Halbieren und Verdoppeln

Name: ______________________ Datum: ______________

1 Tauschaufgaben

43 + 40 = ☐ T ________ 72 − 30 = ☐ 27 + ☐ = 87

36 + 20 = ☐ T ________ 98 − 60 = ☐ ☐ + 30 = 48

14 + 50 = ☐ T ________ 81 − 20 = ☐ 94 − ☐ = 64

59 + 30 = ☐ T ________ 65 − 40 = ☐ ☐ − 40 = 44

2 Umkehraufgaben

84 + 3 = ☐ U ________ 97 − 6 = ☐ U ________

52 + 5 = ☐ U ________ 29 − 3 = ☐ U ________

25 + 4 = ☐ U ________ 56 − 2 = ☐ U ________

3

84 + ☐ = 90 79 − ☐ = 70 36 + ☐ = 38 29 − ☐ = 25

47 + ☐ = 50 58 − ☐ = 50 ☐ + 5 = 66 ☐ − 3 = 44

91 + ☐ = 100 64 − ☐ = 60 72 + ☐ = 79 59 − ☐ = 52

4 Zeichne Pfeile! ist um 2 größer als →

72 74 80 78 89 98 100

84 82 76 87 91 96

5

die Hälfte		15			7		24			8
die Zahl	40		50	24		42			22	
das Doppelte								40		

6 Andreas hat 48 Tierbilder gesammelt. Er schenkt 13 Bilder seinem Freund.

F ________________________

R ________________________

A ________________________

Sandra hat in einem Jahr 34 Tierbilder gesammelt. Im nächsten Jahr sammelt sie 22 Bilder.

F ________________________

R ________________________

A ________________________

Du hast von 41 Punkten ☐ Punkte erreicht. Arbeitszeit: Etwa ☐ Min. ____________ gesehen

4. Das erste Kind deckt von dem verdeckten Kartenstoß die erste Karte auf und besetzt im ersten Wagen ebenso viele Plätze mit seiner Farbe. Die aufgedeckte Karte schiebt es verdeckt unter den Stoß.
5. Nun ist das erste Kind der anderen Gruppe an der Reihe.
6. Gewonnen hat die Gruppe, die mit einer passenden Karte den letzten, den 100. Platz besetzen kann.

Durchführen des Spiels und Notieren des Spielverlaufs an der Tafel, z. B.

Rot	Blau
0 + 6 = 6	6 + 8 = 6 + 4 + 4 = 14
14 + 5 = 19	19 + 3 = 19 + 1 + 2 = 22
22 + 9 = 22 + 8 + 1 = 31	31 + 7 = 38
...	

(Die Rechnungen mit Zehnerüberschreitung werden als „lange" Rechnungen aufgeschrieben.)
Ist am Schluß, z. B. im letzten Wagen, Platz 93 besetzt, muß in der Gruppe der Kartenstoß so lange von den Mitspielern aufgedeckt werden, bis eine Sieben erscheint.

(Vgl. Gräfling, Roswitha: Wir üben mit dem Rechenzug. In: Ehrenwirth Grundschulmagazin Heft 9/1976, S. 25 f.)

– *Nachdenken über den Rechenweg*
Klassengespräch: Wir rechnen genauso wie beim Rechnen über die Zahl 10.
...
Merkplakat für das Klassenzimmer:

Wir rechnen über Zehnerzahlen hinweg mit ⊞ :	47 + 5 = □
1. Wir rechnen bis zur nächsten Zehnerzahl:	47 + 3 = 50
2. Wir zählen den Rest dazu:	50 + 2 = 52
47 + 5 = 47 + 3 + 2 = 52	

Tafelanschrift: Eintragen der Rechenschritte in eine „Pfeilaufgabe"

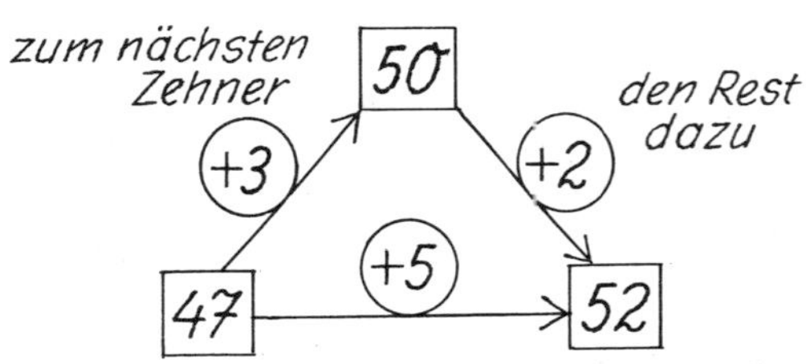

Sprechen: „47 + 5 = □. Ich zerlege 5 in 3 + 2. Denn 47 + 3 = 50. Nun zähle ich den Rest dazu: 50 + 2 = 52."

Dann werden die Zahlen in der Darstellung gelöscht und die Zahlenbeispiele, die sich beim Spiel ergeben haben, der Reihe nach eingetragen.

– *Sichern: Übungsblatt* (ÜB 9, S. 102) mit Pfeilaufgaben (vgl. Abb. S. 101)

– *Wiederholen des Spiels* mit veränderter Gewinnregel: Diesmal gewinnt die Gruppe, die die meisten Plätze besetzen konnte. Zum Abschluß muß wiederum eine passende Karte aufgedeckt werden. Notieren an der *Tafel:*

Rot	Blau
$6 + 5 = 6 + 4 + 1 = 11$	$8 + 3 = 8 + 2 + 1 = 11$
$11 + 9 = 20$	$11 + 7 = 18$
$20 + \ldots$	$18 + \ldots$

Wird der Spielplan vervielfältigt, kann das Spiel auch als Partnerspiel bei Differenzierung und Freier Arbeit eingesetzt werden. Statt die zu addierenden Zahlen durch Rommékarten zu bestimmen, kann auch gewürfelt werden.

– *Weitere Varianten zur Vertiefung und Weiterführung*

- *Auffüllen des Zehners:* Die Wagen müssen immer aufgefüllt werden. Überschreitet ein Wurf die Anzahl der noch freien Plätze, so ist der Wurf ungültig, und die Gruppe muß einmal aussetzen. *Beispiel:* Gruppe/Partner Rot hat in den ersten Wagen 6 Männchen „hineingewürfelt". Blau würfelt 5, darf aber kein Männchen einsteigen lassen, denn $6 + 5 > 10$. Würfelt Rot dagegen eine Drei, dürfen 3 Männchen einsteigen, denn $6 + 3 = 9$. Nun muß Blau eine Eins würfeln oder wiederum aussetzen. Notieren an der *Tafel:*

gültige Würfe	ungültige Würfe
$0 + 6 = 6$	$6 + 5 > 10$
$6 + 3 = 9$	
$9 + 1 = 10$	
$10 + 4 = 14$	
...	

  Gewonnen hat wieder, wer den letzten Platz besetzen kann.
- *Subtrahieren:* 100 Männchen steigen aus. Die Anzahl wird durch Würfeln oder Aufdecken von Karten bestimmt. Wer das letzte Männchen aussteigen lassen kann, hat gewonnen.
- *Addieren und Subtrahieren:* Im Zug sind 25 rote und 25 blaue Männchen. Schwarze Karten zeigen an, daß Männchen zusteigen, rote Karten signalisieren das Aussteigen. *Beispiel:*

Rot	Blau
7 schwarz: $50 + 7 = 57$	3 rot: $57 - 3 = 54$

  Gewonnen hat zum Schluß, wer die meisten Plätze besetzen konnte.

– *Grafische Darstellung* (vor allem für Kinder mit Verständnisschwierigkeiten): Die Kinder zeichnen zu vorgegebenen Aufgaben im Rechenheft „Kästchenbilder", z. B. 27 + 9 = □

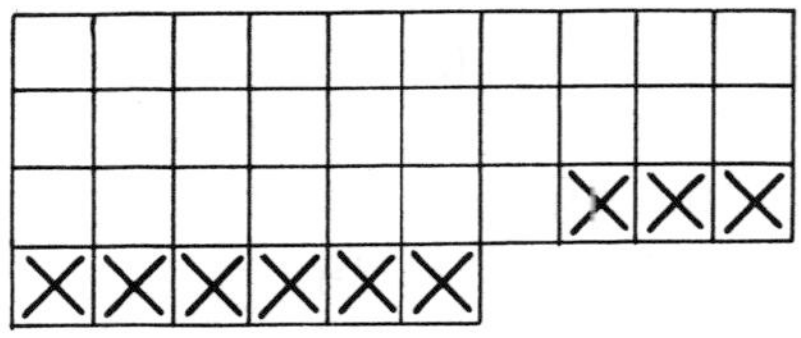

Analog können sie auch Zehnerstriche und Einerpunkte zeichnen:

– *Weitere Übungen:* Aufgaben auf Arbeitsblättern oder Arbeitskarten (Abb. S. 113), Sachaufgaben, Spiel „Umzingeln mit Rommékarten" (Regelein 1988, S. 80), Kopfrechnen.

– *Kopfrechnen zum Vorbereiten der Subtraktion:* ZE – E = Z (87 – □ = 80), Z – E = ZE (80 – 4 = □)
Zur *Einführung in die Subtraktion* dient entweder das Rechenspiel mit dem Hunderterzug oder eine geeignete Sachaufgabe, wie z. B.:

Familie Fröhlich richtet ihre Wohnung her. Frau Fröhlich nimmt 100 DM und kauft im Baumarkt ein, was noch fehlt. Sie kauft einen Pinsel für 6 DM, Farbe für 9 DM, Dübel für 6 DM, eine Rolle Tapete für 16 DM, eine Vorhangleiste für 8 DM. Wieviel Geld bringt sie wieder mit nach Hause? (Schrittweise subtrahieren: 100 – 6 = 94, 94 – 9 = 85, 85 – 6 = 79, 79 – 16 = 63, 63 – 8 = 55)

– *Erarbeiten des Rechenweges:* Wir rechnen wie bei Plusaufgaben in zwei Schritten . . .

Merkplakat für das Klassenzimmer:

Wir rechnen über Zehnerzahlen hinweg mit ⊟:	42 – 5 = □
1. Wir rechnen zur nächsten Zehnerzahl zurück:	42 – 2 = 40
2. Wir ziehen den Rest ab:	40 – 3 = 37
42 – 5 = 42 – 2 – 3 = 37	

Darstellen als Pfeilaufgabe (*Tafelanschrift, Übungsblatt*) (ÜB 9, S. 102)

– *Weitere Übungen* analog den Plusaufgaben (vgl. Abb. S. 84)

– *Tauschaufgaben und Umkehraufgaben*
Tafelanschrift:

$$67 + 8 = \square \quad \boxed{T} \quad (8 + 67 = 75)$$

$$\boxed{U} \qquad\qquad \boxed{U}$$

$$(75 - 8 = 67) \qquad (75 - 67 = 8)$$

(1)

	+5	+3
15	20	
75		
45		
25		
85		
35		

	○	○
28	30	
98		
48		
68		
38		
88		

(○ / +5)

(2)

+7

36	45
34	42
38	43
35	44
37	41

(3)

77 + 4	53
19 + 8	75
56 + 6	81
44 + 9	27
68 + 7	62

(analog auch Minusaufgaben;
weitere Möglichkeiten s. S. 84 ff.)

(4) Suche 3 Plusaufgaben!

76	7	75
6	58	69
65	85	9

(5)

44	65	32	86
73	17	58	69
39	82	47	23

+9

Die Kinder schreiben zu vorgegebenen Plusaufgaben jeweils vier „verwandte“ Aufgaben ins Heft.

Arbeitsblatt:

Umkehraufgabe	Plusaufgabe	Tauschaufgabe	Umkehraufgabe
	88 + 6 =		
71 − 5 =			
		9 + 57 =	
...			

Lösen von Aufgaben mit Platzhalter am Anfang und in der Mitte wie 93 − □ = 89, □ − 9 = 85, 77 + □ = 83, □ + 6 = 32.

– *Lösen von Sachaufgaben*
– *Überprüfen von Lösungen*
Wir rechnen die Aufgaben im Zahlensack aus (vgl. Abb. S. 90, Aufgabe 9) und fahren gerade Zahlen rot nach, ungerade Zahlen blau. Dabei wiederholen wir die Regeln. *Tafelanschrift:*

g + g = g	g − g = g
u + g = u	u − g = u
g + u = u	g − u = u
u + u = g	u − u = g

Hefteintrag: Gerade (g) Zahlen und ungerade (u) Zahlen
Die Kinder schreiben jede Regel ins Heft und darunter eine passende, selbst ausgedachte Rechnung.

⑥ ***Wir rechnen: ZE ± ZE*** (mit Zehnerübergang)

– *Kopfrechnen:* ZE ± ZE (ohne Zehnerübergang), ZE ± E (mit Zehnerübergang)

– *Lehrerin:* „In Zahlenhausen gastiert der kleine Zirkus Zambanello. Herr Zambanello schreibt jeden Tag auf, wie viele Besucher in der Vorstellung waren."

Tafelanschrift/Folie:
Besucher im Zirkus Zambanello

	Fr	Sa	So	Mo	Di	Mi	Do
1. Vorstellung	59	35	48	24	66	43	56
2. Vorstellung	32	47	26	29	25	38	27
insgesamt							

Sprechreihe: „Am Freitag waren in der ersten Vorstellung 59 Leute und in der zweiten 32. ...“
Die Kinder legen jede Aufgabe mit Stäben nach und erklären dabei ihren Rechenweg. An der *Flanelltafel* wird jeweils mitgelegt:

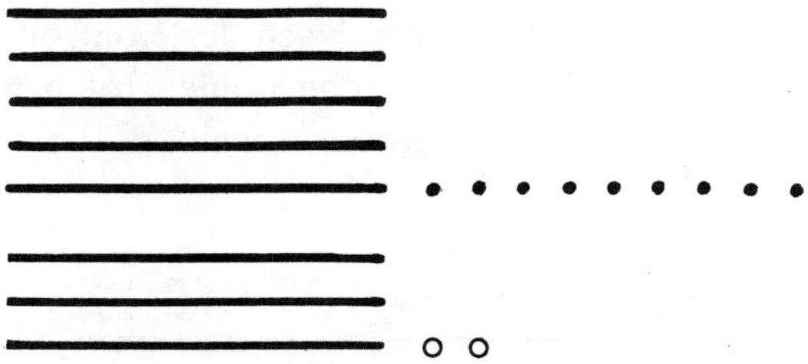

Tafelanschrift zu jeder Aufgabe:

Zuerst die Zehner dazu!

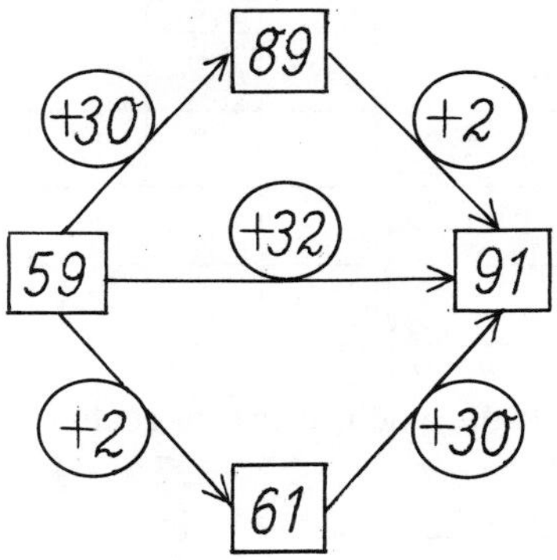

Ich rechne:
59 + 30 = 89
89 +   2 = 89 + 1 + 1 = 91

Zuerst die Einer dazu!

Ich rechne:
59 +   2 = 59 + 1 + 1 = 61
61 + 30 = 91

– Die Kinder bearbeiten ein *Übungsblatt* (ÜB 9, S. 102) mit Pfeilaufgaben, in das sie auch selbst Aufgaben aus dem Rechenbuch eintragen können. Sie können dabei einen der genannten Rechenwege wählen. Alternative: Übungsblatt mit Doppelpfeilaufgaben analog der Tafelanschrift.

– *Wiederholen der Rechenwege und Vorrechnen durch einzelne Kinder an der Tafel:* Die Lehrerin trägt dabei in die Pfeilaufgabe jeweils neue Zahlen ein (z. B. 46 + 25). Ein Kind füllt das Schema aus und spricht dazu. Die anderen Kinder bearbeiten währenddessen ein Arbeitsblatt oder schreiben Aufgaben aus dem Buch nach folgendem Muster ins Heft:

Arbeitsblatt:

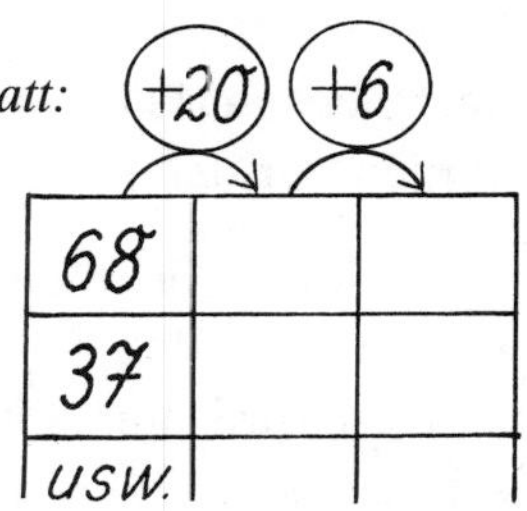

38 + 24 = □   Schreibe so:
[38 + 20] +   4 = 58 +   4 = 62
[38 +   4] + 20 = 42 + 20 = 62

(mehrere Beispiele)

Weitere Übungen auf S. 83 ff.

– *Überprüfen der Ergebnisse* mit Hilfe von geraden und ungeraden Zahlen: In einer Tabelle auf einem Arbeitsblatt (s. unten) fahren die Kinder gerade (g) Einerziffern rot, ungerade (u) blau nach. Danach rechnen sie die Aufgaben aus und legen – wenn nötig – dazu. Nach der Kontrolle (Vorlesen und Folie) werden die Einerstellen der Ergebniszahlen rot bzw. blau gefärbt. Dabei bestätigen sich die bereits erlernten Regeln: g + g = g, u + g = u, u + u = g *(Tafelanschrift)*.

+	26	48	14	37	19	25
36						
18						
24						
29						
45						
17						

Zusatzaufgabe (Tafelanschrift): Prüfe nach, ohne zu rechnen!

14 + 38 = 51	66 + 27 = 93	27 + 27 = 54
28 + 16 = 45	28 + 43 = 72	39 + 15 = 55
28 + 34 = 62	54 + 19 = 74	43 + 39 = 83
56 + 18 = 75	44 + 47 = 91	37 + 37 = 75
78 + 22 = 100	29 + 58 = 88	15 + 51 = 66
...	...	...

Die Kinder berichtigen im Heft die falschen Aufgaben und ziehen die Einerstellen wiederum farbig nach.

– *Sachaufgaben, Zahlenrätsel, Spiele,* wie z. B. Kegelspiel (Regelein 1988, S. 96)

– Analog der *Addition* wird die *Subtraktion* erarbeitet. Die Lehrerin schreibt z. B. die Aufgabe 63 − 25 = □ an die Tafel. Wer kann legen, den Rechenweg erklären und ihn an der Tafel aufschreiben? Mehrere Beispiele werden vor der Klasse gerechnet.

– Die Klasse bearbeitet ein *Übungsblatt* (ÜB 9, S. 102) mit Pfeilaufgaben, während einzelne Kinder der Lehrerin an der Tafel vorrechnen. Dieses Vorrechnen wird immer wieder aufgegriffen, und zwar so lange, bis auch die schwachen Rechner den Rechenweg erklären und anwenden können.

– Suchen und Aufschreiben von *je vier verwandten Aufgaben* zu Aufgaben an der Tafel oder im Rechenbuch:

(38 + 25 = 63) T (25 + 38 = 63)

U U

63 – 25 = 38 (63 – 38 = 25)

Lösen von Aufgaben mit Platzhaltern, wie z. B. □ – 54 = 38, □ + 35 = 73, 36 + □ = 71, 94 – □ = 77

– *Lösen von Sachaufgaben, Zahlenrätseln*

– *Vertiefung* (für gute Rechner): Rechenvorteile
Legen der Aufgabe 37 + 9 an der Flanelltafel mit Stäben:

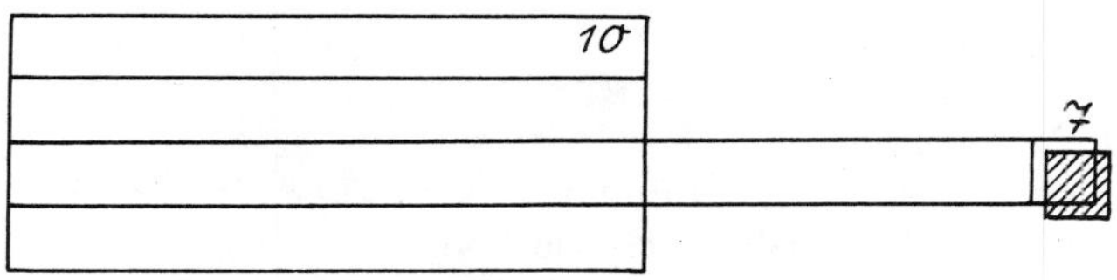

Lehrerin: „Wenn wir dabei an die Aufgabe 37 + 10 denken, haben wir gleich das Ergebnis. Wie können wir aus der Neun eine Zehn machen?“ ... „Wir legen also 1 dazu, und ziehen die 1 später vom Ergebnis wieder ab.“
An der Flanelltafel wird ein Einser an den Neuner gelegt. Beide werden mit einem Zehner abgedeckt. Dann wird der Einser auf den Siebener gelegt und damit 47 – 1 gerechnet. Übertragen des Rechenweges in eine Pfeilaufgabe:

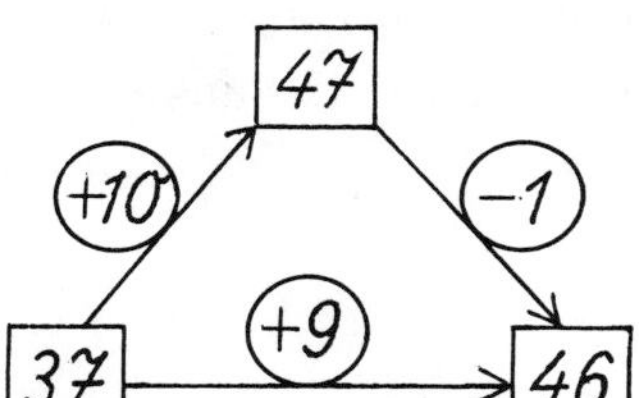

Nachdem der Rechenweg mit weiteren Zahlen geübt wurde, wird er auf größere Zahlen und die Subtraktion übertragen:

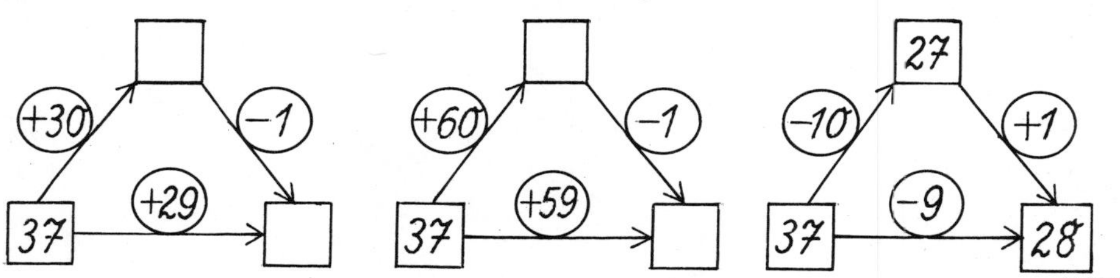

Mögliche Vertiefung:

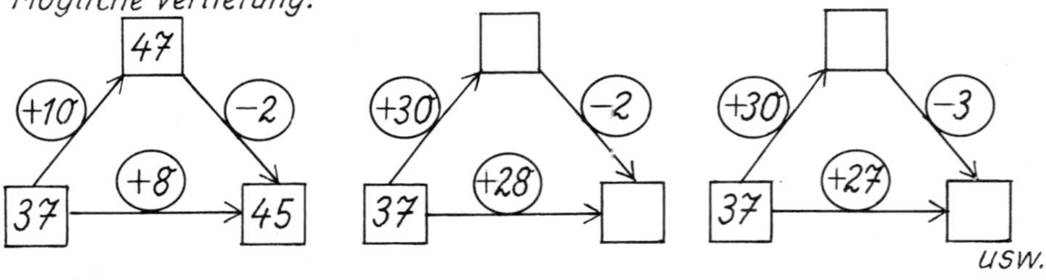

Vierte Lernzielkontrolle (mit Zehnerübergang) (LZ 4, S. 119)

Aufgabe	Anforderung	Bewertungsvorschlag	
1	leicht	16 × ½ P.	8 P.
2	gehoben	10 × ½ P.	5 P.
3	gehoben	12 × ½ P.	6 P.
4	leicht (Platzhalter am Ende) gehoben (Platzhalter nicht am Ende)	6 × ½ P. 6 × 1 P.	3 P. 6 P.
5	leicht	8 × ½ P.	4 P.
6	gehoben (Ansatz 1, Ergebnis ½)	2 × 1½ P.	3 P.
7	schwierig (bei a) 2 Rechnungen)		6 P. 4 P.
		Summe	45 P.

Grundlegende Ziele erreicht: ca. 30 Punkte
Weiterreichende Fähigkeiten: ab ca. 42 Punkten

Ich zeige, was ich kann — LZ 4

Vierte Lernzielkontrolle: Addition und Subtraktion bis 100 mit Zehnerübergang

Name: ______________________ Datum: ______________

1

65 + 8 = □	53 − 6 = □	39 + □ = 44	72 − □ = 68
47 + 7 = □	91 − 5 = □	□ + 7 = 61	□ − 9 = 37
78 + 4 = □	84 − 8 = □	□ + 8 = 31	□ − 8 = 55
32 + 9 = □	26 − 9 = □	86 + □ = 94	35 − □ = 28

2 Wie heißen die nächsten Zahlen?

36	45						99

40						88	96

3

die Hälfte		27	16				19	34	37			43
die Zahl	90			84	96	72				58	70	

4

25 + 27 = □	94 − 47 = □	46 + □ = 62	85 − □ = 69
38 + 14 = □	61 − 23 = □	□ + 19 = 78	□ − 29 = 47
57 + 36 = □	72 − 58 = □	24 + □ = 62	53 − □ = 17

5 Immer 4 Aufgaben gehören zusammen!

T

U

37 + 25 =	

43 − 26 =	

6 a) Zähle zur Zahl 59 die Zahl 34 dazu! □

b) Ziehe von der Zahl 91 die Zahl 17 ab! □

7 Corinna kauft ein Katzenbuch um 5 DM, ein Lexikon um 9 DM und ein Vogelbuch um 7 DM. Dann hat sie noch 13 DM von ihrem gesparten Geld übrig.

Tante Rita gibt Markus zu seinem gesparten Geld noch 16 DM dazu. Nun kann sich Markus das Hundebuch um 24 DM kaufen.

Du hast von 45 Punkten □ Punkte erreicht. Arbeitszeit: Etwa □ Min.

________________ gesehen

5. Multiplizieren und Dividieren bis 100

5.1. Didaktische Hinweise

Das Zurückführen der Multiplikation auf die schon bekannte Addition erleichtert das Verständnis. Die fortgesetzte Addition gleicher Summanden läßt sich auch leicht aus räumlich-simultanen Sachsituationen (z. B. 3 Stöße mit je 5 Büchern) oder zeitlich-sukzessiven Situationen (z. B. ein Transporter fährt dreimal mit je 8 Pkw) ableiten. Der Additionsgleichung wird die Multiplikationsgleichung (Malaufgabe) als „vereinfachte Kurzschreibweise" zugeordnet. Der eine Faktor gibt dabei die Anzahl der Summanden an, der andere Faktor den Summanden selbst.
In der Grundschule wird der Multiplikator gewöhnlich links geschrieben:

$4 + 4 + 4 = (3\cdot)\ 4$ (dreimal die Vier). Der Operatoraspekt verlangt jedoch die mathematisch übliche Rechtsschreibweise $4 \xrightarrow{\cdot 3} 12$ (die Vier dreimal). Doch mit Hilfe von Punkte- oder Rechteckfeldern verstehen die Kinder leicht, daß beide Versionen dieselbe Zahl meinen:

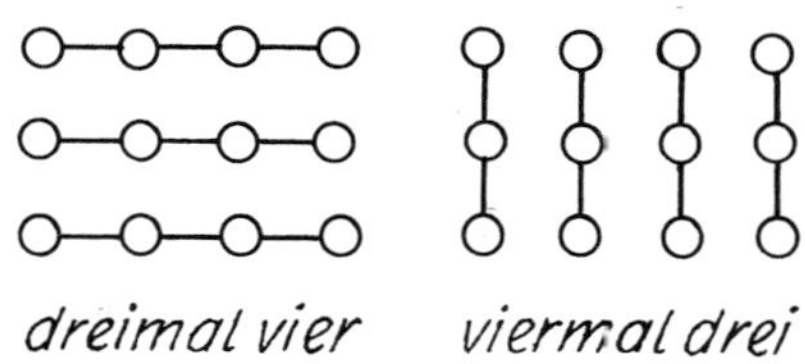

So kann die Unterscheidung zwischen Multiplikator und Multiplikand in der Grundschule vernachlässigt werden, da mit Hilfe der Tauschaufgaben die *Kommutativität* als Eigenschaft der Multiplikation leicht verdeutlicht werden kann. Die weiteren Eigenschaften der neuen Operation, nämlich *Distributivität und Assoziativität*, werden nicht um ihrer selbst willen vorgestellt, sondern sollen denkendes Rechnen und das Nützen von Rechenvorteilen bei schwer zu merkenden Aufgaben fördern.

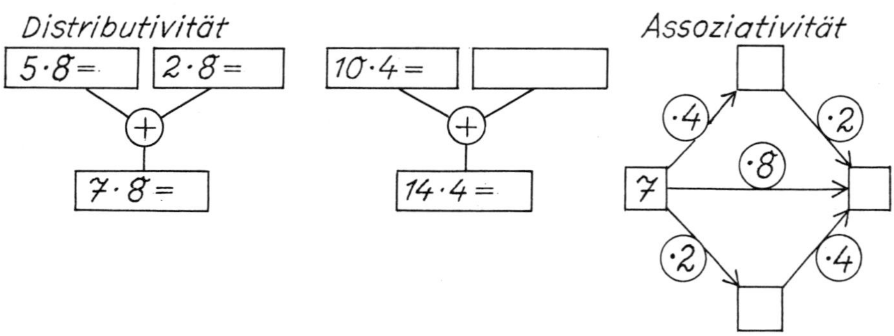

Erst nachdem die Kinder handelnd und bei grafischen Darstellungen Aufgaben zusammengesetzt haben, kann als Umkehrung das Zerlegen von Aufgaben vorgenommen werden. Für die Kinder formuliert: Wir machen aus zwei Aufgaben eine Aufgabe (Zusammensetzen); wir machen aus einer schweren Aufgabe zwei leichte (Zerlegen). Es können sowohl Multiplikand als auch Multiplikator zerlegt werden. Da das Zerlegen eine Erleichterung bewirken soll, werden vorwiegend additive Zerlegungen vorgenommen (Ausnahme: $9 \cdot 4 = \boxed{10 \cdot 4} - \boxed{1 \cdot 4}$). Für gute Rechner kann das subtraktive Zerlegen jedoch vertiefend angeboten werden ($8 \cdot 4 = \boxed{10 \cdot 4} - \boxed{2 \cdot 4}$). Da derzeit weder die Klammerschreibweise noch die Regel „Punkt vor Strich“ bekannt ist, werden die zusammengehörigen Terme eingerahmt. Eine weitere Schulung des Beziehungsdenkens bewirkt das durchgängige Aufgreifen von Nachbarschaftsbeziehungen sowie des Verdoppelns und Halbierens. Dementsprechend erfolgt auch die Einführung der Einmaleinsreihen im Blick auf ihre „Verwandtschaft“ in der Reihenfolge 10, 5, 2, 4, 8.

Die an *Piaget* orientierte, „streng“ operative Methode fordert die gleichzeitige Einführung der Multiplikation und der inversen Division. Doch die simultane Einführung oder auch eine unmittelbar aufeinanderfolgende Einführung von gleich zwei neuen Operationen verwirrt die Kinder und erschwert ihr Verständnis. Verwechslungen und mangelnde Rechensicherheit sind häufig beobachtete Folgen. Gemäß dem Grundsatz der Isolierung von Schwierigkeiten werden deshalb Multiplikation und Division zeitlich getrennt eingeführt, und dem rein operativen Vorgehen wird hiermit ein *praxisorientiertes-operatives Verfahren* gegenübergestellt (vgl. dazu auch *Weingärtner, Helmut:* Praxisorientierter operativer Mathematikunterricht. In: Die Scholle 1979/Heft 5, S. 359 ff.). Es finden sich ferner Stimmen, die Division im zweiten Schuljahr gar nur handelnd vorzubereiten, als multiplikative Zerlegung zu notieren (z. B. $28 = 7 \cdot 4$), und die Divisionsgleichung erst im dritten Schuljahr zu erarbeiten (vgl. dazu den Beitrag von *Manfred Panknin, Hrsg.* In: *Floer/Haarmann*, 1982, S. 208). In meiner Unterrichtspraxis hat sich folgende Lernschrittfolge bewährt:

- Verstehen der Multiplikation als verkürzter Addition
- Erlernen der Einmaleinsreihen und Aufzeigen operativer Zusammenhänge mit zwischengestreuten Übungsphasen
- Vorbereiten der Division durch multiplikatives Zerlegen und durch Messen
- Verstehen der Division durch vielfältiges Handeln
- Aufzeigen operativer Zusammenhänge zwischen Multiplikation und Division mit gleichzeitiger Wiederholung der Einmaleinsreihen.

Der Division liegt die Handlung des Aufteilens oder des Verteilens zugrunde.

Beim Aufteilen wird eine Menge in gleichmächtige Teilmengen vorgeschriebener Größe eingeteilt (z. B. 12 Äpfel verpackt in Tüten mit je 4 Äpfeln). Beim Verteilen dagegen wird eine Menge in eine vorgeschriebene Anzahl gleichmächtiger Teilmengen zerlegt (z. B. 12 Äpfel verteilt an 4 Kinder). Eine begriffliche Unterscheidung von Auf- und Einteilen erscheint für Zweitkläßler zu schwierig. Sprechweise und grafische Darstellung haben sich vielmehr an der Rechenhandlung zu orientieren und münden schließlich in die abstrakte Divisionsgleichung (Geteiltaufgabe) 12 : 4 = 3. Sowohl vielfältiges Handeln wie auch umgekehrt das Erzählen von selbst ausgedachten Rechengeschichten zu vorgegebenen Gleichungen schulen das Operationsverständnis.

Es erscheint der Hinweis nötig, daß während der Behandlung der neuen Operationen weiterhin Addition und Subtraktion wiederholt werden müssen, damit die erworbenen Rechenfertigkeiten erhalten und vertieft werden. Auch das *Verständnis der Null* kann durch einen Vergleich ihrer Wirksamkeit bei den verschiedenen Operationen vertieft werden. Bei der Addition ist der neutrale Operator, der nichts bewirkt, die Null, bei der Multiplikation dagegen die Eins. So zeigt das Gegenüberstellen von Gleichungen und das Finden passender Rechengeschichten Zusammenhänge auf, die häufig vernachlässigt werden:

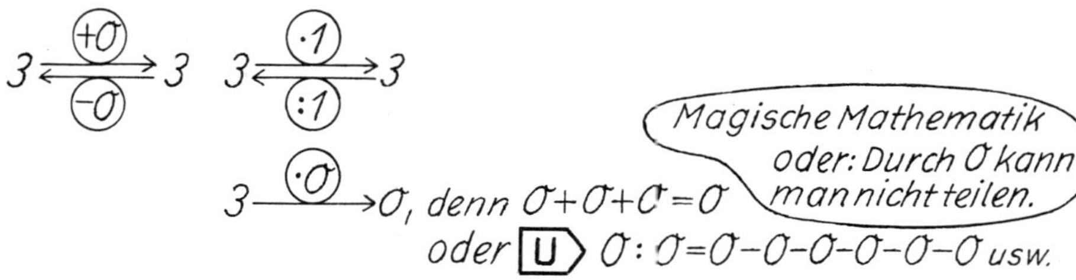

Die Division durch Null erweist sich schließlich als mathematisches Problem:
0 : 3 = 0 (0 Äpfel in Tüten mit je 3 Äpfeln verpacken – ergibt 0 Tüten)
3 : 0 = / (3 Äpfel in Tüten mit je 0 Äpfeln verpacken – geht nicht)
0 : 0 = / (0 Äpfel in Tüten mit je 0 Äpfeln verpacken – nicht eindeutig)
(vgl. *Radatz/Schipper*, S. 83)

Merkwürdige Rechenaufgaben!

6·6 − 5·5 = ☐	66 − 55 = ☐
7·7 − 4·4 = ☐	77 − 44 = ☐
8·8 − 3·3 = ☐	88 − 33 = ☐

8·6 − 5·3 = ☐	86 − 53 = ☐
6·9 − 2·5 = ☐	69 − 25 = ☐
9·4 − 7·2 = ☐	94 − 72 = ☐

(aus Schlagbauer, Albert, Hrsg.: Der Rechenunterricht im 1.–4. Schuljahr. Prögels Schulpraktische Handbücher. Ansbach 1968, S. 187)

5.2 Methodische Hinweise

Schritte beim Erarbeiten einer Einmaleinsreihe

– *Motivation und Hinführung durch eine L e i t a u f g a b e*
Die Leitaufgabe soll konkret und sachlich sein; sie darf keine zusätzlichen Schwierigkeiten enthalten, die das Kind vom eigentlichen Problem ablenken. Daneben sind auch rein fachliche Einstiegssituationen durchaus legitim, wie z. B. „Wir lernen heute das 1 · 4“.

Selbsttätiges Lösen der Leitaufgabe
Dabei soll sich das Kind handelnd mit dem Problem vertraut machen, Schwierigkeiten erkennen und dadurch für die weiteren Lernschritte motiviert werden. Auch wenn selbsttätiges Lernen am einprägsamsten ist, kann manchmal demonstrierendes Handeln durch einzelne Kinder sinnvoll sein, damit sich diese Phase nicht zu sehr ausdehnt.

– *Erkenntnisstufe*

○ *Systematischer Aufbau der Einmaleinsreihe*
Im Bezug auf die Leitaufgabe legen die Kinder z. B. jeweils einen Vierer dazu und bilden so jeweils die Nachbaraufgabe (1 · 4, 2 · 4, 3 · 4 ... 10 · 4), bis schließlich die „Vierersäule“ (10 · 4) entsteht. Dabei wird jeweils begründet: „Wir sagen ‚e i n m a l vier‘, weil e i n Viererstab umgefallen ist“ (vgl. 1 · 4, S. 140). Zugleich wird die Vierersäule sukzessive an der Flanelltafel gelegt, an die *Tafel* gezeichnet und dazu die Malrechnung geschrieben:

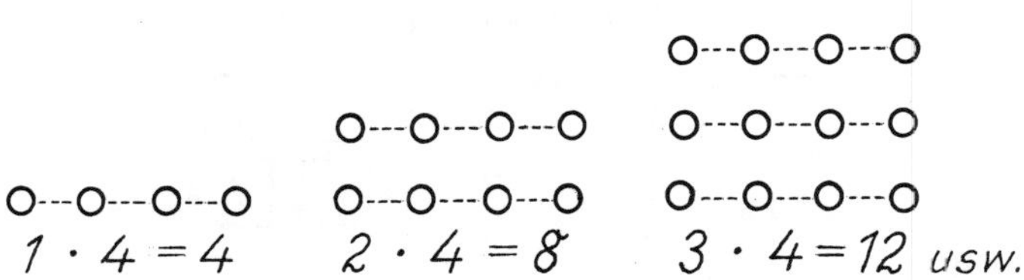

Sofern bereits „verwandte“ Einmaleinsreihen erlernt wurden, wird darauf Bezug genommen, z. B. „1 · 2 ist gleich 2, das Doppelte ist 1 · 4, ist gleich 4.“

● ● ○ ○

$1 \cdot 2 = 2$

$1 \cdot 4 = 4$ usw.

Lehrerfrage: 0 · 4 = ?
Die Kinder suchen passende Rechengeschichten (z. B. kein Stab fällt um).

Ergänzen der Tafelanschrift und Aufschreiben der Tauschaufgaben:

0 · 4 = 0

[T> 4 · 0 = 0, 4 · 1 = 4 usw.

Übungen: Ein Kind zeigt an der Tafel eine genannte Aufgabe, ein anderes Kind zeigt sie an der Flanelltafel, und die übrigen Kinder legen.
Die Kinder legen mit Viererstäben Muster oder Figuren und schreiben dazu die Malaufgabe auf.
Hefteintrag: Sukzessives Zeichnen der Viererreihe (vgl. Abb. oben)
Hausaufgabe: Entweder Aufgaben zu bisherigen Lernzielen (Wiederholung, auch Addition und Subtraktion) oder Wiederholung dieser Stunde (Arbeitsblatt), z. B.:

(1)

Plusaufgabe	Malaufgabe
4+4+4+4=	
	3 · 4 =
usw.	

(2) Schreibe die Nachbaraufgaben auf!

________ <N] 5 · 4 = ☐ [N> ________

________ <N] 10 · 4 = ☐ [N> ________

usw.

(3) Das 1 · 2 und das 1 · 4 mit den Tauschaufgaben

________ <T] 1 · 2 = ☐ | 1 · 4 = ☐ [T> ________

________ <T] 2 · 2 = ☐ | 2 · 4 = ☐ [T> ________

usw.

(4) Kannst du das 1 · 4 schon auswendig?

1 · 4 = □

____

____

...

10 · 4 = □

○ *Aufbau der „Denkreihe" zum Aufzeigen von Beziehungen*

Von den beiden leichten Grundaufgaben („Babyaufgaben") 1 · 4 und 10 · 4 lassen sich durch Verdoppeln, Halbieren und Bilden der Nachbaraufgabe alle übrigen Aufgaben ableiten. Eine ausgehängte Merktafel hilft beim Einprägen des Schemas:

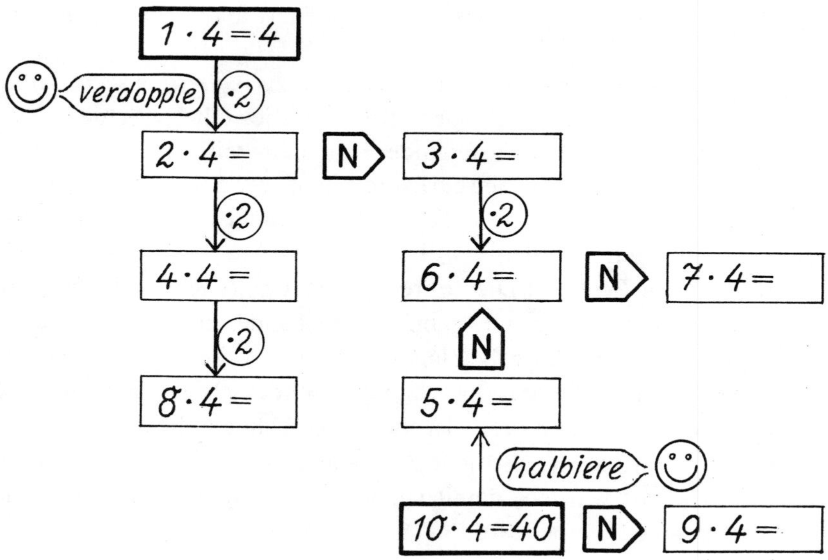

Anhand dieses Schemas lassen sich auch die Fähigkeiten zum Begründen (a) und Schlußfolgern (b) entwickeln: (a) 5 · 4 ist gleich 20, denn 5 · 4 ist die Hälfte von 10 · 4 gleich 40. (b) Wenn 5 · 4 gleich 20 ist, ist 6 · 4 um 4 größer. 6 · 4 ist gleich 24. Nur durch fortgesetztes grafisches Darstellen solcher Beziehungen (z. B. im Pfeilbild) und durch häufiges Verbalisieren entwickeln die Kinder solche operative Einsichten.

○ *Multiplikatives Zerlegen*

Durch Auslegen mit gleich langen Stäben oder am Zahlenstrahl werden Aufgaben wie 28 = □ · 4 gelöst.

Qualitative Differenzierung: Aufgaben mit Rest, wie z. B. $29 = \boxed{7 \cdot 4} + 1$

$29 = \boxed{8 \cdot 4} - 3$

(Aufsuchen der nächst kleineren und nächst größeren Viererzahl)

Lehrer: „Andreas, du hast dieselben Fehler in der Rechenprobe wie dein Nachbar. Wie kannst du mir das erklären?“
Andreas: „Kein Wunder, wir haben denselben Lehrer.“

Möglichkeiten des Sicherns und Übens

Viele der bisher aufgezeigten Übungsformen lassen sich auch auf die Multiplikation und Division übertragen. Weitere Vorschläge:

- An einem *Schneidermaßband* stecken die Kinder bunte Wäsche- oder Büroklammern auf die Vielfachen von 5, 10, 2, 4 und 8.
- *„Klopfaufgaben“:* Die Kinder klopfen mit dem Finger Einmaleinsaufgaben auf die Tischplatte, z. B. . . . . – (kurze Pause) . . . . – . . . . – . . . . (4 · 4). Sowohl das Klopfen als auch das Zuhören fordert und fördert Konzentration.
- *Gruppenrechnen:* Die Klasse wird in Gruppen zu je vier bis sechs Kinder aufgeteilt, wobei ein Kind – ein guter Rechner – jeweils der Schiedsrichter ist. Reihum sagt jeder die anstehende Einmaleinsreihe auf und darf sich für jede richtige Aufgabe einen Strich machen. Der Schiedsrichter notiert für die Lehrerin die Aufgaben, die falsch gerechnet wurden, damit diese später intensiv geübt werden.
- *Langsam-schnell-Rechnen:* Die Lehrerin trägt jeweils acht Aufgaben einer Einmaleinsreihe vor, deren Ergebnisse die Kinder notieren. Im ersten Durchgang sagt sie die Aufgaben langsam an, im zweiten Durchgang etwas flotter und im dritten Durchgang schließlich sehr rasch. Die Kinder schreiben die Ergebniszahlen in drei „Türmen“. Anschließend werden die Häufigkeitsfehler festgestellt, also jene Aufgaben, die von mehr als drei Kindern falsch gelöst wurden, damit wiederum gezielt weitergeübt werden kann (vgl. *Weingärtner* a. a. O., S. 367)

Übungsformen mit anschaulichen Hilfen

(1) Mengendarstellung

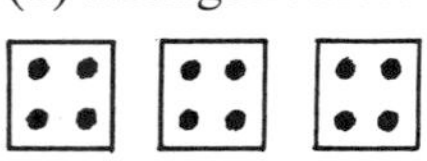

(2) Zeichnerische Darstellung als Feld

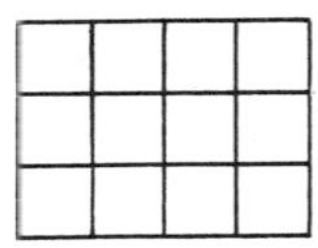

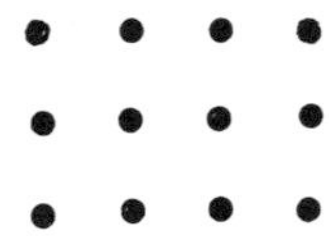

(3) Legen mit Cuisenaire-Stäben oder Steckwürfeln usw.

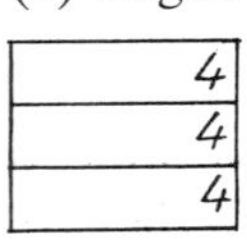

„Perlenkette“

(4) Darstellen am Zahlenstrahl und im Hunderterfeld

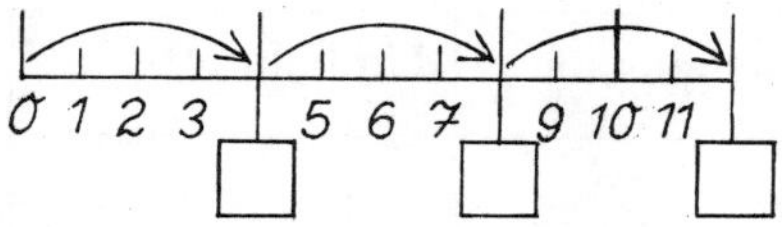

(Hinweis: Das exakte Zeichnen der Pfeile fällt manchen Kindern schwer.)

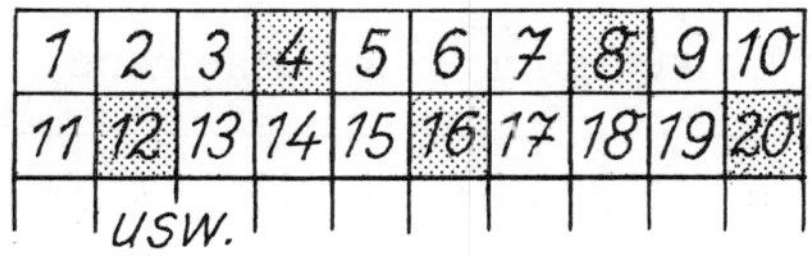

Farbiges Anmalen der Viererzahlen

(5) Legen oder Zeichnen von Geld

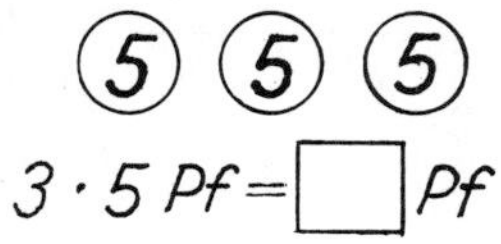

(6) Wiederverwenden des bearbeiteten *Übungsblattes* (ÜB 1, S. 33): Suchen und Aufschreiben von Malaufgaben, wie z. B. 8 · 5.

Übungsformen zum „denkenden" Rechnen

(1) Tabelle

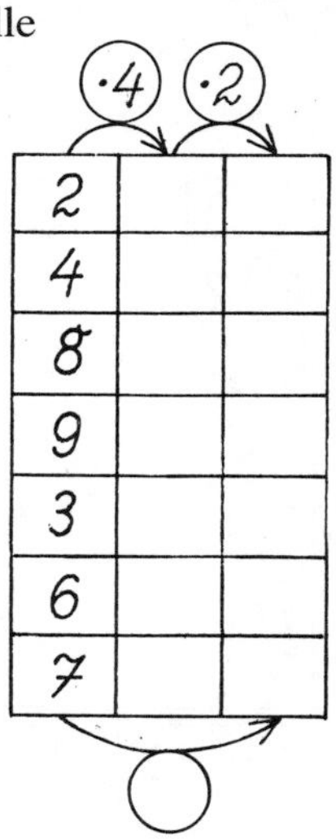

(2) Rechenplan

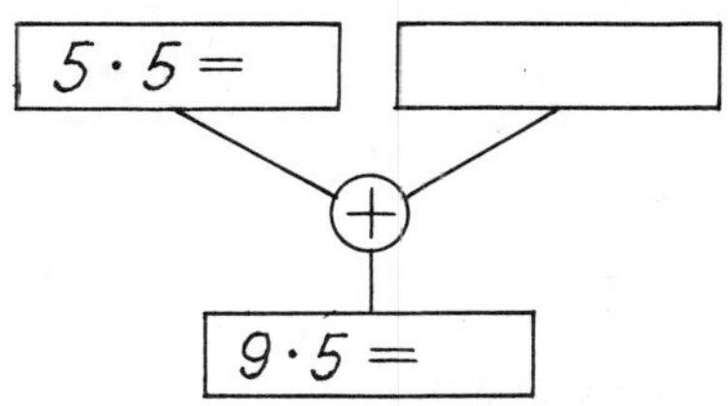

(3) Pfeilaufgaben

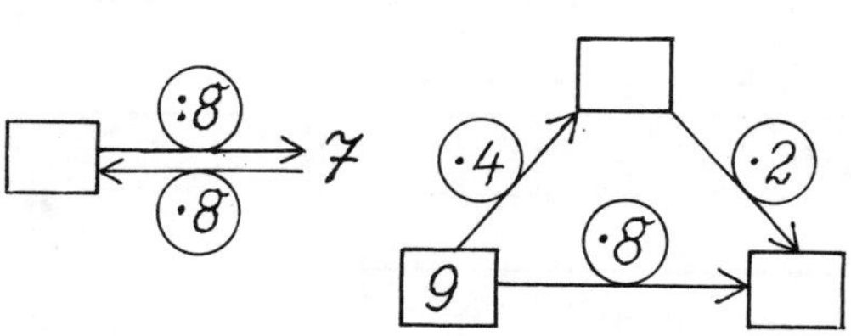

(4) Pfeilbilder

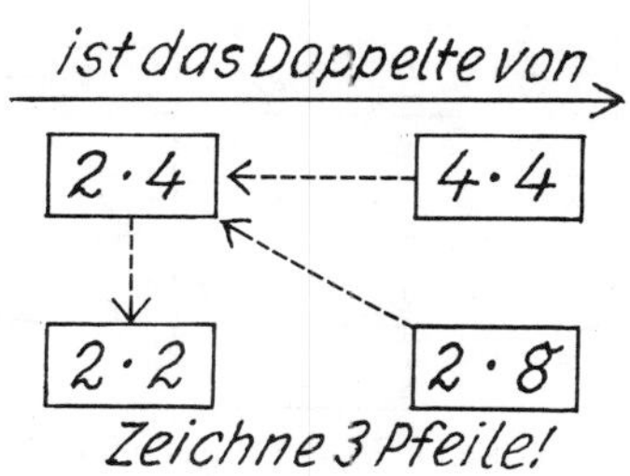

Tabelle

Umkehraufgabe	Malaufgabe	Tauschaufgabe	Umkehraufgabe
48 : 8 =	6 · 8 =	8 · 6 =	48 : 6
	9 · 4 =		
56 : 8 =			
usw.			

Übungsformen zum Automatisieren mit Selbstkontrolle

(1) Zuordnen

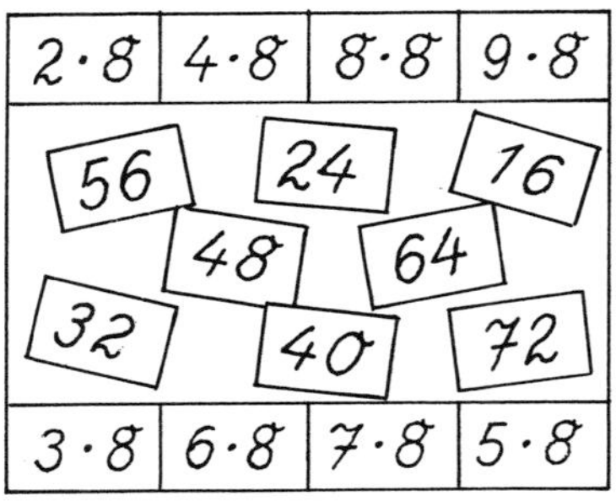

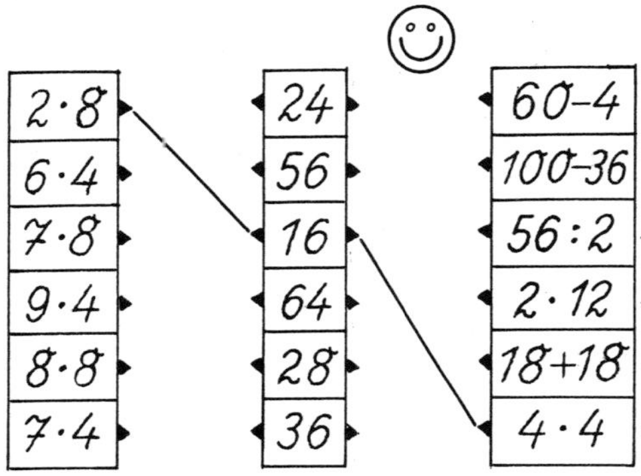

Aufgabe und Ergebnis gleichfarbig anmalen

(2) Geheimbotschaft!

a)

64	81	35	36	28	72	18	56	45	48	32	27	24
A	B	C	D	E	F	G	H	I	N	S	T	U

8·9	4·7	5·9	8·6

4·9	4·6

8·7	8·8	4·8	3·9

32·2	24·2

6·6	9·5	14·2

9·3	4·16	8·3	16·2	5·7	7·8	8·8	12·2	9·8

2·9	2·32	9·9	7·4	6·8

3·6	2·14	9·4	8·8	7·5	28·2	9·3

!

(Lösung: FEIN, DU HAST AN DIE TAUSCHAUFGABEN GEDACHT!)

b) $9 \cdot 4 =$ B	$5 \cdot 5 + 6 \cdot 8 =$ H	$9 \cdot 4 + 7 \cdot 2 =$ Ö
$9 \cdot 5 =$ C	$7 \cdot 4 + 3 \cdot 5 =$ I	$7 \cdot 2 + 7 \cdot 4 =$ R
$9 \cdot 8 =$ D	$6 \cdot 8 + 7 \cdot 5 =$ L	$4 \cdot 4 + 3 \cdot 8 =$ S
$7 \cdot 8 =$ E	$7 \cdot 8 + 9 \cdot 4 =$ N	$7 \cdot 5 + 9 \cdot 4 =$ T
$2 \cdot 46 =$ N	$6 \cdot 3 + 5 \cdot 5 =$ I	$8 \cdot 8 + 9 \cdot 2 =$ U
$14 \cdot 4 =$ E	$9 \cdot 4 + 4 \cdot 5 =$ E	$7 \cdot 8 + 6 \cdot 4 =$ W

		B																
72	82	36	43	40	71	56	43	92	42	56	45	73	56	92	83	50	80	56

(Lösung: DU BIST EIN RECHENLÖWE!)

(3) Rechenschlange

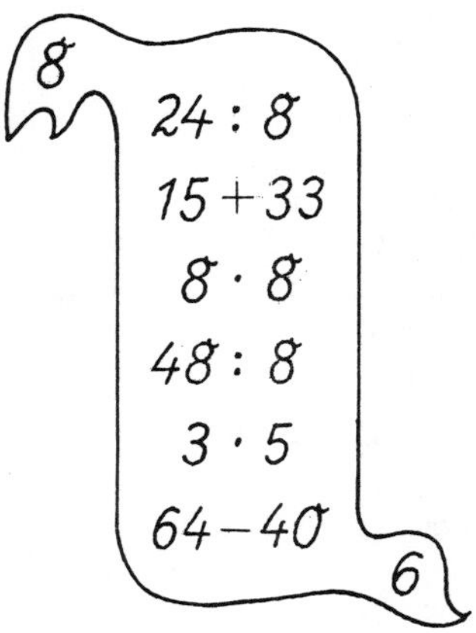

(4) Suche noch 4 Malaufgaben!

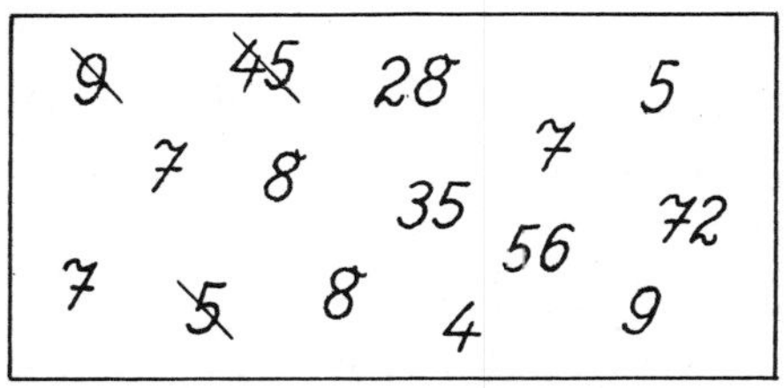

Beispiel: $9 \cdot 5 = 45$

Übungsformen zum Automatisieren ohne Selbstkontrolle

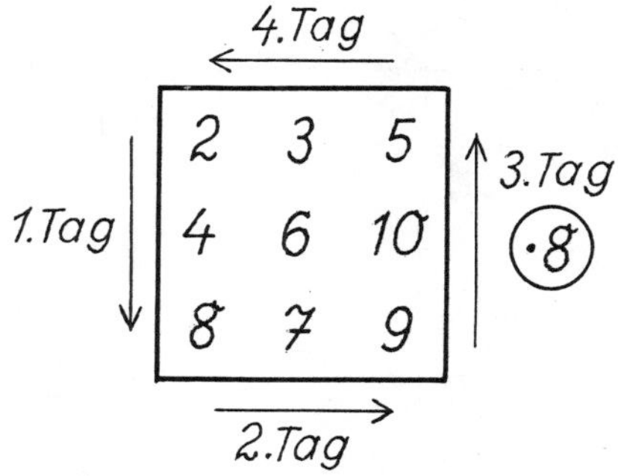

(1) Viertagesrechnen
(mündlich und schriftlich)

Zu jeder Einmaleinsreihe schreiben die Kinder wie folgt ins Heft:

1. Tag: 2, 4, 8, 3, 6, 7, 5, 10, 9 · 8
2. Tag: 2, 3, 5, 4, 6, 10, 8, 7, 9 · 8
3. Tag: 9, 10, 5, 7, 6, 3, 8, 4, 2 · 8 (rückwärts)
4. Tag: 9, 7, 8, 10, 6, 4, 5, 3, 2 · 8 (rückwärts)

(2) Rechenrad

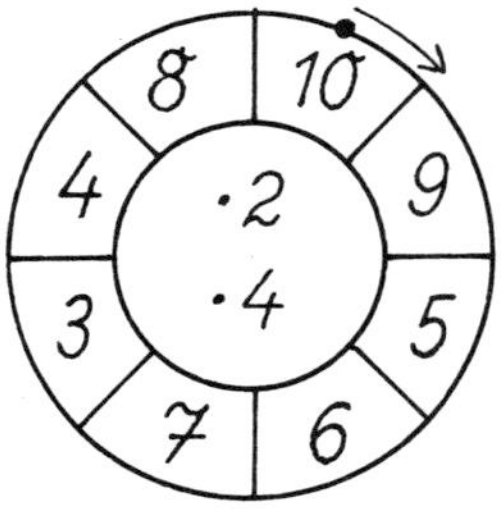

(3) Rechenblume

Anmalen der passenden Blütenblätter

(4) a) Ordne die Zahlen und schreibe die Reihen ins Heft!

12, 24, 4, 20, 32, 16, 8, 36, 40, 28
(weitere Vielfache)

b) In jeder Reihe sind 3 Zahlen falsch. Schreibe die richtigen Reihen ins Heft!

8, 16, 24, 28, 32, 40, 48, 56, 58, 64, 70, 72, 80
(analoge Reihen)

Der Lehrer schimpft Fritzchen: „Als ich so alt war wie du, konnte ich das Einmaleins vorwärts und rückwärts im Schlaf hersagen!"
„So was", staunt Fritzchen, „da haben Sie aber einen guten Lehrer gehabt!"

(5) Setze ein: > rot, = gelb oder < blau!

7 · 5 ◯ 9 · 4	2 · 5 ◯ 5 + 5	37 + 25 ◯ 8 · 8
7 · 4 ◯ 3 · 8	7 · 8 ◯ 60 − 7	72 : 8 ◯ 4 · 2

usw.

Einmaleins für Rechenlöwen	ÜB 10

Name: ______________________ Datum: ____________

Denke beim Ausrechnen auch an die Tauschaufgaben!

1 · 2 =	1 · 3 =	1 · 4 =	1 · 5 =	1 · 6 =
2 · 2 =	2 · 3 =	2 · 4 =	2 · 5 =	2 · 6 =
3 · 2 =	3 · 3 =	3 · 4 =	3 · 5 =	3 · 6 =
5 · 2 =	5 · 3 =	5 · 4 =	5 · 5 =	5 · 6 =
10 · 2 =	10 · 3 =	10 · 4 =	10 · 5 =	10 · 6 =
9 · 2 =	9 · 3 =	9 · 4 =	9 · 5 =	9 · 6 =
3 · 2 =	3 · 3 =	3 · 4 =	3 · 5 =	3 · 6 =
6 · 2 =	6 · 3 =	6 · 4 =	6 · 5 =	6 · 6 =
7 · 2 =	7 · 3 =	7 · 4 =	7 · 5 =	7 · 6 =
2 · 2 =	2 · 3 =	2 · 4 =	2 · 5 =	2 · 6 =
4 · 2 =	4 · 3 =	4 · 4 =	4 · 5 =	4 · 6 =
8 · 2 =	8 · 3 =	8 · 4 =	8 · 5 =	8 · 6 =

1 · 7 =	1 · 8 =	1 · 9 =	1 · 10 =	Zwillings- oder Quadrataufgaben
2 · 7 =	2 · 8 =	2 · 9 =	2 · 10 =	1 · 1 =
3 · 7 =	3 · 8 =	3 · 9 =	3 · 10 =	2 · 2 =
5 · 7 =	5 · 8 =	5 · 9 =	5 · 10 =	3 · 3 =
10 · 7 =	10 · 8 =	10 · 9 =	10 · 10 =	4 · 4 =
9 · 7 =	9 · 8 =	9 · 9 =	9 · 10 =	5 · 5 =
3 · 7 =	3 · 8 =	3 · 9 =	3 · 10 =	6 · 6 =
6 · 7 =	6 · 8 =	6 · 9 =	6 · 10 =	7 · 7 =
7 · 7 =	7 · 8 =	7 · 9 =	7 · 10 =	8 · 8 =
2 · 7 =	2 · 8 =	2 · 9 =	2 · 10 =	9 · 9 =
4 · 7 =	4 · 8 =	4 · 9 =	4 · 10 =	10 · 10 =
8 · 7 =	8 · 8 =	8 · 9 =	8 · 10 =	

Nach der Ergebniskontrolle:

- Male in einer Hundertertafel mit Zahlen die Felder mit den Einmaleinszahlen an!
- Nun kannst du deinem Partner immer wieder Aufgaben stellen und mit ihm trainieren.

5.3 Unterrichtspraktische Gestaltung

Ziele

- Verstehen der Multiplikation als verkürzte Addition
- Handelndes und grafisches Darstellen von multiplikativen Aufgaben
- Erfassen operativer Zusammenhänge: Nachbaraufgaben, Tauschaufgaben, Verdoppeln und Halbieren, Zerlegen von Malaufgaben
- Einprägen der Einmaleinsreihen mit 10, 5, 2, 4, 8
- Verstehen der Division als Umkehrung der Multiplikation
- Lösen von Sachaufgaben.

Materialien

① ca. 5 Schilder mit kurzen Anweisungen

④ 35 Memorykärtchen oder homogenes Material, eine Murmel, Cuisenaire-Stäbe oder Steckwürfeltürme

⑤ 80 Plastik-, Papier- oder Wiesenblumen – oder auch Scheiben für die Flanelltafel

⑥ 5 gleiche Abbildungen

⑦ z. B. 24 (gebrauchte) Briefmarken und 3 Briefumschläge und andere Dinge, die die Lehrerin leicht mehrfach beschaffen kann, wie Luftballons, Stifte, Wäscheklammern, Murmeln, Perlen, Hefte ... und durchsichtige Verpackungen wie Plastikbeutel

⑧ 12 Reifen (Turnhalle)

⑩ einfarbige Luftschlangen in verschiedenen Farben

Unterrichtsanregungen

① *Von der Plusaufgabe zur Malaufgabe*

– *Handelndes Erarbeiten:* Wir erproben verschiedene Möglichkeiten des Aufstellens in jeweils gleich großen Reihen. Dazu zeigt die Lehrerin jeweils ein Schild (Immer 3! Immer 4! usw.), und die Kinder stellen sich analog auf. Danach wird jeweils gemeinsam laut gezählt (3 + 3 + 3 + 3 + 3 + 3 + 3 ... = ...) und die genannte Rechnung an die Tafel geschrieben. Einführen der Malaufgabe nach jeder Aufstellung: „Wenn eine Lehrerin ihre Klasse zählt, rechnet sie nicht die lange Plusaufgabe, sondern sie rechnet so: Sie zählt die Dreierreihen, 1, 2, 3 ... 7 und rechnet sieben mal drei ist gleich einundzwanzig." Die erste Dreierreihe tritt fünf Schritte vor, und wir zählen gemeinsam: „Einmal drei ist gleich drei." Der Reihe nach schließt sich eine Dreierreihe nach der anderen an, während gemeinsam weitergezählt wird: Zwei mal drei ... usf.

Anschreiben der Malaufgabe an die Tafel (Beispiele je nach Klassengröße):

Plusaufgabe	Malaufgabe	
3 + 3 + 3 + 3 + 3 + 3 + 3 = 21	7 · 3 = 21	sieben mal drei
...		

– *Nachlegen mit Stäben* oder Steckwürfeln und Wiederholen von Plus- und Malaufgaben

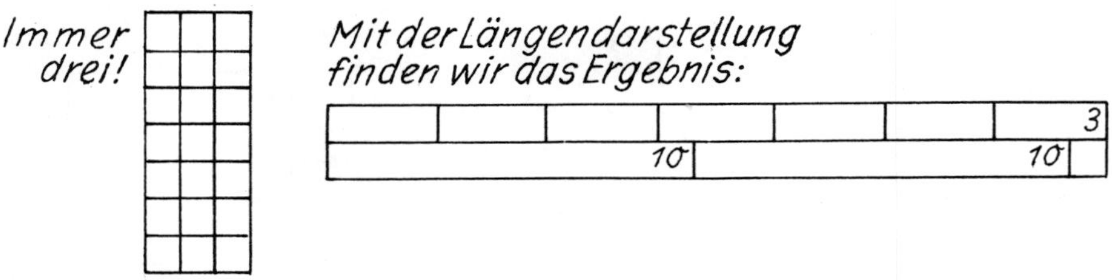

– *Zeichnerisches Darstellen im Heft*

– *Tafelanschrift/Folie:* Zum Sportfest ziehen die Kinder in Reihen auf den Sportplatz. Wie viele Kinder sind in jeder Klasse?

1a	zehn Dreierreihen
2a	sieben Dreierreihen
3a	sechs Viererreihen
4a	vier Sechserreihen
5	zwei Neunerreihen

1b	neun Dreierreihen
2b	sieben Viererreihen
3b	fünf Fünferreihen
4b	vier Siebenerreihen
6	drei Achterreihen

Tafelzeichnung als Beispiel:

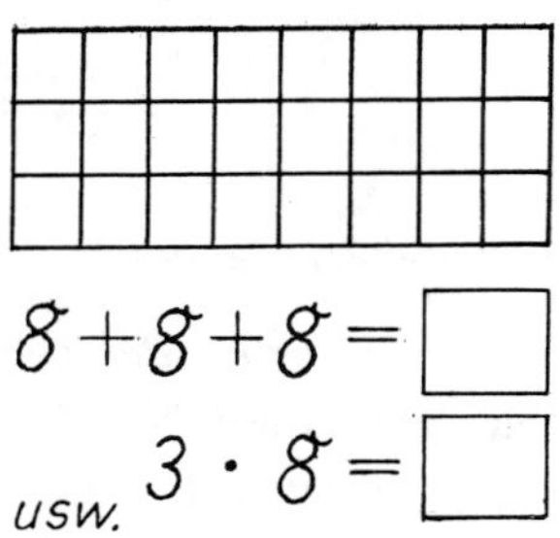

Pflichtpensum: Linke Spalte, Zusatzaufgabe: Rechte Spalte

– *Sicherung:* Arbeitsblatt mit jeweils mehreren Aufgaben, wie z. B.

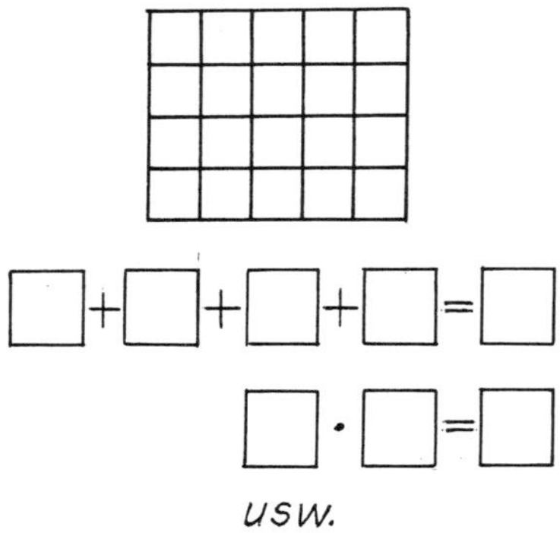

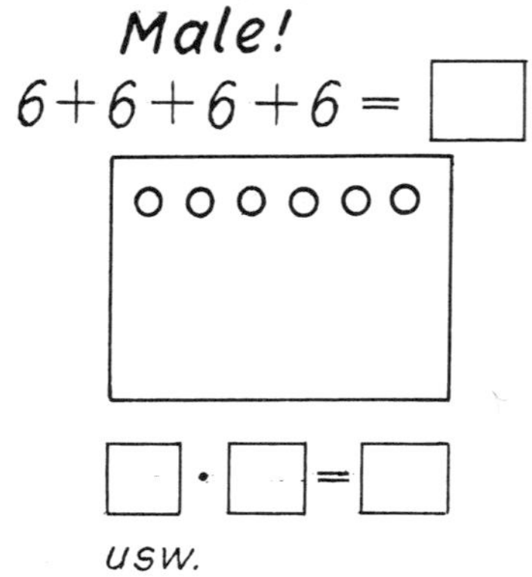

Plusaufgabe	Malaufgabe
9+9+9=□	3·9=□
7+7+7+7+7=□	
	4·8=□
usw.	

– *Vertiefung:* Übertragen auf Geld

Nach Ansage der Lehrerin legen die Kinder z. B. folgende Beträge: Dreimal fünf Pfennige, viermal zwei Pfennige, achtmal zehn Pfennige usw.

Zu vorgegebenen Geldbeträgen (Tafelzeichnung, Folie, Flanelltafel) schreiben die Kinder die Malaufgabe und die Höhe des Gesamtbetrages ins Heft.

Beispiel:

⑩ ⑩ ⑩ ⑩

4 · 10 Pf = 40 Pf

② ***Das Einmaleins mit 10 – Nachbaraufgaben***

– Die Lehrerin erinnert an die *Einführung der Zehnerzahlen*, wobei sich 100 Kinder in Zehnerreihen aufgestellt hatten. Nachlegen mit Stäben oder Steckwürfeln und gemeinsames Sprechen und Tafelanschrift:

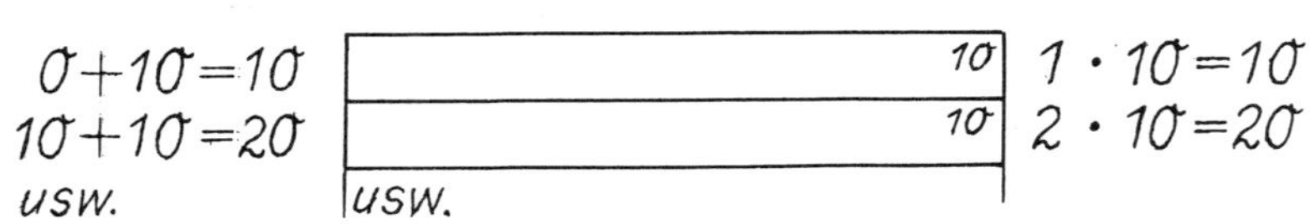

– *Hefteintrag:* Das Einmaleins mit 10
Die Kinder zeichnen eine Reihe (dann zwei, drei usw. Reihen) mit je zehn Kästchen und schreiben jeweils die Malaufgabe dazu (1 · 10 = 10 usf.).

– *Tafelanschrift:* 5 · 10 = □
Wer findet die Nachbaraufgabe? Lösungsversuche der Kinder
Tafelanschrift:

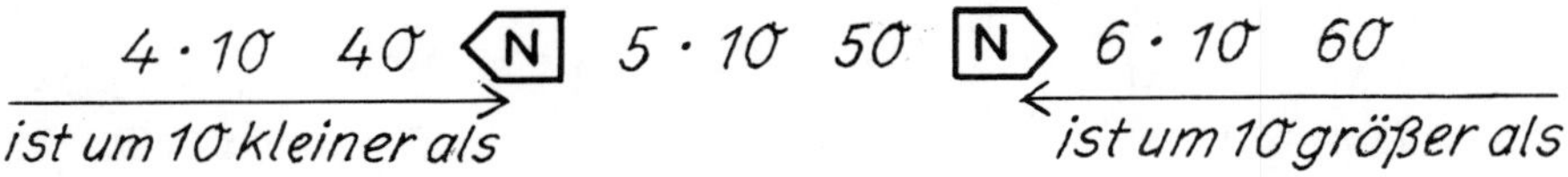

(blauer Pfeil) (roter Pfeil)

Nennen der Nachbaraufgaben zu weiteren Einmaleinsaufgaben mit 10

– *Übertragen auf andere Malaufgaben* (Arbeitsblatt):

(1) Zeichne Pfeile!

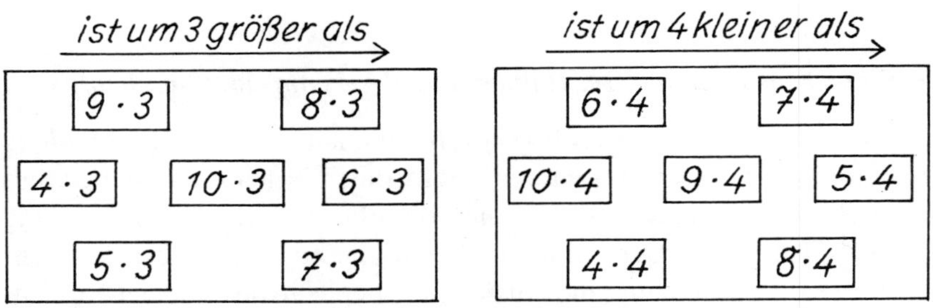

(2) Verbinde die Nachbaraufgaben!

4 · 7 =	4 · 9 = 36	7 · 8 =
5 · 3 =	6 · 8 = 48	5 · 9 =
3 · 9 =	5 · 7 = 35	8 · 4 =
5 · 8 =	6 · 3 = 18	6 · 7 =
7 · 5 =	7 · 4 = 28	9 · 5 =
6 · 4 =	8 · 5 = 46	7 · 3 =

(3) Schreibe die Nachbaraufgaben auf!

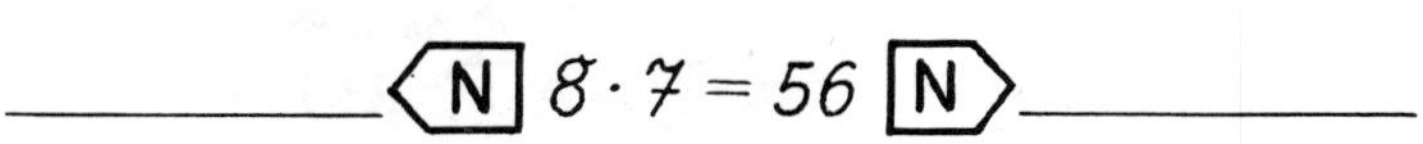

– *Rechnen mit Spielgeld:* Die Lehrerin klopft in „Zehnerblöcken", und die Kinder legen für je zehn Klopfzeichen ein Zehnpfennigstück vor sich (bei ‚viermal zehn' Klopfzeichen also vier Zehner). Dazu schreibt ein Kind die Malaufgabe an die Tafel und nennt die Nachbaraufgaben.

– *Weitere Übungsmöglichkeiten*

- Die Kinder legen zu Aufgaben an der Tafel mit Spielgeld und schreiben die Rechnungen ins Heft, z. B.:

  8 · 2 DM = □ DM 2 · 20 DM = □ DM 3 · 5 DM = □ DM
  5 · 1 DM = □ DM 3 · 10 DM = □ DM 2 · 50 DM = □ DM

- Die Kinder schreiben die Aufgaben zu vorgegebenen Beträgen (Tafelzeichnung, Folie, Flanelltafel), z. B.:

⑩	⑩	⑩	⑩	⑩	⑩
⑤	⑤	⑤	⑤	⑤	
②	②	②	②	②	②
...					

6 · 10 Pf = □ Pf

③ ***Das Einmaleins mit 5 und 10, Halbieren und Verdoppeln, Tauschaufgaben***

– Wir machen gruppenweise etwa zehn Minuten lang eine *Verkehrszählung* und zählen die Pkw (Lkw, Radfahrer, Motorräder, Frauen am Steuer, mit nur einer Person besetzte Pkw ...), die vorbeifahren. Für jedes Fahrzeug machen wir einen Strich, der fünfte Strich wird quer über die vier waagrechten Striche gezogen. Gemeinsame Auswertung und Entwicklung der Einmaleinsreihe an der Tafel (gezählt werden nur die „Fünferbündel"):

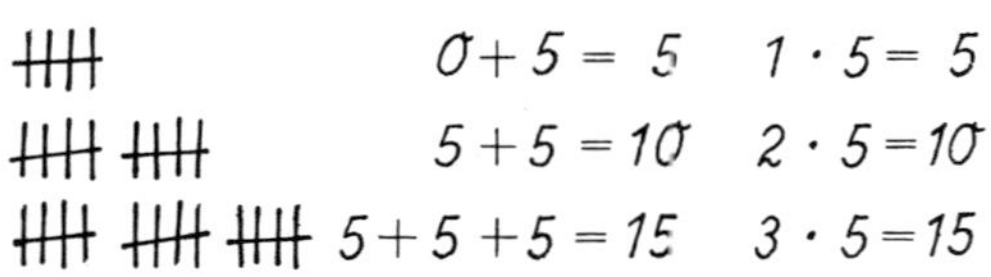

– *Tafelanschrift:* So kannst du dir das Einmalfünf gut merken:

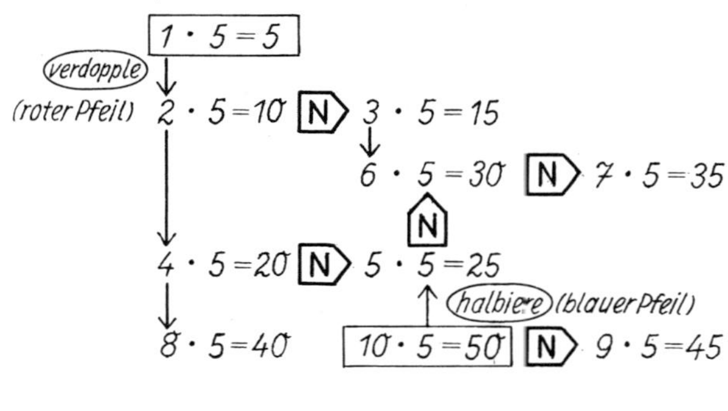

Anfangs steht nur 1 · 5 und 10 · 5 an der Tafel. Schrittweise werden die weiteren Aufgaben ergänzt und dazu gesprochen: „Das Doppelte von 1 · 5 = 5 ist 2 · 5 = 10."
Übertragen der Tafelanschrift ins Heft.

– An der *Flanelltafel* sind zehn Zehnerstäbe. „Wer das Einmalzehn kann, weiß auch das Einmalfünf." Vermutungen der Kinder: „5 ist die Hälfte von 10." Die Zehnerstäbe werden zur Hälfte mit zehn Fünferstäben abgedeckt.
Tafelanschrift:

1 · 5 —ist die Hälfte von→ 1 · 10
2 · 5 = 10 ————→ 2 · 10 = 20
3 · 5 = 15 ————→ 3 · 10 = 30
. . .
10 · 5 = 50 ————→ 10 · 10 = 100

– *Aufgaben für Arbeitsblätter:*

(1) Trenne die Hälfte mit einem Strich ab!

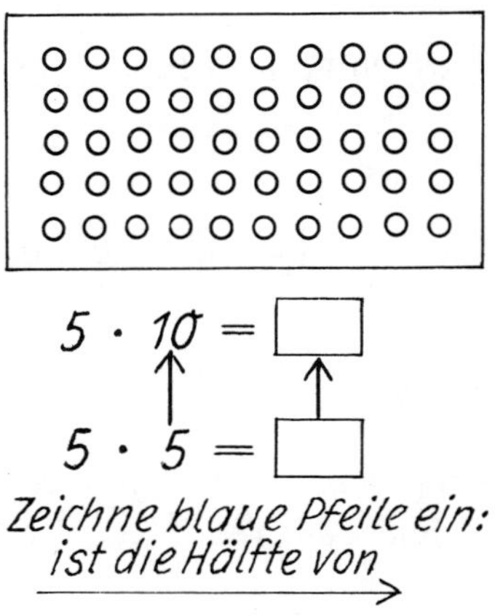

(mehrere Aufgaben)

(2) Verdopple und male dazu!
(2 Möglichkeiten)

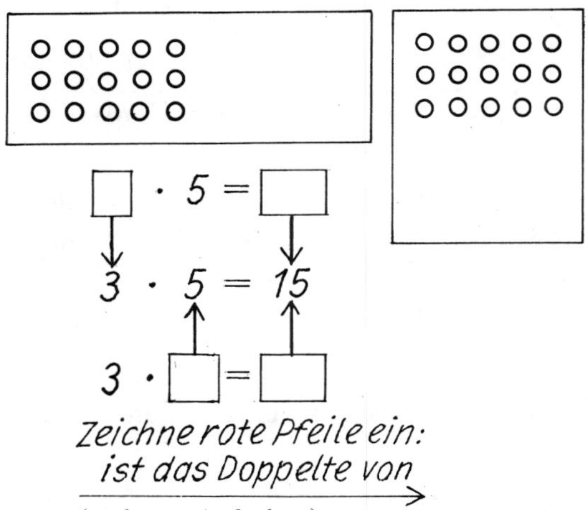

(mehrere Aufgaben)

(3)

	8 · 5	7 · 10	4 · 5	6 · 5	3 · 10	9 · 10	10 · 5	4 · 10
die Hälfte	4 · 5							

	3 · 5	3 · 10	5 · 5	7 · 5	2 · 10	10 · 5	4 · 10	8 · 5
das Doppelte	6 · 5							
das Doppelte	3 · 10							

(4) $2 \cdot 10 = \square \cdot 5 = \square$ $\quad$ $4 \cdot 5 = \square \cdot 10 = \square$

$5 \cdot 10 = \square \cdot 5 = \square$ $\quad$ $8 \cdot 5 = \square \cdot 10 = \square$

...

(5) Wechsle ⑤⑤ in ⑩!

⑤	2	10	8	4	6	12
⑩	1					

Wechsle ⑩ in ⑤⑤!

⑩	4	5	1	3	6	2	10
⑤							

(6) Zeichne Pfeile!

ist die Hälfte von → (blau)

$3 \cdot 5$ $\quad$ $3 \cdot 10$

$6 \cdot 10$ $\quad$ $6 \cdot 5$

(mehrere Aufgaben)

ist das Doppelte von → (rot)

$8 \cdot 5$ $\quad$ $4 \cdot 10$

$2 \cdot 10$ $\quad$ $4 \cdot 5$

(mehrere Aufgaben)

(7) Wieviel Geld ist es zusammen?

⑩	2	7	4	3	2	5	6	1	9
⑤	3	4	8	6	7	9	5	10	2

Schreibe so: 20 Pf + 15 Pf = □ Pf

– *Zerlegaufgaben:* Wir legen z. B. drei Zehnerstäbe nebeneinander (als „Schlange") und legen die 30 mit Fünferstäben aus:

$30 = 3 \cdot 10$

$30 = 6 \cdot 5$ (mehrere Beispiele)

– Benennen und Aufschreiben der *Zehnerzahlen* und *Fünferzahlen*; farbiges Markieren: Welche Fünferzahlen sind zugleich Zehnerzahlen?

5	10	15	20	25	usw.

Tafelanschrift: Was stimmt?

Alle Fünferzahlen sind auch Zehnerzahlen.

Alle Zehnerzahlen sind auch Fünferzahlen.

Die Kinder schreiben den richtigen Satz ins Heft.

Tauschaufgaben: An der Flanelltafel sind fünf Zehnerstäbe (Zuordnen der Aufgabe $5 \cdot 10 = 50$), auf die längs zehn Fünferstäbe gelegt werden ($10 \cdot 5 = 50$). Wir sehen: Die Zahlen 5 und 10 sind bei den Aufgaben vertauscht, das Ergebnis ist gleich.

Tafelanschrift:

$$5 \cdot 10 = 50 \;\langle\text{Tauschaufgabe}\rangle\; 10 \cdot 5 = 50$$

Legen von weiteren Beispielen durch die Kinder
Hefteintrag: Aufschreiben des Einmalzehn und Einmalfünf und daneben jeweils die Tauschaufgaben schreiben.

$1 \cdot 10 = 10$ ⟨T⟩ $10 \cdot 1 = 10$	$1 \cdot 5 = 5$ ⟨T⟩ $5 \cdot 1 = 5$
$2 \cdot 10 = 20$ ⟨T⟩ $10 \cdot 2 = 20$	$2 \cdot 5 = 10$ ⟨T⟩ $5 \cdot 2 = 10$
usw.	

④ *Die Einmaleinsreihen mit 2 und 4, Zusammenfassen und Zerlegen von Malaufgaben*

– *Einführung des $1 \cdot 2$:* Je zwei Kinder stellen sich auf. Ein Paar nach dem anderen tritt vor, und diese Kinder sprechen: „Wir sind ein Paar. Ein Paar sind zwei Kinder. – Wir sind zwei Paare. Zwei Paare sind zusammen vier Kinder . . .“
Aufbau der Zweierreihe an der Tafel und Hefteintrag (Ergebnisse vorher ablöschen!):

	Tauschaufgabe
○ ○ $1 \cdot 2 = \square$	$2 \cdot 1 = \square$
○ ○ $2 \cdot 2 = \square$	$2 \cdot 2 = \square$
○ ○ $3 \cdot 2 = \square$	$2 \cdot 3 = \square$
. . .	. . .

Paare	1	10	9		4		7	3	6
Kinder	2			4		16			

– *Wiederholen:*

________ ⟨N $5 \cdot 2 = \square$ N⟩ ________

- Nachbaraufgaben:
- Aufbau der „Denkreihe“: $1 \cdot 2$, $2 \cdot 2$, $4 \cdot 2$, $8 \cdot 2$ usw.
- Halbieren und Verdoppeln: $5 \cdot 2 \xrightarrow{\text{ist die Hälfte von}} 10 \cdot 2$

  $6 \cdot 2 \xrightarrow{\text{ist das Doppelte von}} 3 \cdot 2$

- Legen und Rechnen mit Spielgeld:
  Wechsle zwei 1-DM-Stücke in ein 2-DM-Stück oder umgekehrt!

1 DM		6	8			
2 DM	5			2	10	usw.

Wieviel Geld ist das?

(10)	3	5	4	6	5	3	5	4	3	2
(5)	2	4	5	2	7	9	6	8	8	10
(2)	3	4	2	2	7	1	5	6	8	9

Prüfzahlen:
46, 69, 74, 77, 78, 86, 88, 90, 92, 94

Schreibe so: 30 Pf + 10 Pf + 6 Pf = □ Pf

– *Einführen des 1 · 4* mit dem „Kegelspiel“: Die Lehrerin stellt auf einem Tisch 9 Viererstäbe auf. Ein Kind rollt eine Murmel. Nun wird die Summe aus den umgefallenen Viererstäben gebildet, und dazu werden ebenso viele Viererstäbe an die Flanelltafel gelegt, z. B. 3 Viererstäbe: 1 · 4 = 4, 2 · 4 = 8, 3 · 4 = 12. Nach den Versuchen von etwa fünf Kindern wird das Spiel als Partnerspiel durchgeführt. Dazu schreibt jedes seine erreichte Zahl auf einen Zettel. Haben beide Partner gekegelt, kreist der mit dem höheren Ergebnis seine Zahl ein. Wer zum Schluß die meisten Kreise hat, hat gewonnen.

– *Aufbau der Viererreihe an der Tafel und Hefteintrag:*

			Tauschaufgabe
1 · 2 = □	○○ ○○	1 · 4 = □	4 · 1 = □
2 · 2 = □	●● ●●	2 · 4 = □	4 · 2 = □
3 · 2 = □	○○ ○○	3 · 4 = □	4 · 3 = □
usw.			

Sprechen: „Ich verdopple 1 · 2 = 2 zu 1 · 4 = 4. Die Tauschaufgabe heißt 4 · 1 = 4.“

– *Wiederholen: Nachbaraufgaben, Halbieren und Verdoppeln*
Zerlegaufgaben:

12 = □ · 2	Legen mit Stäben (als „Schlange“) und Vergleichen:
12 = □ · 4	8 · 2 = □ · 4
...	...

– *Aufschreiben der Zweier- und Viererzahlen* („vorwärts“ und „rückwärts“)
Welche Zweierzahlen sind auch Viererzahlen (farbig markieren)?
Tafelanschrift: Was stimmt?

Alle Zweierzahlen sind auch Viererzahlen.

Alle Viererzahlen sind auch Zweierzahlen.

Aufschreiben des richtigen Satzes

– *Zusammengesetzte Aufgaben (Zusammenfassen von Malaufgaben)*
Zwei Kinder legen auf dem Tageslichtprojektor Memorykarten in Fünferreihen aus. A legt vier Fünferreihen, B legt vier Fünferreihen. Wieviel Karten sind es?
Nachlegen mit Stäben (Zwischenraum nach vier Reihen) und *Tafelanschrift:*

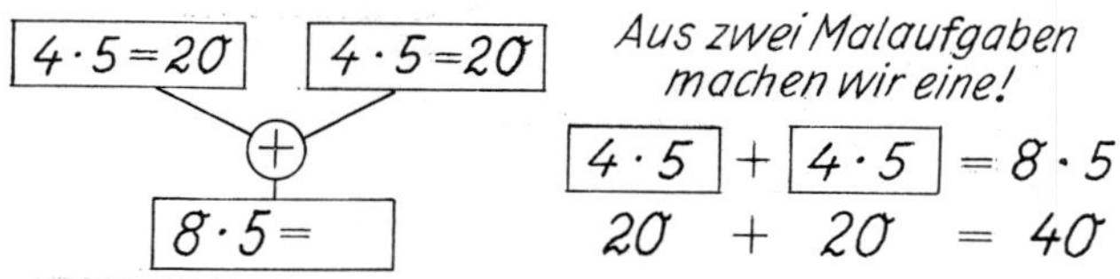

Legen von weiteren Aufgaben mit Kärtchen oder Stäben
Arbeitsblatt:

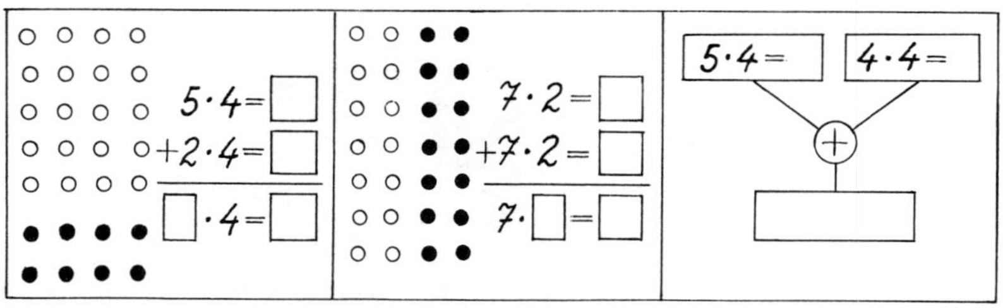

(jeweils mehrere Beispiele)

– *Zerlegen von Malaufgaben:* Aus einer schweren Malaufgabe werden zwei leichte! Die Kinder legen die Aufgabe 9 · 5 mit Stäben und schieben die Fünferstäbe ihrem Rechenweg gemäß auseinander. Die verschiedenen Möglichkeiten werden erklärt und an der Tafel festgehalten:

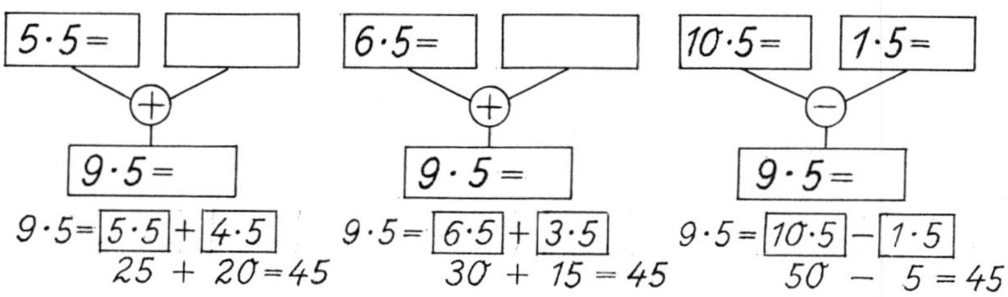

Ich zeige, was ich kann	LZ 5

Fünfte Lernzielkontrolle: Malaufgaben

Name: ______________________ Datum: ____________

1

7 · 2 = ☐	4 · 4 = ☐	6 · 4 = ☐	9 · 8 = ☐
3 · 8 = ☐	9 · 5 = ☐	8 · 8 = ☐	8 · 4 = ☐
6 · 8 = ☐	3 · 10 = ☐	6 · 5 = ☐	5 · 8 = ☐

2 Denke an die Tauschaufgabe!

4 · 7 = ☐	8 · 6 = ☐	5 · 7 = ☐	10 · 6 = ☐
2 · 9 = ☐	4 · 3 = ☐	4 · 9 = ☐	8 · 7 = ☐

3 Zeichne Pfeile!

ist das Doppelte von →

3 · 4 =

3 · 8 =

6 · 4 =

6 · 8 =

3 · 2 =

6 · 2 =

4 Zerlege!

☐ + ☐ → 7 · 8 =

☐ + ☐ → 9 · 4 =

5 Ulla sagt: „Mein Vater arbeitet an jedem Tag 8 Stunden. Am Samstag und am Sonntag hat er frei."

Andreas rechnet:

☐

Er sagt: „Dein Vater arbeitet

☐ Stunden in einer Woche."

Herr Neuner kauft 6 Würstchendosen um je 2 DM und 4 Brotlaibe um je 4 DM.

Du hast von 30 Punkten ☐ Punkte erreicht. Arbeitszeit: etwa ☐ Min.

____________ gesehen

Arbeitsblatt:

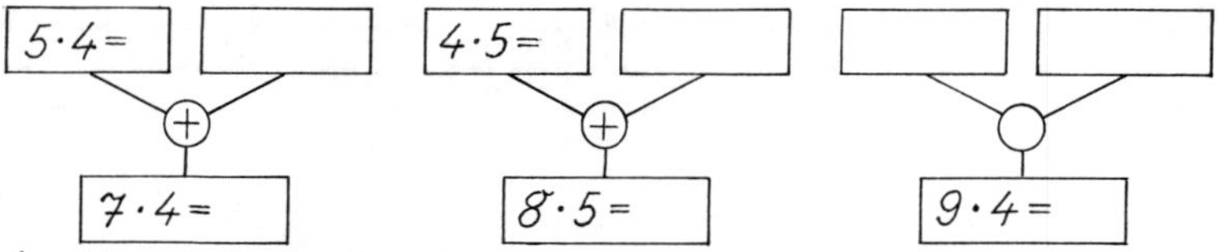

(weitere Aufgaben)

⊕	5 · 4	2 · 4	2 · 5	5 · 5	3 · 5	3 · 4	4 · 4
5 · 5	45						
5 · 4							

Rechne im Kopf: 5 · 5 + 5 · 4 = 25 + 20 = 45

⑤ ***Die Einmaleinsreihen mit 2, 4 und 8***

Einführen des 1 · 8 mit einer Rechengeschichte: „Sandra wird acht Jahre alt. Zur Geburtstagsfeier darf sie acht Kinder einladen. Zum Schluß soll jeder Gast einen Strauß mit acht Blumen bekommen. Wie viele Blumen muß Sandra aus dem Garten holen?“ (Aufwendig, aber sehr motivierend: In einen flachen Karton mit Schaumstoff ungeordnet 80 Plastik- oder Papierblumen stecken, aus denen die Kinder die Achtersträuße bilden.)
Nachlegen mit Stäben, Aufbau der Achterreihe an der *Tafel und Hefteintrag:*

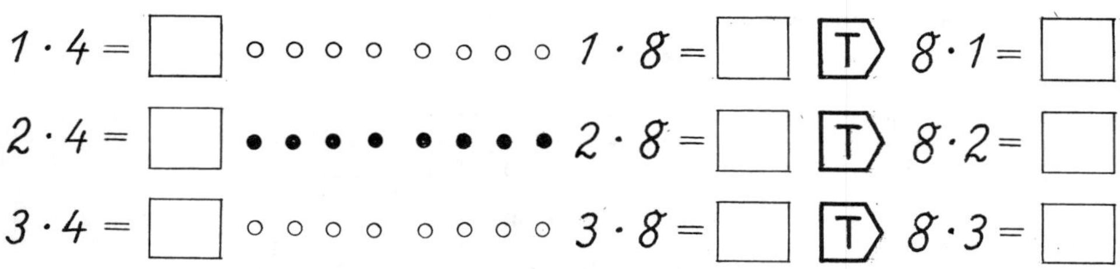

usw.

Sprechen: „1 · 4 = 4, 1 · 8 ist das Doppelte von 4, also 8. Die Tauschaufgabe . . .“

– *Wiederholen:* Nachbaraufgaben, Halbieren und Verdoppeln, „Denkreihe“, Zerlegaufgaben (16 = □ · 4, 16 = □ · 8), Zusammenfassen und Zerlegen von Malaufgaben mit 8

– *Vergleichen der Einmaleinsreihen* mit 2, 4 und 8: Aus Zweiern, Vierern und Achtern eine „Mauer“ bauen oder legen (Legosteine, Cuisenaire-Stäbe oder Steckwürfel) und danach ins Heft zeichnen:

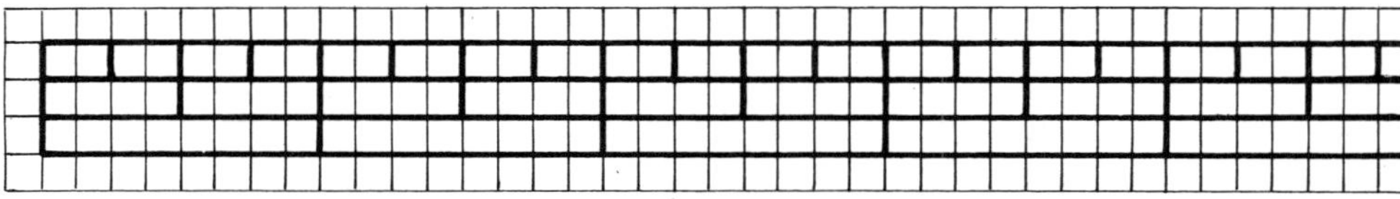

Zeigen und Sprechen: „4 Zweier sind genauso lang wie 2 Vierer und wie ein Achter." Aufschreiben:

$1 \cdot 8 = 8$ $\quad$ $2 \cdot 4 = 8$ $\quad$ $4 \cdot 2 = 8$
$2 \cdot 8 = \square$ $\quad$ $\square \cdot 4 = \square$ $\quad$ $\square \cdot 2 = \square$
$3 \cdot 8 = \square$ $\quad$ $\square \cdot 4 = \square$ $\quad$ $\square \cdot 2 = \square$
$4 \cdot 8 = \square$ $\quad$ $\square \cdot 4 = \square$ $\quad$ $\square \cdot 2 = \square$
$5 \cdot 8 = \square$ $\quad$ $\square \cdot 4 = \square$ $\quad$ $\square \cdot 2 = \square$

– *Aufträge an der Tafel:*

a) Schreibe die Zweierzahlen bis 80 auf: 2, 4, 6 ... 80
b) Unterstreiche die Viererzahlen blau!
c) Unterstreiche die Achterzahlen rot!
d) Schreibe die Achterzahlen auf!
e) Schreibe nur den richtigen Satz auf:
Alle Zweierzahlen sind auch Achterzahlen.
Alle Viererzahlen sind auch Achterzahlen.
Alle Achterzahlen sind auch Viererzahlen und Zweierzahlen.

Fünfte Lernzielkontrolle (LZ 5, S. 142)

Aufgabe	Anforderung	Bewertungsvorschlag		
1	leicht	12 × ½ P.		6 P.
2	leicht	8 × ½ P.		4 P.
3	schwierig	Je Ergebnis ½ P., je Pfeil 1 P.	3 P. + 7 P.	10 P.
4	gehoben	Je Zerlegaufgabe ½ P.	2 P. + 1 P.	3 P.
5	gehoben	a) 2 P., b) 3 P. für Rechnung	2 P. + 5 P.	7 P
			Summe	30 P.

Grundlegende Ziele erreicht: ca. 20 Punkte
Weiterreichende Fähigkeiten: ab ca. 27 Punkten

⑥ *Vielfache*

– *Begriffserarbeitung* (Zeigen eines Bildes): „Dieses Bild habe ich nur einmal oder einfach." Auslegen eines Vichererstabes an der Flanelltafel: „Der Viererstab liegt einmal oder einfach da. Das Einfache von 4 ist also 4."

Zeigen von zwei gleichen Bildern: „Diese beiden Bilder habe ich zweifach oder doppelt." Auslegen von zwei Viererstäben: „Das Zweifache oder das Doppelte von 4 ist $2 \cdot 4 = 8$."
Zeigen von fünf gleichen Bildern: „Diese Bilder habe ich fünffach." Auslegen von fünf Viererstäben: „Das Fünffache von 4 ist $5 \cdot 4 = 20$."

Legeübungen mit Stäben: Lege das Dreifache von 8, das Zweifache von 10, das Vierfache von 6 usw. (ca. 10 Beispiele)

Aufgabenreihen (Tafelanschrift, Hefteintrag):

Das Einfache	Das Zweifache	Analog: Das Vier-, Acht-, Fünf- und Zehnfache.
$1 \cdot 1 = \square$	$2 \cdot 1 = \square$	
$1 \cdot 2 = \square$	$2 \cdot 2 = \square$	
$1 \cdot 3 = \square$	$2 \cdot 3 = \square$	
...		

Zahlenrätsel (Tafelanschrift, Folie)
a) Wie heißt das Fünffache von 6? Schreibe so: $5 \cdot 6 = 30$. Das Fünffache von 6 ist 30.
b) Wie heißt das Sechsfache von 2?
... (mehrere Beispiele)
Schreibe für deinen Nachbarn ein Zahlenrätsel auf!

– Das *Neunfache* ist leicht zu merken! Mit den Stäben zeigen wir den Rechenweg:

$$9 \cdot 3 = \boxed{10 \cdot 3} - \boxed{1 \cdot 3}$$
$$9 \cdot 3 = 30 - 3 = 27$$

Arbeitsblatt mit Rechenplänen zu $9 \cdot 2$, $9 \cdot 4$, $9 \cdot 8$, $9 \cdot 3$, $9 \cdot 6$, $9 \cdot 7$, $9 \cdot 5$, $9 \cdot 9$

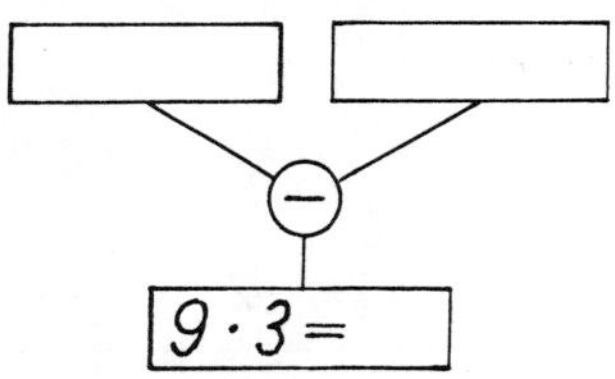

– *Vielfache:* Die Kinder legen die 20 mit gleich langen Stäben aus und suchen, von welchen Zahlen 20 ein Vielfaches ist.
Tafelanschrift und Hefteintrag:

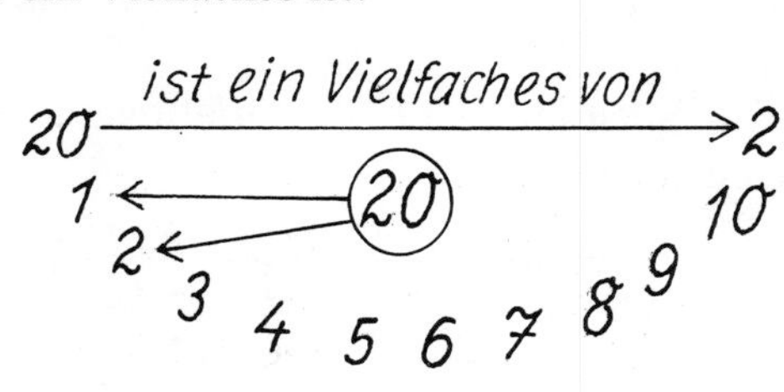

20 ist ein Vielfaches von □, □, □ und □.
Denn: 20 ist das Zweifache oder Doppelte von □.
20 ist das Zehnfache von □.
20 ist das Vierfache von □.
20 ist das Fünffache von □.

Analog werden weitere Zahlen ausgelegt und die Vielfachbeziehungen notiert.

Kreuze an	10	11	12	13	14	15	16	17	18	19	20	21	22	23	24	25	26	27	28	29	30
Vielfaches von 2	×																				
Vielfaches von 4																					
Vielfaches von 8																					
Vielfaches von 5	×																				
Vielfaches von 10	×																				

Wir suchen Vielfache auf der Hundertertafel:

(1) Unterstreiche die Vielfachen von 2 rot!

(2) Verbinde die Vielfachen von 4 mit Bleistift (nur schräge Striche!)

(3) Verbinde die Vielfachen von 8 mit einem blauen Stift (nur schräge Striche!)

(4) Kreise die Vielfachen von 5 gelb ein!

(5) Vielfache von 8 sind zugleich Vielfache von □ und □. Vielfache von 10 sind zugleich Vielfache von □ und □.

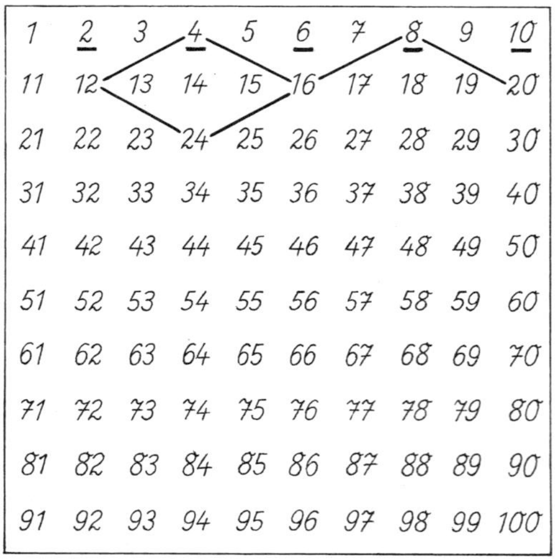

– *Malaufgaben mit Längenmaßen zur Vorbereitung des Teilens* (Arbeitsblatt)

Petra stempelt mit einem Kartoffelstempel eine Zierleiste auf ihre Geburtstagseinladungen:

(1) Wie lang ist ein Stempeldruck? □ cm
Wie oft hat sie gestempelt? □ mal
Wie lang ist jetzt ihre Zierleiste? □ cm

□ cm · 8 = □ cm oder 8 · □ cm = □ cm

(2) Zeichne und schreibe Malaufgaben auf!
Petra stempelt sechsmal.

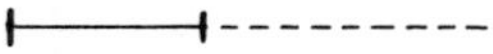

□ cm · □ = □ cm oder □ · □ cm = □ cm

(analog: neun-, sieben-, fünfmal)

(3) Wie oft muß Petra stempeln? Miß und teile in gleiche Teile ein!

10 cm = □ · 2 cm

(analog: 6 cm, 12 cm, 8 cm . . .)

(4) Michaels Stempeldruck ist 3 cm lang.

□ cm = □ · 3 cm

(analog: 9 cm, 15 cm, 18 cm)

Mit einem Maßband oder den Stäben kannst du leicht rechnen!

Länge eines Teils	5 cm	8 cm	4 cm	8 cm				7 cm	5 cm
Anzahl der Teile			9	5	4	5	8	8	7
Gesamtlänge	20 cm	24 cm			28 cm	45 cm	64 cm		

⑦ ***Einführung des Teilens***

– *Motivation:* Für das Schulfest (Klassenfest am Schuljahresende, den Basar . . .) wollen wir Gewinne verpacken (auch von den Kindern mitgebrachte Gegenstände oder gebastelte Dinge).
Demonstration durch ein Kind: Hier sind 24 Briefmarken (gebrauchte!). Ich verpacke immer 8 in einem Umschlag (Durchführen). Ich habe 3 Umschläge gebraucht.

Wiederholen (Tafel, Folie) durch die Lehrerin:

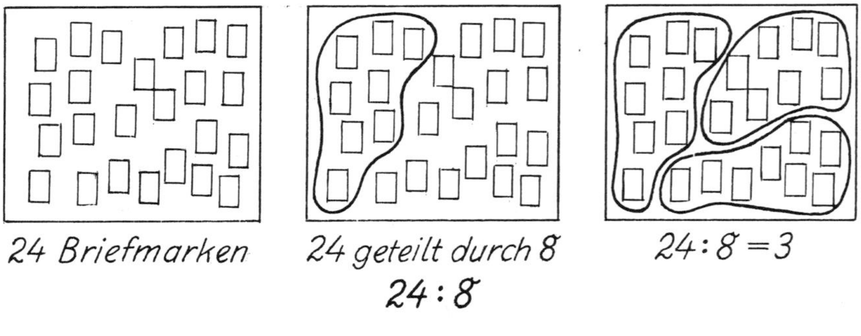

– *Verpacken in Vierergruppen* und anschließender Bericht vor der Klasse; dabei wiederholt die Lehrerin die Handlung an der Flanelltafel und schreibt die von jeder Gruppe genannte Geteiltaufgabe an.

– *Selbsttätiges Handeln* zu einer vorgegebenen Rechengeschichte (Tafel, Folie): Sonja verpackt 21 Murmeln, immer 7 Murmeln in eine Tüte. Wie viele Tüten braucht sie? Besprechen der handelnden Lösung: Wir legen 21 „Murmeln“ (Plättchen) auf den Tisch und legen immer 7 in eine Reihe.
Nach dem Handeln die Geteiltaufgabe nennen.
Weitere Beispiele: Karin verpackt 30 Perlen, immer 10 Perlen in eine Tüte. Wie viele Tüten braucht sie? – Thomas verpackt 24 Aufkleber, immer 4 in eine Tüte.

– *Zeichnerisches Lösen: Übungsblatt* (ÜB 11, S. 149)

– *Selbständiges Anwenden* (fertige Kinder): Wer kann eine „Verpackungsgeschichte“ erzählen und vorrechnen?

⑧ ***Mal- und Geteiltaufgaben als Umkehraufgaben***

– *Hinführung:* „In der Klasse 2 b sind 24 Kinder. Die Lehrerin will mit der Klasse das Karussellspiel spielen. Es geht so: Im Schulhof oder in der Turnhalle liegen 12 Reifen auf dem Boden. Immer vier Kinder fassen von außen einen Reifen und drehen sich passend zu einem gesprochenen Vers:

> Das Karussell fährt langsam an,
> und immer schneller dreht sich’s dann.
> Und wenn die Fahrt zu Ende geht,
> dann bremst es, bis es wieder steht.
> (Quelle unbekannt)

Dann nennt die Lehrerin eine andere Zahl, z. B. „Immer sechs!“, und das Spiel beginnt von neuem. „In der nächsten Turnstunde können wir das Spiel

Geteiltaufgaben

ÜB 11

Name: ______________________ Datum: ______________

1 Wie viele Tüten werden gebraucht?

Immer 4 in eine Tüte!

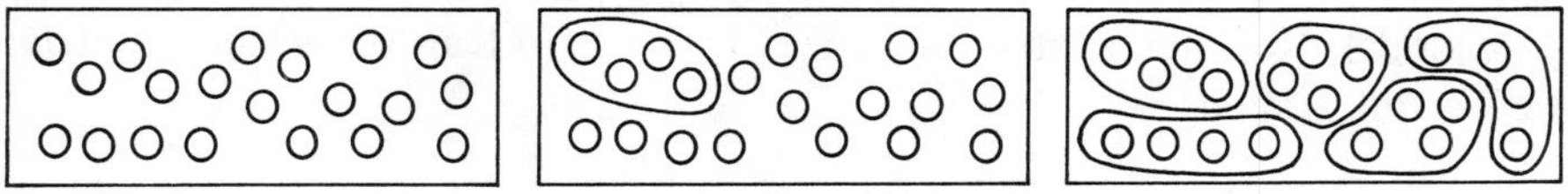

20 Bälle	20 : 4 20 geteilt durch 4	20 : 4 = 5 5 Tüten

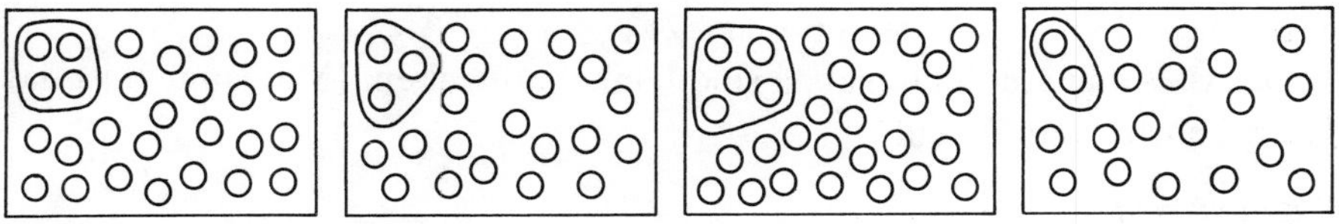

28 : 4 = ☐

☐ Tüten ☐ Tüten ☐ Tüten ☐ Tüten

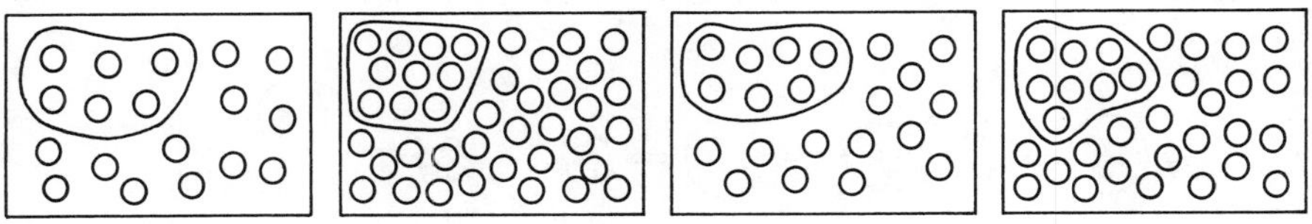

☐ Tüten ☐ Tüten ☐ Tüten ☐ Tüten

2 Zeichne zu jeder Rechengeschichte und rechne dann!

a) Florian verpackt 15 Bausteine. b) Beate verpackt 18 Luftballons. c) Thomas verpackt 28 Stifte.

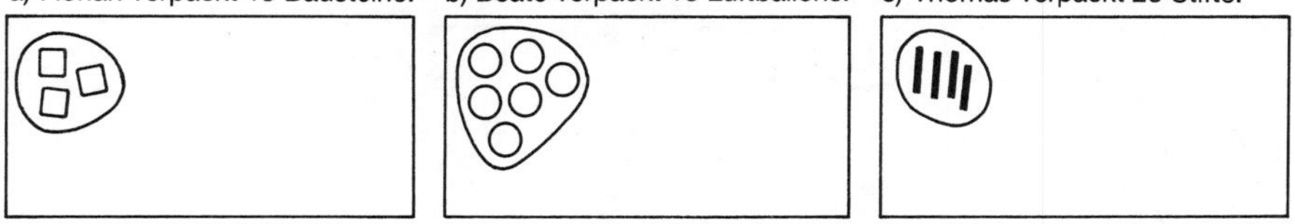

3 Schreibe eine Rechengeschichte und zeichne dazu!

☐ : ☐ = ☐

auch einmal spielen. Heute wollen wir das Spiel der Klasse 2 b nachlegen und ausrechnen, wie viele Karussells besetzt sind.“

– *Erarbeitung:* Legen von 24 Plättchen an der Flanelltafel (24 Kinder) und Legen von 12 Wollfäden als „Reifen“; Handeln: Wenn immer 4 Kinder zum Karussell dürfen, müssen sie sich in Vierergruppen aufteilen (Verteilen der 24 Kinder); Rechnen (Tafelanschrift): 24 : 4 = 6 (6 Karussells sind besetzt). Legen mit Stäben:

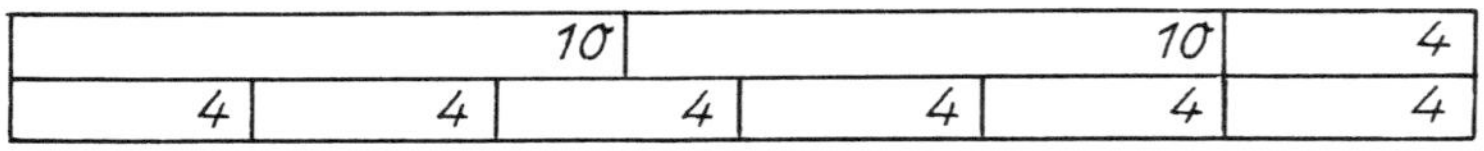

Wir sehen: 24 : 4 = 6, denn 6 · 4 = 24
Diese Mal- und Geteiltaufgaben sind Umkehraufgaben. (Malnehmen ist das Umgekehrte vom Teilen!)

Tafelanschrift:

24 : 4 = 6 ⟨Umkehraufgabe⟩ 6 · 4 = 24

Wiederholen: Immer 3, 6, 8, 2 Kinder bilden ein Karussell. Legen mit Stäben

Tafelanschrift:

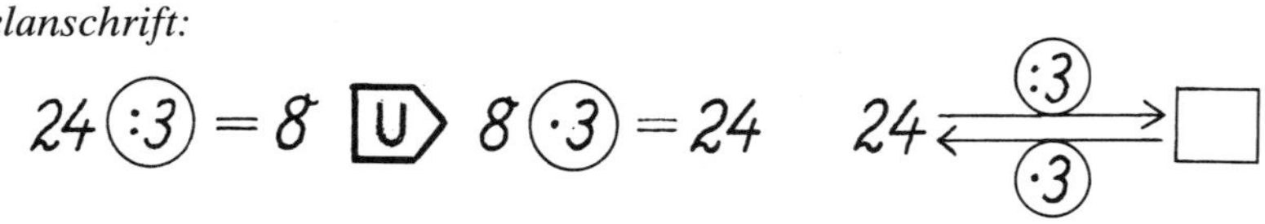

– *Sichern (Arbeitsblatt):*

• Nachlegen mit Stäben

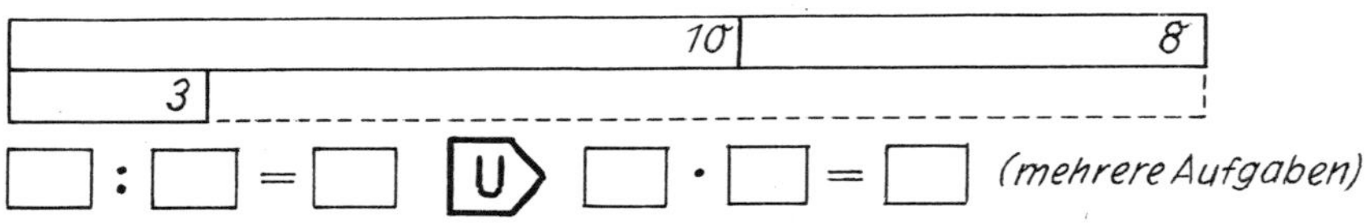

• Zeichnerisches Darstellen

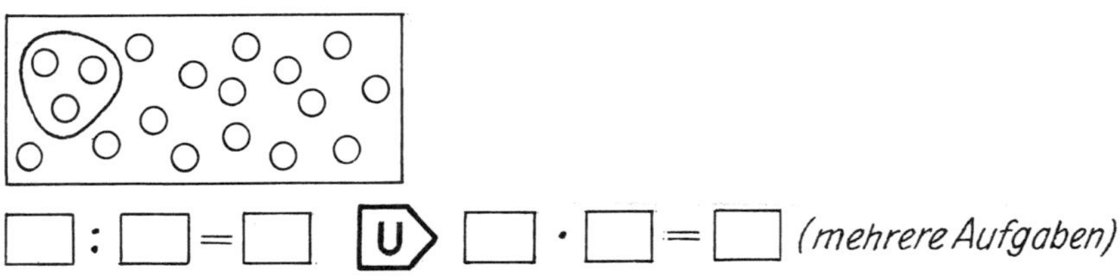

• Pfeilbilder

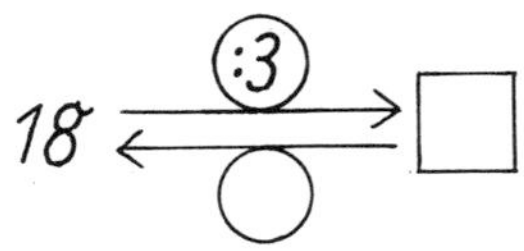

- Verbinden von Geteiltaufgabe und Umkehraufgabe

$20 : 4 =$
$12 : 4 =$
$24 : 4 =$
$32 : 4 =$

$6 \cdot 4 =$
$8 \cdot 4 =$
$5 \cdot 4 =$
$3 \cdot 4 =$

- Aufschreiben der bekannten Einmaleinsreihen und der zugehörigen Umkehraufgaben

$1 \cdot 5 = 5$ ⟨U⟩ $5 : 5 = 1$

$2 \cdot 5 = 10$ ⟨U⟩ $10 : 5 = 2$

usw.

- Tabellen

$\cdot 5$

	35
10	
	15

$: 4$

24	
	16
32	

Denke bei Geteiltaufgaben immer an die Malaufgaben!

⑨ ***Tausch- und Umkehraufgaben***

– *Einstieg (Tafelanschrift):*

> Im Blumengeschäft „Tausendschön“
> Vor Flora liegen 28 Rosen. Sie bindet daraus 4 gleiche Sträuße. ...?
> Linda hat 48 Nelken vor sich. Sie soll Sträuße mit je 8 Nelken binden. ...?

Wer findet die Rechenfrage? (Wenn keines der Kinder die Frage findet, drängt die Lehrerin sie nicht auf. Beim Handeln ergeben sich neue Denkmöglichkeiten ...)

– *Handeln:* Möglichst mit Papier-, Plastik- oder Wiesenblumen (Namen entsprechend ändern) die beiden Handlungen „durchspielen“.
Überlegen: Wir wissen nun etwas, was wir nach dem Lesen noch nicht wußten. Vom Ergebnis leiten wir die Fragen ab. *Tafelanschrift:*

Wie viele Rosen sind in jedem Strauß? Wie viele Sträuße kann Linda binden?

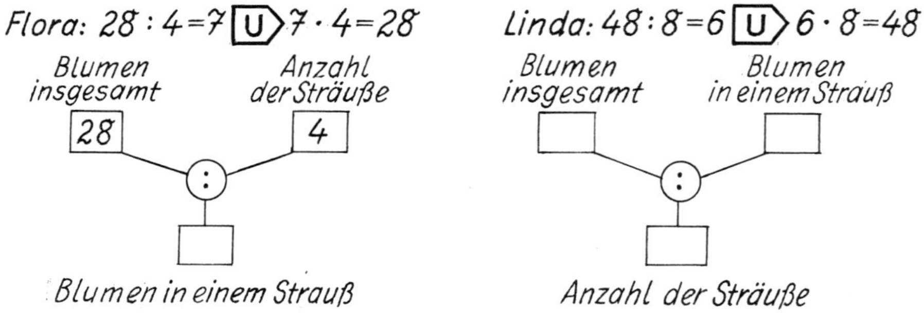

Beim gemeinsamen Entwickeln der Rechenpläne werden die beiden Aufgaben verglichen.

– *Übertragen:* Wer kann die Rechengeschichte von Flora so ändern, daß die Frage heißt: Wie viele Sträuße kann Flora binden? (... Sträuße mit je 7 Rosen ...) Analog: Umformulieren der zweiten Rechengeschichte. *Tafelanschrift:*

28 : 4 = 7 [U> 7 · 4 = 28	48 : 8 = 6 [U> 6 · 8 = 48
(T) (T)	(T) (T)
28 : 7 = 4 [U> 4 · 7 = 28	48 : 6 = 8 [U> 8 · 6 = 48

Wir erkennen: Die Zahlen 4 und 7 bzw. 8 und 6 sind vertauscht. (Einsetzen des bekannten „Fähnchens" mit dem T für Tauschaufgabe). Weiterhin gehören wie bei den Plusaufgaben bzw. den Minusaufgaben immer vier Aufgaben zusammen („verwandte" Aufgaben). Wer also eine Aufgabe weiß, weiß gleich vier Aufgaben!

– *Sichern*

Blumen insgesamt	35	24	36				48	45	72		64
Anzahl der Sträuße	5		4	7	3	7			8	4	
Blumen in einem Strauß		4		8	5	4	8	5		8	8

Ins Heft schreiben die Kinder zu jeder Spalte die vier „verwandten" Aufgaben mit den „Fähnchen".

Ferner *Übungsblatt* (ÜB 12, S. 153)

Rechengeschichten mit Geteiltaufgaben | ÜB 12

Name: ______________________ Datum: ______________

1 Herr Haas hat 36 Hasen.

a) Wie viele Ställe braucht er, wenn er immer 4 Hasen in einen Stall setzen will?

☐ : ☐ = ☐, denn ☐ · ☐ = ☐

Er braucht ☐ Ställe.

b) Herr Haas hat 9 Ställe gebaut. Er setzt in jeden Stall gleich viele Hasen. Wie viele Hasen sind in jedem Stall?

☐ : ☐ = ☐, denn ☐ · ☐ = ☐

In jedem Stall sind ☐ Hasen.

c)

Anzahl der Hasen	32	28	45	40	64	24				56	72		48		
Anzahl der Ställe	4			8			10	8	7	8		9	8	5	4
Hasen in einem Stall		4	5		8	4	8	7	5		8	4		9	4

2 Welche Aufgabe paßt? Male das Feld gelb aus! Rechne alle Aufgaben aus!

a) 32 Rosen werden auf 4 Vasen verteilt. Wie viele Rosen sind in jeder Vase?

☐ Rosen

8 · 4 =	32 : 4 =	32 : 8 =

b) Aus 45 Nelken werden 5 Sträuße gemacht. Wie viele Nelken sind in jedem Strauß?

☐ Nelken

45 : 9 =	45 : 5 =	5 · 9 =

c) Frau Blüm hat 72 Margeriten. Sie bindet daraus Sträuße mit immer 8 Margeriten. Wie viele Sträuße kann sie binden?

☐ Sträuße

72 : 9 =	9 · 8 =	72 : 8 =

d) 40 Kinder werden in 8 Gruppen eingeteilt. Wie viele Kinder sind in jeder Gruppe?

☐ Kinder

5 · 8 =	40 : 8 =	40 : 5 =

e) Tobias legt seine 24 Memorykarten aus, immer 8 Karten in eine Reihe. Wie viele Reihen kann er legen?

☐ Reihen

24 : 3 =	3 · 8 =	24 : 8 =

f) 35 Karten werden gleichmäßig an 5 Kinder verteilt. Wie viele Karten bekommt jeder?

☐ Karten

35 : 5 =	35 : 7 =	5 · 7 =

g) Herr Fuchs kauft Hähnchen. Er bezahlt 24 DM. Ein Hähnchen kostet 4 DM. Wie viele Hähnchen kauft er?

☐ Hähnchen

6 · 4 DM = DM	24 DM : 6 = DM	24 DM : 4 DM =

h) Schreinermeister Wurm hat eine Holzleiste, die 56 cm lang ist. Er zersägt sie in immer 8 cm lange Stücke. Wie viele Stücke bekommt er?

☐ Stücke

8 · 7 cm = cm	56 cm : 7 = cm	56 cm : 8 cm =

3 Schreibe zu 2a–2h ins Heft die „verwandte" Rechnung, die fehlt! Beispiel: a) 4 · 8 = ☐
b) ...

⑩ *Geteiltaufgaben – auch mit Rest*

– *Motivation:* Für das Sommerfest klebt Tina aus Luftschlangen bunte Ketten. Jede Kette hat 24 Ringe. Nach jeweils 4 Ringen wechselt sie die Farbe. Wie viele verschiedene Farben hat die Kette? (Analog Farbwechsel nach 6, 3, 8, 2, 12 Ringen)
Herstellen von Ketten in Gruppenarbeit
Nachlegen mit Stäben:

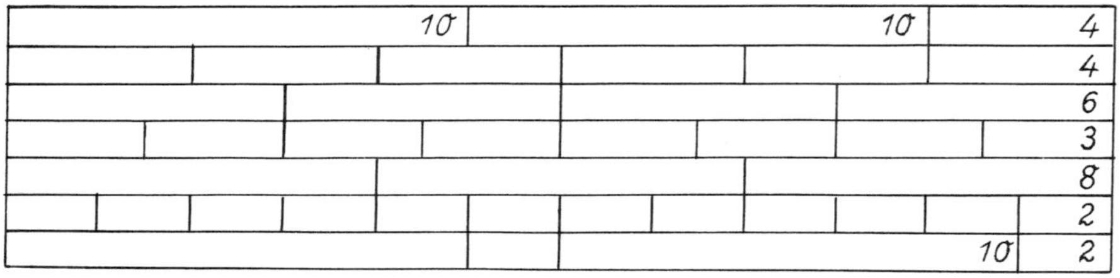

Tafelanschrift: 24 können wir durch (2, 3, 4, 6, 8 und 12) teilen.
(2, 3, 4, 6, 8 und 12) sind Teiler von 24.

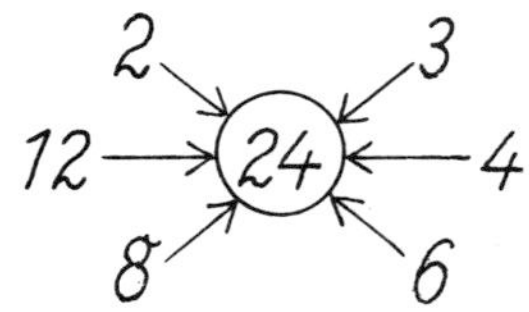

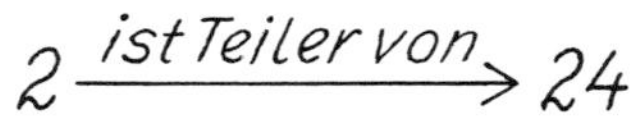

– *Teilen mit Rest:* Wie sehen Tinas Ketten mit je 24 Ringen aus, wenn sie nach 5 (7, 8, 9, 10) Ringen die Farbe wechselt?
Nachlegen mit Stäben: 24 können wir nicht mit Fünferstäben auslegen. Es bleibt ein Rest übrig. Wir schreiben so: 24 : 5 = 4 Rest 3, denn $24 = 5 \cdot 4 + 3$. 5 ist also kein Teiler von 24.

Anlegen einer *Tabelle* (Folie, Arbeitsblatt):

Kreuze an	2	3	4	5	6	7	8	9	10	12
Teiler von 20	×		×	×					×	
Teiler von 24										
Teiler von 28										
Teiler von 30										
Teiler von 32										
Teiler von 35										
Teiler von 36										
...										

Zum Ausfüllen der Tabelle legen die Kinder jede Zahl mit gleich langen Stäben aus (quantitative Differenzierung!). Zusatzaufgabe: Aufschreiben von Aufgaben mit Rest zu jeder Zahl, z. B. 20 : 3 = 6 R 2

– *Weitere Übungen:*

- Suche in jedem Kasten 3 Geteiltaufgaben! Beispiel: 35 : 5 = 7

9	48	5
2	18	7
6	35	8

(analog mehrere „Kästen“)

- a) Welche Zahlen kannst du teilen? Schreibe zu jedem Kasten 10 Aufgaben auf!
  b) Schreibe 8 Aufgaben mit Rest auf!

:2

6	5	16
7	12	19
14	15	8
11	2	10
17	18	13
20	9	4

(analog mehrere „Kästen“)

- Teile alle Zahlen von 4 bis 43 der Reihe nach durch 4! Schreibe in jeden Sack 10 Aufgaben!

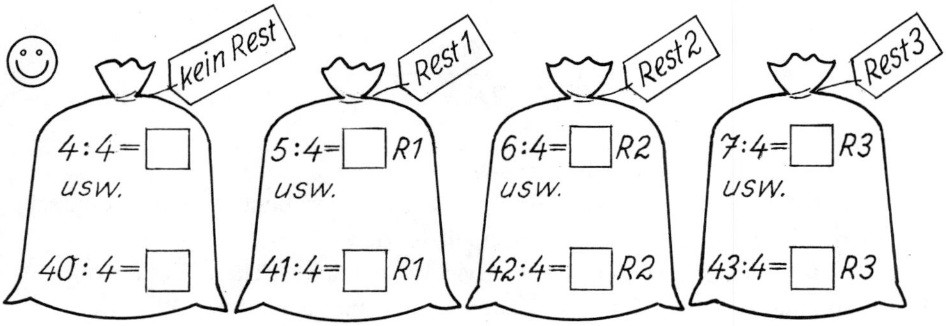

⑪ *Halbieren und Verdoppeln*

– *Einstieg:* Franz ist 29 Jahre alt. Sein Vater ist doppelt so alt.

Tafelanschrift: Wir verdoppeln
$29 + 29 = \square$

Die Kinder erläutern ihren Rechenweg, z. B. 29 + 20 + 9, (20 + 20) + (9 + 9) usw.

Zielangabe: Heute lernen wir einen neuen Rechenweg.

Erklärung und *Tafelanschrift:*
Wir verdoppeln

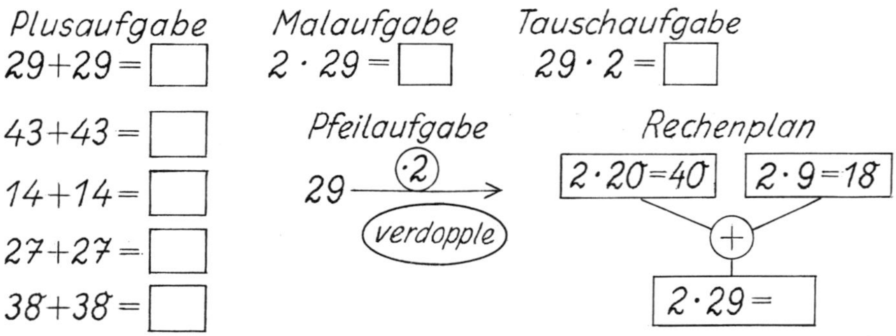

Gemeinsames Lösen an der Tafel

Wir zerlegen in Zehner und Einer und verdoppeln dann.

– *Arbeitsblatt* mit Rechenplänen zum Einüben des Rechenweges:

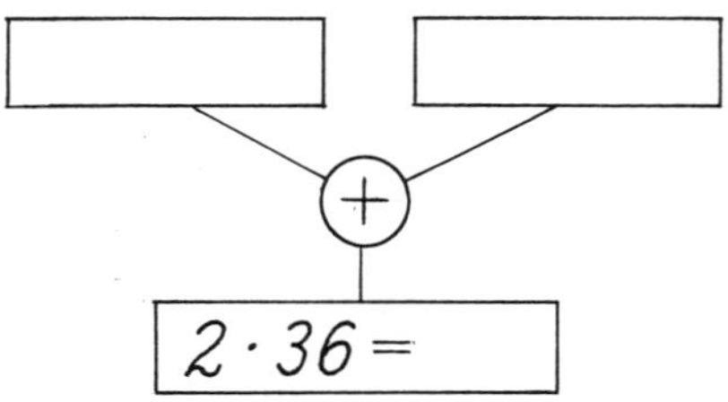

– *Rechengeschichten zum Verdoppeln:*

- Zur Hochzeit von Evi und Franz sind am Polterabend 16 Gäste eingeladen. Bei der Trauung sind es doppelt so viele.
- Für die zwei Brautjungfern läßt Evis Mutter die gleichen Kleider bei der Schneiderin nähen. Für ein Kleid verlangt die Schneiderin 49 DM.
- Der Brautstrauß hat 12 weiße Nelken und doppelt so viele rote Rosen.
- Die 32 Gäste und das Brautpaar essen zu Mittag. Für jede Person wurden 2 Knödel gekocht.

Ich zeige, was ich kann

LZ 6

Sechste Lernzielkontrolle: Geteiltaufgaben

Name: ______________________ Datum: ______________

1 Umkehraufgaben

$8 \cdot 2 =$ ☐ U ______ $6 \cdot 8 =$ ☐ U ______

$10 \cdot 4 =$ ☐ U ______ $7 \cdot 8 =$ ☐ U ______

$9 \cdot 5 =$ ☐ U ______ $7 \cdot 4 =$ ☐ U ______

2 Umkehraufgaben

$40 : 8 =$ ☐ U ______ $35 : 7 =$ ☐ U ______

$18 : 2 =$ ☐ U ______ $72 : 8 =$ ☐ U ______

$36 : 4 =$ ☐ U ______ $70 : 10 =$ ☐ U ______

3 Immer 4 Aufgaben gehören zusammen!

T / U

$4 \cdot 8 =$	

$45 : 5 =$	

4

a) Petra: „Meine Zahl ist das Neunfache von 8." ☐

b) Bernd: „Meine Zahl weißt du, wenn du 40 durch 10 teilst." ☐

c) Andrea: „Zähle zum Dreifachen von 5 das Fünffache von 4 dazu. Nun weißt du meine Zahl." ☐

5 Friedrich Fix soll 32 Bälle verpacken, immer 4 Bälle in ein Netz.

Wie viele Netze braucht er?

☐

Herr Blüm kauft 8 Rosen. Er bezahlt dafür 24 DM.

☐

6

$2 \cdot 23 =$ ☐ $2 \cdot 37 =$ ☐ $90 : 2 =$ ☐ $52 : 2 =$ ☐

$2 \cdot 35 =$ ☐ $2 \cdot 19 =$ ☐ $68 : 2 =$ ☐ $94 : 2 =$ ☐

Du hast von 32½ Punkten ☐ Punkte erreicht. Arbeitszeit: Etwa ☐ Min.

____
gesehen

- Felix, der Meisterfotograf, verknipst an der Hochzeit 2 Filme mit je 36 Aufnahmen.

Wer erfindet noch eine andere „Hochzeits-Rechengeschichte“?

– *Kopfrechnen:* Verdoppeln von Zahlen

– *Halbieren oder Teilen durch 2* als Umkehrung des Verdoppelns

Tafelanschrift:

Verdoppeln und Halbieren
40 · 2 = □ [U> (80 : 2 = 40)
35 · 2 = □ [U> . . .
24 · 2 = □
17 · 2 = □
39 · 2 = □

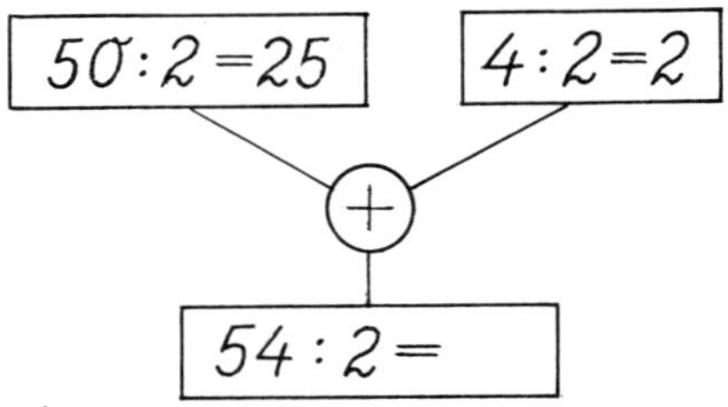

Rechenweg beim Halbieren: Wir zerlegen in Zehner und Einer und halbieren dann.

54 : 2 =

Einüben auf einem Arbeitsblatt mit Rechenplänen.

Immer kommt eine 5 heraus
Jemand soll sich eine einstellige Zahl denken, noch einmal soviel hinzuzählen, dann noch 10 hinzufügen, durch 2 teilen und die erstgedachte Zahl abziehen. Es muß immer 5 herauskommen.

Beispiel:
Ich denke mir die 7.
7 + 7 = 14
14 + 10 = 24
24 : 2 = 12
12 − 7 = 5

Sechste Lernzielkontrolle (LZ 6, S. 157)

Aufgabe	Anforderung	Bewertungsvorschlag	
1	leicht	12 × ½ P.	6 P.
2	leicht	12 × ½ P.	6 P.
3	leicht	8 × ½ P.	4 P.
4	schwierig	Je Ergebnis ½ P., Ansatz a) und b) je 1 P., Ansatz c) 2 P.	5½ P.
5	gehoben	a) 3 P., b) 4 P.	7 P.
6	leicht	8 × ½ P.	4 P.
		Summe	32½ P.

Grundlegende Ziele erreicht: ca. 20 Punkte
Weiterreichende Fähigkeiten: ab ca. 30 Punkten

6. Messen und Rechnen mit Längenmaßen

6.1 Didaktische Hinweise

Am Beispiel der Längenmessung soll ein *grundlegendes Verständnis für die Operation des Messens* entwickelt werden. Eine Größe, z. B. 7 m, ist durch eine Maßzahl (die Zahl 7) und eine Maßeinheit (die Länge m) festgelegt. So läßt sich eine Größe auffassen als Produkt aus der Maßzahl und der Maßeinheit, z. B. $7\ \text{m} = 7 \cdot 1\ \text{m}$. Repräsentanten von Längen sind Strecken (an Gegenständen, gezeichnet) oder Kanten an geometrischen Körpern. Beim Messen wird eine gleiche Maßeinheit wiederholt aneinandergefügt und abgetragen. Durch Auszählen wird die Maßzahl ermittelt. Zwischen Maßeinheit und Größe der Maßzahl besteht eine gegenläufige Abhängigkeit: Je größer die Maßeinheit, desto kleiner die Maßzahl und umgekehrt.
Eine grobe *didaktische Stufenfolge* schließt fließende Übergänge nicht aus. So ist z. B. das Schätzen durchgehend zu verfolgen, indem Längen zuerst durch Augenschein verglichen und dann aneinandergelegt oder nachgemessen werden.

- Herstellen von *Ordnungs- und Gleichheitsrelationen* durch den direkten Vergleich von Längen, z. B. durch Nebeneinanderstellen von Kindern (genauso groß wie, größer/kleiner als), durch Aneinanderhalten der Füße (länger, breiter) oder durch Aneinanderlegen von Stiften (länger, dikker...) usw.
- Mittelbares (indirektes) Vergleichen von Strecken mit *individuellen Maßeinheiten*, z. B. Messen mit Fuß- oder Schrittlängen. Dabei werden gleiche Einheiten jeweils wiederholt hintereinander abgetragen. Die Kinder erfahren dabei, daß individuelle Maßeinheiten keine einheitlichen Maßzahlen ergeben. Ferner erfahren sie die Abhängigkeit der Maßzahl von der Maßeinheit, wenn z. B. die gleiche Strecke in Fuß- und in Schrittlängen gemessen wird.
- Mittelbares Vergleichen von Strecken mit *selbstgewählten Maßeinheiten konstanter Länge*, wie z. B. Streichhölzern, Strohhalmen, Cuisenaire-Stäben usw. Dabei läßt sich zum einen die Einsicht in die Beziehungen verschiedener Einheiten vertiefen (z. B. die gleiche Strecke mit Dreier- und Sechserstäben auslegen). Zum andern läßt sich die Invarianz von Längen erkennen:

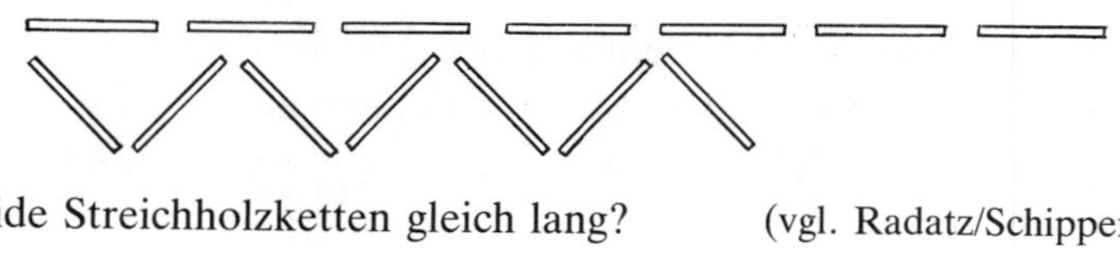

Sind beide Streichholzketten gleich lang? (vgl. Radatz/Schipper, S. 125)

- Beim Messen mit individuellen und selbstgewählten Maßeinheiten haben die Kinder die Notwendigkeit *standardisierter, allgemein verbindlicher Maßeinheiten* erkannt, die ihnen als Meter und Zentimeter meist auch schon bekannt sind. Beim Messen mit dem Meterstab bleibt oft ein „Rest" übrig, der auf die Notwendigkeit einer kleineren Maßeinheit verweist. Für das Schätzen ist es wichtig, daß die Kinder eine Vorstellung von standardisierten *Einheitsgrößen* entwickeln, wie z. B. 1 cm, 10 cm, 1 m.
- Die Fertigkeit, mit einfachen *Meßinstrumenten* (Maßband, Zollstock, Meterstab, Lineal) zu messen und zu zeichnen, muß sorgfältig erarbeitet und eingeübt werden. Zu beachten sind besonders das richtige Anlegen bei der Null, das Festhalten des Lineals beim Zeichnen, so daß es nicht verrutschen kann, und das mehrfache Anlegen des Lineals bei längeren Strecken.
- Das Rechnen mit Größen entspricht dem Rechnen mit natürlichen Zahlen. Den Schwerpunkt sollte dabei das *Lösen von Rechengeschichten* bilden und weniger das Lösen von „Rechenpäckchen".

Der Lehrer fragt Ulli: „Kannst du schätzen, wie hoch unsere Schule ist?" – Ulli: „Einen Meter fünfzig." – „Wie kommst du denn darauf?" – „Weil sie mir bis zum Hals steht."

6.2 Methodische Hinweise

Sowohl der Begriff als auch die Fertigkeit des Messens lassen sich nur durch konkrete Handlungen erwerben, die an Alltagserfahrungen der Kinder anknüpfen. Dabei ergeben sich auch Anknüpfungspunkte an den Sachunterricht (z. B. Erkunden der nächsten Umgebung und Orientieren im Raum) sowie an geometrische Lerninhalte. Damit während dieser Zeit das Rechnen nicht zu kurz kommt, sollten tägliche Kopfrechenphasen, Lernspiele und Hausaufgaben die arithmetischen Kenntnisse auffrischen.

Das Rechnen mit Größen erfolgt auf anschaulicher Grundlage:

- Dem Verlängern einer Strecke entspricht die Addition, dem Verkürzen die Subtraktion.
- Wichtig ist das Abziehen von Zentimetern von 1 Meter (1 m – 39 cm = □ cm) und das Ergänzen auf 1 Meter (64 cm + □ cm = 1 m).
- Dem wiederholten Aneinanderfügen gleicher Strecken entspricht die Multiplikation.
- Das Einteilen einer Strecke in gleich große Teilstrecken eignet sich gut als Vorbereitung der Division (vgl. Stoffverteilungsplan, S. 222).
- Aus der Vielfalt möglicher Sachaufgaben (vgl. Kap. 7) sei nur folgendes *Beispiel* vorgestellt:

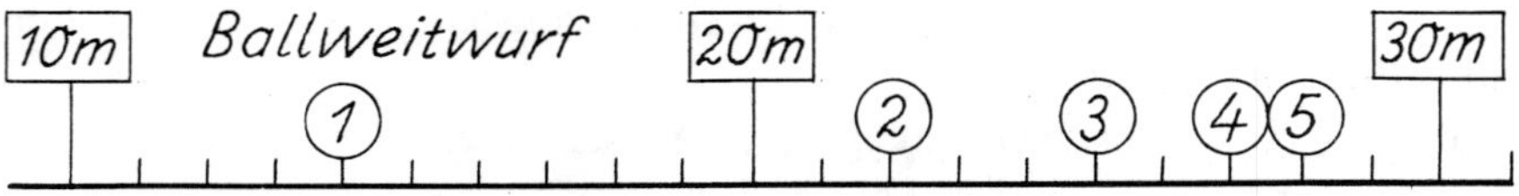

a) Katrin hat 14 m weit geworfen. Steffi hat 13 m weiter geworfen.
b) Martin hat 5 m weniger weit geworfen als Steffi.
c) Holger hat doppelt so weit geworfen wie Katrin.
d) Andreas sagt: Wenn ich 3 m weiter geworfen hätte, hätte ich so weit geworfen wie Holger.

e) Wem gehören die Bälle? Schreibe auf: Ball 1 gehört... (Selbstkontrolle zu den Aufgaben a–d).

6.3 Unterrichtspraktische Gestaltung

Ziele

- Vergleichen und Ordnen von Gegenständen und Strecken hinsichtlich ihrer Länge
- Einsicht in das Messen als Vergleichen einer Strecke mit einer Maßeinheit
- Erkenntnis der Abhängigkeit der Maßzahl von der Wahl der Maßeinheit
- Entwickeln der Vorstellung einzelner Standardlängen
- Fähigkeit des Messens mit den Längeneinheiten m und cm
- Rechnen mit den Größen m und cm

Materialien

① Schnur oder Wollfaden in der Länge der Größe der Lehrerin sowie eine vier- bis fünfmal so lange Schnur; für jedes Kind ein Zahlkärtchen zum Umhängen (1, 2 ...); für jede Vierergruppe ein Papierstreifen sowie eine Papiersohle in der Schuhgröße der Lehrerin (möglichst 20 oder 25 cm), ein 1 m langes Tapetenstück und ein 1 m langer Wollfaden

② Riesenfüße von ① in 1 m Länge; für jedes Kind ein Schneidermaßband und ein 10 m langes Band (mit Büroklammern in Meter unterteilt); für je zwei Kinder ein Zollstock; ein Maßband mit 20 m Länge; 4 große Schilder (5 m, 10 m, 15 m, 20 m)

③ Schneidermaßband, 10 Büroklammern und ein Papierstreifen in der Länge der eigenen Größe für jedes Kind.

Unterrichtsanregungen

① *Vergleichen und Messen von Längen mit willkürlichen Maßeinheiten*

Vom Riesen Egbert

(vgl. dazu Hans ter Heege/Ed de Moor: Die Grüße des Riesen. In: Die Grundschule 3/1981, S. 107 ff.)

- *Tafelzeichnung:* Umriß einer „Riesenhand“ (bei einer Handlänge von

16 cm viermal so groß wie die der Lehrerin, ansonsten variieren); darunter steht: Gruß von Egbert
Lernbereich Deutsch: Ausdenken und Aufschreiben einer Phantasiegeschichte „Der Riese Egbert in unserer Schule“

– *Problemstellung/Vorbereitete Tafelanschrift:* Wie groß bin ich, der Riese Egbert? Vermutungen der Kinder; Überlegen: Wie könnten wir seine Größe herausfinden? ... Wenn nötig, hält die Lehrerin demonstrativ ihre Hand hoch. Die Kinder schätzen: Die Riesenhand ist vielleicht ... mal so groß wie die der Lehrerin.
Nachprüfen: Die Lehrerin legt ihre Hand an die Handwurzel der Riesenhand und macht an der Mittelfingerspitze einen Strich. Dort legt sie ihre Hand erneut an usf. Feststellen: Die Riesenhand ist viermal so lang wie die der Lehrerin. (Tafelanschrift)

– *Schlußfolgern:* Der Riese ist wohl auch viermal so lang wie die Lehrerin. Nun messen die Kinder mit ihren Händen die Riesenhand aus und schreiben auf: Die Riesenhand ist ... mal so lang wie meine Hand. – Währenddessen vergleichen die Kinder untereinander ihre Hände.

Aufgreifen der Problemstellung: Könnte sich Egbert in unser Klassenzimmer legen?
Problemlösung: Zwei Kinder messen die Größe der Lehrerin mit einer Schnur. Dann schneidet eine Kindergruppe eine Schnur ab, die viermal so lang ist, und legt sie im Klassenzimmer aus.

Tafelanschrift (durch ein Kind):

> Lieber Riese Egbert!
> Wir denken, du bist so lang wie diese Schnur.
> Stimmt's?
> Es grüßt Dich die Klasse 2 a

Übertragung: Die Kinder wollen wissen, wievielmal größer der Riese ist als sie selbst. Dazu stellen sie sich der Größe nach geordnet auf und hängen sich ein Zahlkärtchen um (kleinstes Kind 1, dann 2 usf.). Am kleinsten und am größten Kind wird mit Hilfe der „Riesenschnur“ festgestellt, um wievielmal dieser länger ist als das Kind.

Tafelanschrift: Egbert ist ... mal so lang wie (Name des Kindes).
– *Vertiefung:* Die Kinder stellen sich nochmals der Größe nach geordnet auf.
Tafelanschrift: Wir vergleichen unsere Größe

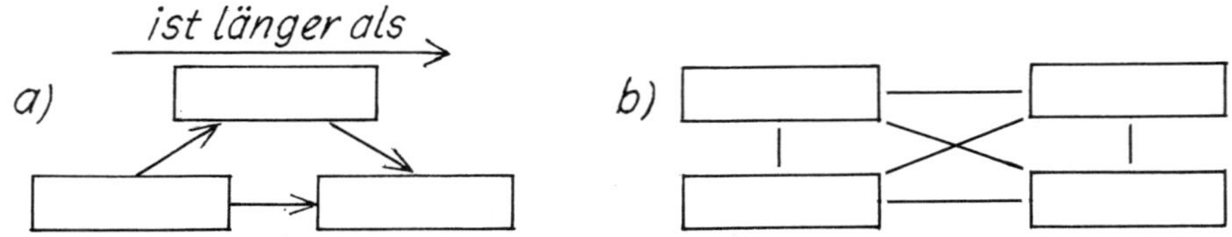

Je ein Kind trägt in das Pfeilbild einen Namen ein und ergänzt bei b) die Pfeilspitzen. – Hefteintrag: Pfeilbilder, auch mit anderen Namen (dabei hängen die Zahlkärtchen auf dem Rücken).

– *Am nächsten Tag* steht Egberts Antwort an der Tafel:

> Liebe Kinder!
> Ja, ich bin so lang wie eure Schnur. Das ist schlimm.
> Ich muß so aufpassen mit meinen großen Füßen ... Euer Klassenriese Egbert.

Jede Vierergruppe erhält ein Stück Tapete (ca. 1 m lang) und einen Papierstreifen, der so lang ist wie der 25 cm lange Schuh der Lehrerin (demonstrieren!). Gemeinsam messen die Kinder auf dem Fußboden den Riesenfuß aus, zeichnen ihn auf die Tapete und schneiden ihn aus.

Tafelanschrift: Der Riesenfuß ist ... mal so lang wie der Lehrerfuß.
Nun mißt jedes Kind mit seinen Fußlängen aus, wievielmal länger der Riesenfuß ist als der eigene.

Tafelanschrift: Wir vergleichen unsere Fußlängen (Pfeilbild wie beim Größenvergleich)
In jeder Vierergruppe vergleichen die Kinder die Länge ihrer Schuhe und zeichnen ein entsprechendes Pfeilbild ins Heft.

– *Vertiefung:* Vor den Augen der Kinder umfährt die Lehrerin ihren Schuh auf einem Papier und schneidet den Umriß aus. „Wie viele von meinen Schuhsohlen passen wohl auf den Riesenfuß?"
Jede Gruppe bekommt eine (vorbereitete) „Lehrersohle", legt sie auf den Riesenfuß und umfährt sie. Dann wird sie erneut angelegt usf.
Unterscheiden von Fußlänge und Fußgröße: Der Riesenfuß ist viermal so lang wie der Lehrerfuß und gar ... mal so groß.

– *Weitere Anregungen:*
- Könnte Egbert in unserem Klassenzimmer umherlaufen (wenn es keine Decke hätte)? Die Kinder legen mit den Riesenfüßen mögliche Wege aus.
- Egbert will wissen, wie lang das Klassenzimmer ist, und setzt Fuß vor Fuß. Die Kinder legen mit den Papierfüßen und bereitgehaltenen Wollfäden (1 m lang). Dann setzen Lehrerin und einzelne Kinder Fuß vor Fuß und messen. *Tafelanschrift:*

  Unser Klassenzimmer ist ... Riesenfüße lang.
  ... Lehrerfüße
  ... Kinderfüße

  Wir sehen: Je größer die Füße sind, um so (weniger) Füße braucht man zum Ausmessen. Je kleiner die Füße sind, ...
- Egbert läuft einmal an der Wand entlang im Klassenzimmer, in der Turn-

halle … herum. Wie viele Schritte macht er dabei? Entsprechend dem Lehrerschritt (etwa 1 m) wird ein Wollfaden in Riesenschrittlänge (4 m) zugeschnitten. Je zwei Kinder messen von Wand zu Wand aus; am Schrittanfang und Schrittende bleibt jeweils ein Kind als Markierungspunkt stehen.

Tafelanschrift: Wir messen mit Schrittlängen

		Riese	Lehrerin	Kind
	Länge			
Zimmer	Breite			
	ringsherum			
…				

Wiederholen: Je größer die Schritte sind, um so … Je kleiner …

Tafelanschrift: Wie viele Schritte?

Lehrerin	4				
Riese	1	2	3	…	10
Kind	6				

Sprechen: „Wenn der Riese einen Schritt macht, braucht die Lehrerin dazu 4 Schritte und das Kind …“

- Wie viele Riesen können sich in der Turnhalle als „Schlange“ hintereinanderlegen? Ausmessen mit dem Wollfaden; Ausmessen mit „Kinderlängen“, indem sich die Kinder als Schlange hintereinanderlegen.
  Feststellen: Unsere Turnhalle ist … Riesenlängen oder … Kinderlängen lang.

- *Zusammenfassung:*

  Vom Riesen Egbert
  Egbert kann in unserem Zimmer nur gebückt gehen (Höhe beachten!). Denn er ist viermal so groß wie unsere Lehrerin.
  Mit … Fußlängen kommt er von einer Wand zur anderen.
  Für die gleiche Strecke braucht er nur … Schritte.
  …

Gemeinsam schreibt jede Vierergruppe in ihren „Riesenfuß“ eine vorgegebene oder selbst ausformulierte Riesengeschichte und malt dazu.

② ***Messen mit Metern***

– *Gespräch:* Warum eignen sich Fußlängen oder Schrittlängen schlecht zum Messen? Wir brauchen ein Maß, das immer gleich ist. Wer kennt schon ein solches Maß? Nachmessen des „Riesenfußes“: Er ist genau einen Meter lang. Die Länge des Riesenfußes wird mit einem 1 m langen, dicken Strich angezeigt. In den Fuß wird geschrieben:

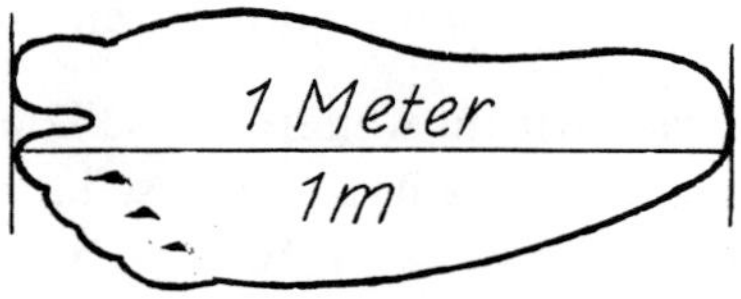

– *Festigung der Vorstellung:* Neben dem Riesenfuß versuchen wir einen Schritt zu machen, der 1 m lang ist. Je zwei Tischnachbarn rollen vom mitgebrachten Maßband 1 m ab und klappen von ebenfalls mitgebrachten Zollstöcken 1 m auf. Die Kinder zeigen mit den Händen 1 m am Maßband, dann in der Luft. Der Partner hält zur Korrektur den Zollstock dazwischen.
Wir prüfen mit dem Zollstock, wie weit am Körper 1 m vom Fußboden aus reicht (bis zur Achsel, zum Kinn . . .). Wir prüfen, ob unsere Spannweite 1 m lang ist, und ändern sie so ab, daß wir ein 1 m langes Körpermaß haben (z. B. von meiner rechten Fingerspitze bis zum linken Ellbogen ist es 1 m).

– *Wir schätzen* die Länge, Breite und Höhe (Begriffe klären!) von Dingen im Klassenzimmer und messen nach. *Arbeitsblatt:* Wir schätzen und messen

kürzer als 1m (<1m)	ungefähr/genau 1m (=1m)	länger als 1m (>1m)
Spiegel ↕ ↔ usw.	Tafelflügel ↕ ↔	Fenster ↕ ↔

↕ Länge
↔ Breite

Die Kinder sollen für jede Spalte 5 Beispiele finden und eintragen. Beim Nachmessen haken sie richtige Schätzungen ab.

– In der *Turnhalle* oder auf dem *Schulhof* wird ein *Maßband mit 20 m Länge* ausgerollt. Wer kann daneben Meterschritte machen? Wir machen möglichst gleich große Schritte und prüfen, wie viele „normale“ Schritte wir für 1 m, für 2 m, für 5 m und für 10 m brauchen. Nach einigem Üben gehen wir mit verbundenen Augen neben dem Maßband und halten nach 2 m, 5 m und 10 m an. (Als Markierungspunkte stehen im Abstand von 5 m Kinder mit einem Schild 5 m, 10 m, 15 m und 20 m.)

Neben dem Maßband spielen wir das Spiel „Mutter, wie weit darf ich reisen?“ und gehen je nach Ansage z. B. 5 m vor oder 3 m zurück.
Wir werfen mit verschieden farbigen Wollknäueln, schätzen die Wurfweite (aufschreiben) und lesen dann am Maßband ab (aufschreiben). Jeder darf mehrmals werfen.
Wir stellen uns an einer Linie entlang auf. Jeder geht 5 m (dann 10 m, 20 m) und legt dort, wo seiner Meinung nach 5 m erreicht sind, etwas (Turnbeutel, Strumpf usw.) auf den Boden. Dann wird nachgemessen.

– Wie für den Meter suchen wir für weitere Maße konkrete Längen, sowohl im Klassenzimmer als auch außerhalb: 2 m sind so lang wie zwei zugeklappte Tafelflügel, 5 m (Breite der Straße? . . .), 10 m (Länge des Klassenzimmers? Gang von . . . bis . . .), 20 m (Schulhauswand? Zaun? . . .), 50 m (im Schulhof von . . . bis . . .), 100 m. Die Kinder sollen selbst solche *Standardstrecken* aufspüren, mit Schritten grob abschätzen und dann nachmessen, am besten mit einem selbsthergestellten 10-m-Band (mit Büroklammern in Meter unterteilt). Aufschreiben:

Wichtige Maße

1 m	meine Spannweite bis zum linken Ellbogen
2 m	. . .
. . .	
100 m	

– *Wir vermessen unsere Turnhalle:* Jeder zeichnet auf ein DIN-A4-Blatt den Grundriß der Turnhalle (äußeren Rand möglichst als „Wand“ benutzen) und trägt dann die verschiedenen Markierungslinien ein. Dann werden Länge und Breite der Turnhalle sowie die Längen der Markierungslinien gemessen. Auch diese Werte werden in die Skizze eingetragen. Im Schulzimmer wird sie noch einmal ordentlich mit Lineal auf kariertem Papier angefertigt. Für 1 m wird je nach Größe die Länge von einem oder zwei Kästchen vereinbart.

– Analog: *Wir vermessen unser Schulhaus;* ggf. einen vereinfachten Grundriß vorgeben, auf dem die Kinder zuerst die geschätzten, dann die nachgemessenen Längen eintragen.

– *Langfristiges Üben:* Messen von Längen beim Weitwurf und Weitsprung.

③ *Messen mit Zentimetern*

– *Gespräch:* Damit man auch Dinge messen kann, die kürzer als 1 m sind, ist 1 m in 100 gleiche Teile unterteilt. Ein solcher Teil ist 1 Zentimeter. *Tafelanschrift:*

Wir messen mit Zentimetern
1 Meter = 100 Zentimeter
1 m = 100 cm

Am Lineal probieren wir aus, welcher unserer Finger etwa 1 cm breit ist. Die Kinder legen Schulsachen auf den Tisch, die 1 cm lang, breit oder dick sind.
Erklärung, daß das Lineal bei 0 anzulegen ist.

– *Üben:* Wir messen die Länge unserer *Cuisenaire-Stäbe* (1 cm – 10 cm). Die Kinder *zeichnen mit dem Lineal* an der Tafel vorgegebene Strecken von 1 cm, 3 cm, 5 cm, 10 cm, 12 cm, 18 cm, 6 cm (Heft quer nehmen) und schreiben jeweils die Länge dazu. Demonstrieren an der Tafel, wie das Lineal beim Zeichnen von Strichen zu halten ist, damit es nicht verrutscht.
Wir rollen ein *Maßband* auf und stecken Büroklammern auf die Vielfachen von 10. Dann versuchen wir eine Handspanne zu bilden, die genauso lang ist wie 10 cm. Mit dieser Handspanne „füllen" wir am Maßband den Meter und sprechen jeweils dazu: 10 cm, 20 cm ... 100 cm gleich 1 m.
Wie lang ist ein halber Meter, ein Viertel-, ein Dreiviertelmeter?
Nun schätzen und messen die Kinder die *Länge und Breite ihrer Schulsachen* und von Dingen im Klassenzimmer. Die Ergebnisse werden in eine Tabelle (Arbeitsblatt) eingetragen:

Wir schätzen und messen

geschätzt			gemessen	
Länge	Breite		Länge	Breite
		Rechenheft		
		Rechenbuch ...		

Das Schätzen wird durch das Abmessen mit Handspannen erleichtert.

– *Wir vermessen uns*
Nach einer Demonstration, bei der gezeigt wird, wie die einzelnen Körperteile zu messen sind, vermessen sich die Kinder gegenseitig (Partnerhilfe) und tragen ihre Ergebnisse im *Übungsblatt* (ÜB 13, S. 168) ein.
Wer fertig ist, schneidet einen Papierstreifen zu, der so lang ist, wie das Kind groß ist. Der Streifen wird mit Namen und Größe beschriftet und zu den Streifen anderer Kinder an die Pinnwand gehängt.

Meine Maße | ÜB 13

Name: ______________________ Datum: ______________

① Rahme gleiche Längen rot ein!

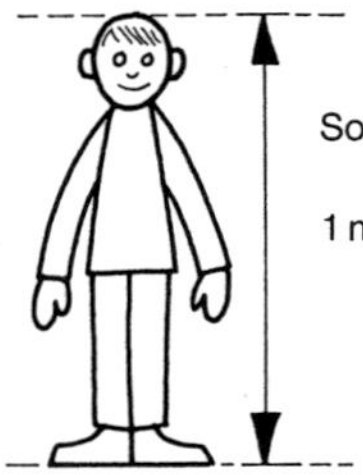

So groß bin ich:

1 m und ☐ cm

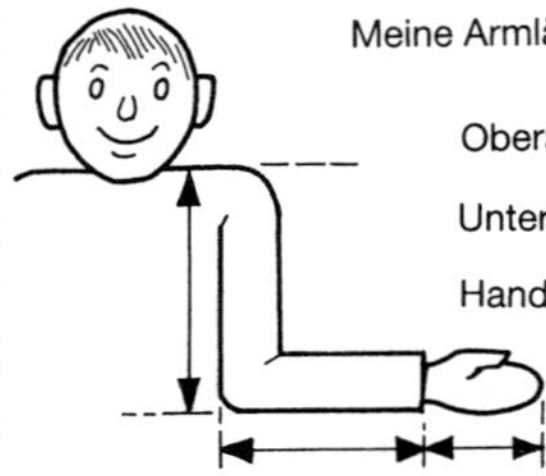

Meine Armlänge ☐ cm

Oberarm ☐ cm

Unterarm ☐ cm

Hand ☐ cm

Mein Kopf ☐ cm

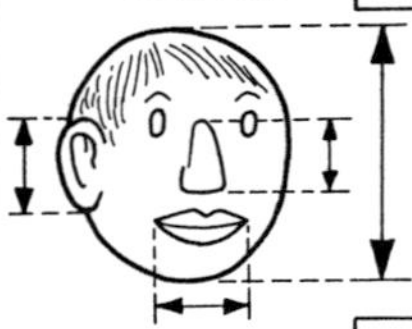

Ohr ☐ cm

Nase ☐ cm

Mund ☐ cm

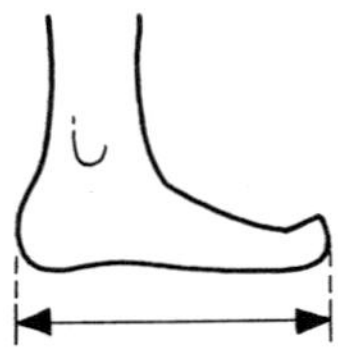

Meine Fußlänge

☐ cm

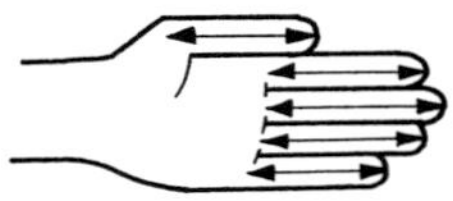

Daumen ☐ cm

Zeigefinger ☐ cm

Mittelfinger ☐ cm

Ringfinger ☐ cm

kleiner Finger ☐ cm

② ist länger als →

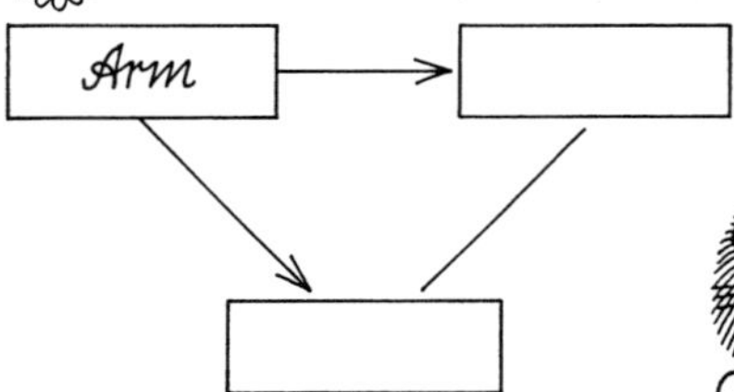

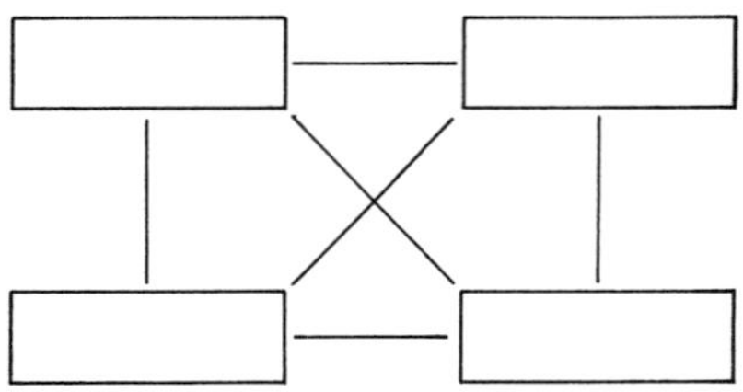

③

Schätze die Größe von Erwachsenen! Frage nach und schreibe auf!

	Lehrer/in	Mutter	Vater	Großmutter	
geschätzt	1 m cm				
gemessen					

Schätze mit Zehnerzahlen!

Übungen für Arbeitsblätter

(1) Wie lang sind diese Strecken? Schätze zuerst und miß dann! Ziehe jeweils 10 cm rot nach!

a)

geschätzt [ ] cm gemessen [ ] cm

b) usw.

(2) Miß jede Strecke zuerst und verlängere sie dann um 6 cm! Rechne und prüfe durch Nachmessen!

a)

[ ] cm 6 cm

Gesamtstrecke: [ ] + 6 cm = [ ] cm

b) usw.

(3) Miß jede Seite und zähle zusammen!

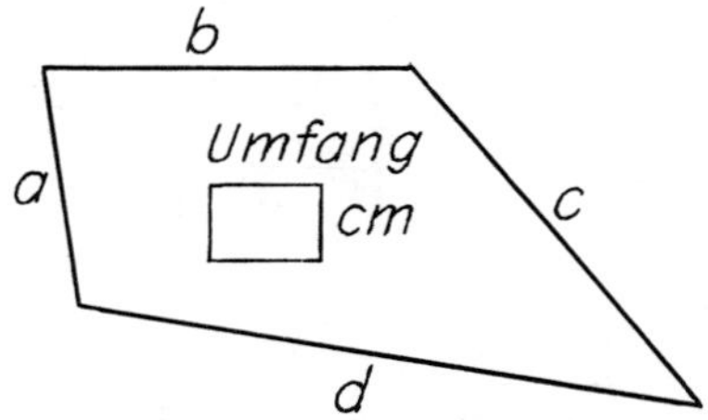

a [ ] cm

b [ ] cm

c [ ] cm

d [ ] cm

Umfang = a + b + c + d

(4) Verkürze jede Strecke um 4 cm!

a)

[ ] cm − 4 cm = [ ] cm

b) usw.

(5) Bestimme den Unterschied!

a) [ ] cm

b) [ ] cm

c) [ ] cm

d) [ ] cm

usw.

a−b = [ ] cm a−d = [ ] cm

c−b = [ ] cm c−d = [ ] cm

Ich zeige, was ich kann	LZ 7

Siebte Lernzielkontrolle: Messen, Rechnen bis 100

Name: ______________________ Datum: ____________

1 Miß mit dem Lineal und zeichne rot ein!

8 cm ├──────────────────

11 cm ├──────────────────

2 Wie weit ist es von A nach B?

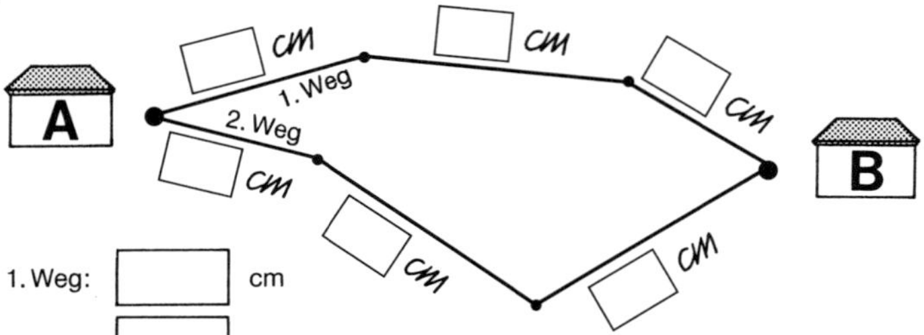

1. Weg: ☐ cm

2. Weg: ☐ cm

3 a) Verlängere die Strecke um 4 cm!

├──────────────┤– – – – –

☐ cm + ☐ cm = ☐ cm

b) Verkürze die Strecke um 3 cm und rechne!

├──────────────────┤

☐

4 Martina schätzt, daß die Schnur vor ihr 90 cm lang ist.
Beim Nachmessen sagt sie:
„Ich habe 12 cm zu viel geschätzt."

Frage: ______________________

Rechnung:

Antwort: ______________________

5

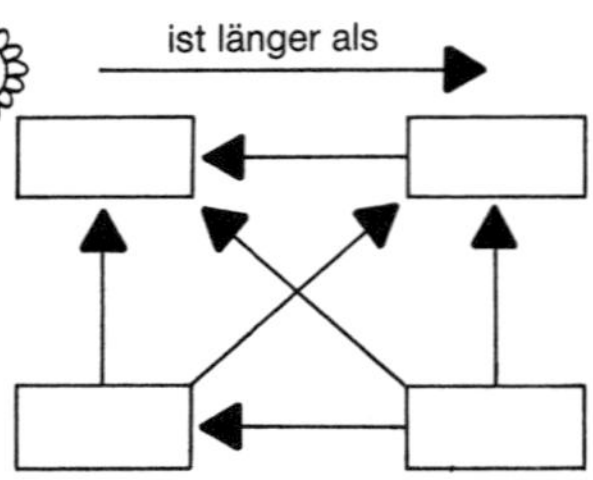

Trage richtig ein:

1 m	1 cm	10 m	10 cm

Du hast von 14 Punkten ☐ Punkte erreicht. Arbeitszeit: Etwa ☐ Min.

______________ gesehen

(6) Miß und schreibe Malaufgaben auf!

5 · □ cm = □ cm

usw.

(7) Miß die Strecken und teile sie in gleiche Teile ein!

2 gleiche Teile

□ cm = 2 · □ cm

usw.

Siebte Lernzielkontrolle (LZ 7, S. 170)

Aufgabe	Anforderung	Lösungen für DIN-A4-Format	Bewertungsvorschlag	
1	leicht		2 × 1 P.	2 P.
2	leicht	1. Weg: 4 cm + 5 cm + 3 cm = 12 cm 2. Weg: 3 cm + 5 cm + 5 cm = 13 cm	4 × ¼ P. 4 × ¼ P.	2 P.
3	leicht	a) 6 cm + 4 cm = 10 cm b) 11 cm − 3 cm = 8 cm	4 × ¼ P. 4 × ¼ P.	2 P.
4	gehoben	Frage: Wie lang ist die Schnur? Rechnung: 90 cm − 12 cm = 78 cm oder: [78] cm + 12 cm = 90 cm Antwort: Die Schnur ist 78 cm lang.	1 P. 2 P. 1 P.	4 P.
5	schwierig	1 cm ← 10 cm ↑ ⤧ ↑ 1 m ← 10 m	4 × 1 P.	4 P.
			Summe	14 P.

Grundlegende Ziele erreicht: richtiges Lösen der Aufgaben 1, 2, 3 und 4 (wenigstens teilweise), etwa 8 Punkte

Weiterreichende Fähigkeiten: mindestens 12 Punkte

Susi kommt aus dem Badezimmer und ruft aufgeregt: „Mutti, Mutti, weißt du eigentlich, wieviel Zahncreme in einer Tube ist?“ – „Nein, mein Kind.“ – „Aber ich weiß es: Fast drei Meter!“

7. Sachrechnen

7.1 Didaktische Hinweise

Die meisten Aufgaben in der Praxis sind „eingekleidete“ Aufgaben, wie z. B.: Max würfelt 6, dann 5 und 3.“ Dabei geht es um das *Anwenden und Üben von Rechenoperationen.* Die Zahlen sind beliebig austauschbar, ein echtes Sachproblem besteht nicht. Viele Aufgaben haben mit der täglichen Umwelt der Kinder nur wenig zu tun.
Das *„neue“ Sachrechnen* fordert deshalb, Anregungssituationen zu schaffen und konkrete Anlässe im Schulleben zu nutzen.
Beispiele: Die Vorbereitung von Festen erfordert den Kauf von Getränken und Eßwaren, das Schätzen des Verzehrs, das Berechnen des Gesamtpreises usw. Auch Kochen und Backen werfen lebensnahe Rechenfragen auf wie das Umrechnen von Mengen und den Einkauf. Mitgebrachte Verpackungsmaterialien (Zahnpastaschachteln, Cremedosen, Marmeladengläser usw.) mit aufgeklebten Preisschildern fordern zu Preisvergleichen auf. Aus Spielzeugkatalogen können Wunschzettel zusammengestellt und der Gesamtpreis berechnet werden. Preistafeln von Geschäften, Schwimmbädern und Kinos, Fernsehprogramme sowie Ferienkalender schaffen wenigstens fiktive Problemsituationen aus der kindlichen Umwelt. Durch solche Aufgaben des täglichen Lebens sollen die Kinder erfahren, daß Sachrechnen in der Schule eine Hilfe zur Bewältigung der eigenen Realität ist.
Für das zweite Schuljahr ergeben sich bei realen Alltagssituationen jedoch häufig folgende *Probleme:*
- Der bekannte Zahlbereich wird überschritten, z. B. bei den vorherrschenden Kommabeträgen bei Preisen.
- Die benötigten mathematischen Begriffe fehlen, z. B. Rechenoperationen oder Größen wie Gewichte.

So läßt sich das „neue“ Sachrechnen mit seinen Forderungen nach *Umwelterschließung, Realitätsbezug, Anwendungsorientiertheit, Kreativität und fächerübergreifendem Lernen* nur begrenzt realisieren. Doch strebt der Unterricht nicht nur das Erschließen der Welt in Zahlen an, sondern auch das Anbahnen schlußfolgernden Denkens. Und dieses kann nur durch gezielte und systematische Unterrichtsarbeit erreicht werden.

Anforderungen an eine Sachaufgabe

Sachlicher Aspekt	Der Sachverhalt (Handlung, Geschehen, Zustand) muß kindgemäß, lebenswahr oder zumindest lebensnahe sein und muß im Einklang mit pädagogischen Intentionen stehen (z. B. Gesundheitserziehung, keine Rollenklischees). Auch Humor ist nicht verboten!

Sprachlicher Aspekt

Sachaufgaben können als zusammenhängender Text dargeboten werden, als Stichworttext oder in einer Kombination von Bild und Sprache. Im Blick auf schlechte Leser muß der Text kurz, aber prägnant sein.
Verständliche Texte zeichnen sich durch folgende Merkmale aus:

- *Einfachheit* (kurze, einfache Sätze, geläufige Wörter, anschaulich, konkret)
- *Gliederung und Ordnung* (folgerichtig, übersichtlich, Unterscheiden von Wesentlichem und Unwesentlichem, sichtbarer „roter Faden“, Anordnung der Sätze in der Reihenfolge des Handlungsablaufes)
- *Kürze und Prägnanz* (sowohl zu knappe als auch weitschweifige Texte sind ungünstig)
- *Stimulanz* (sparsamer, aber gezielter Einsatz von lebendigen, interessanten Details, die zum Mitdenken anregen)

Mathematischer Aspekt

Die aus dem Text abzuleitenden Rechenoperationen müssen bekannt sein. Anfangs wird nur mit eingliedrigen Sachaufgaben gearbeitet. Durch die Arbeit an sog. „Grundmustern“, an gleichartigen Aufgaben, wird allmählich ein Gespür für den Zusammenhang zwischen Sache, Sprache und Operation entwickelt. Verschiedene grafische Darstellungsformen unterstützen die Einsicht in diesen Zusammenhang.

Rechnerischer Aspekt

Beim Sachrechnen wird Rechenfertigkeit vorausgesetzt und angewendet. Bei zu geringer Rechenfertigkeit einzelner Schüler dient das Legen mit Stäben oder mit Geld und das Zeichnen als Rechenhilfe.

Überblick über mathematische Strukturen und das Rechnen mit Größen

Im zweiten Schuljahr wird die Grundlage für späteres, erfolgreiches Sachrechnen geschaffen. Deshalb sind planmäßig einfache Sachverhalte mit elementaren Denkschritten „durchzuarbeiten“. Dabei wird auch ein erstes Repertoire von einfachen Fachbegriffen erworben. Beispiele für „Grundmuster“:

○ *Additive Strukturen*

Sachgebiet Kaufen

[Preis 1] ⊕ [Preis 2] ⊜ [Gesamtpreis]

Ausgabe 1 ⊕ Ausgabe 2 ⊜ Gesamtausgabe

Frau Winter kauft für ihre Tochter Schlittschuhe um 52 DM und Schoner für 13 DM. (Wieviel kostet das zusammen? Wieviel muß sie bezahlen? Wieviel Geld gibt sie aus?)

Vorhandener Betrag (Haben) ⊖ Ausgabe 1 ⊜ übriger Restbetrag

Frau Winter hat 100 DM dabei. Sie kauft Schlittschuhe um 52 DM. (Wieviel Geld hat sie übrig? Wieviel Geld bekommt sie zurück? Wieviel Geld bringt sie wieder mit nach Hause?)

Preis 1 ⊖ Preis 2 ⊜ Preisunterschied

Im Sportgeschäft kosten die billigsten Schlittschuhe 69 DM. Im Kaufhaus sieht Frau Winter die gleichen Schlittschuhe für 52 DM. (Wie groß ist der Preisunterschied? Um wieviel sind die Schlittschuhe im Kaufhaus billiger?)

Haben ⊕ Fehlbetrag ⊜ gewünschter Betrag

Sandra hat 35 DM gespart. Sie möchte sich Schlittschuhe um 52 DM kaufen. (Wieviel Geld fehlt ihr noch? Um wieviel Geld muß sie ihre Eltern bitten? Wieviel Geld muß sie sich von ihrer Schwester leihen?)

Sachgebiet Messen von Längen

Länge 1 ⊕ Länge 2 ⊜ Gesamtlänge

Katrin hat 14 m weit geworfen. Steffi hat 13 m weiter geworfen.

Gesamtlänge ⊖ Länge 1 ⊜ Restlänge

Schreinermeister Wurm sucht nach einer passenden Leiste. Er sägt von einer 80 cm langen Leiste genau 67 cm ab.

Sachgebiet Zeit

Alter 1 ⊖ Alter 2 ⊜ Altersunterschied

Frau Fröhlich ist 46 Jahre alt. Ihre Tochter ist 13 Jahre alt.

Zeitpunkt 1 — +/− Zeitspanne — Zeitpunkt 2

Abfahrtszeit — + Fahrzeit — Ankunftszeit

Familie Urlaub fährt um 10.30 Uhr mit dem Zug in NN ab. Die Zugfahrt dauert 2 Std. und 15 Min. Wann kommt die Familie in XY an?

Fahrdauer ⊖ Pause ⊜ reine Fahrzeit

Familie Radler macht einen Radausflug. Sie ist zweieinhalb Stunden unterwegs. Dazwischen hat sie eine Dreiviertelstunde Pause gemacht. Wie lange ist sie mit dem Rad gefahren?

○ *Multiplikative Strukturen*

Einzelpreis ⊙ Stückzahl ⊜ Gesamtpreis

Ein Müsliriegel kostet 50 Pf. Frau Grün kauft 6 davon.

Länge eines Stücks ⊙ Stückzahl ⊜ Gesamtlänge

Herr Nummix will sein quadratisches Grundstück einzäunen. Eine Seite ist 21 m lang. Wie viele Meter Maschendraht muß er kaufen?

Zu jeder additiven und multiplikativen Struktur gibt es wenigstens zwei *Umkehrungen:*

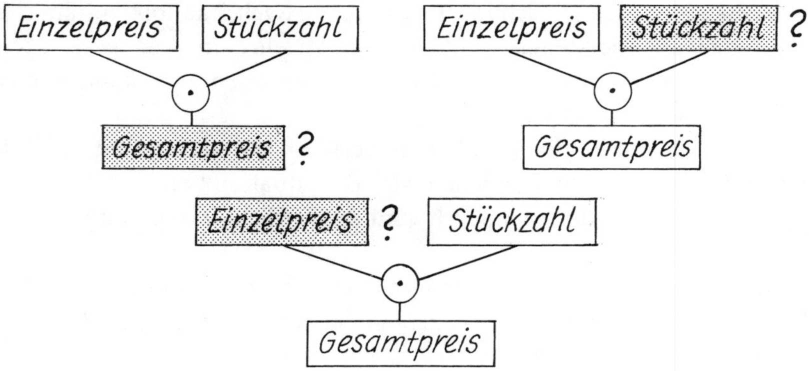

Wurde im Unterricht eine Struktur bearbeitet, sind auch die Umkehrungen, die Erweiterungen (z. B. mehr als zwei Zahlen zusammenzählen bzw. wegnehmen) und die Kombination mit anderen Strukturen zu erarbeiten (mehrgliedrige Aufgaben), z. B.:

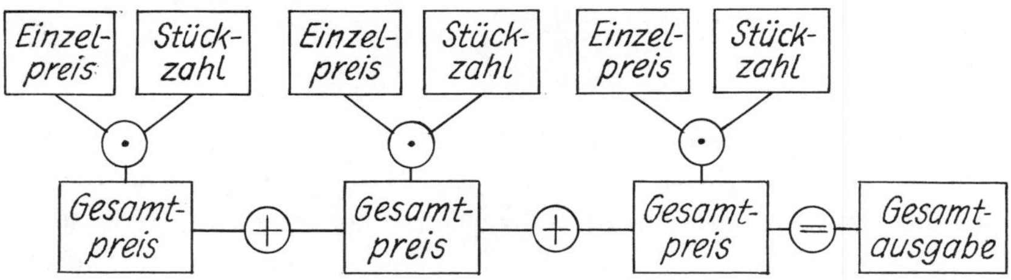

Im Schulalltag notiert!
Es war folgende Sachaufgabe selbständig zu lösen:
„Für den Urlaub kauft Frau Meier 1 Paar Wanderschuhe um 48 DM und einen Rucksack um 14 DM.“ Lösung eines Kindes:
Frage: Wie lange dauert der Urlaub? Rechnung: 48 – 14 = 34. Antwort: Der Urlaub dauert 34 Tage. (mitgeteilt von einer Kollegin)

7.2 Methodische Hinweise

Bereiche der Unterrichtsarbeit

Text und Fragen

– *Text verkürzen:* Durch farbiges Unterstreichen von Zahlen und Stichwörtern (entsprechende Farben auch beim grafischen Darstellen verwenden!) wird Wesentliches hervorgehoben. Möglichst häufig werden die Kinder aufgefordert, sich Rechengeschichten auszudenken, die beim Aufschreiben verkürzt werden. Dabei erfahren die Kinder den Unterschied zwischen einer breit geschilderten Sachsituation und einer prägnanten „Rechengeschichte".

– *Text verlängern:* Damit sich die Kinder in die Sachsituation einfühlen können und sie besser verstehen, können sie umgekehrt eine knappe Rechengeschichte ausführlicher erzählen oder szenisch darstellen. Dies kann eine Hilfe zum Finden der Frage sein.

– *Rechengeschichten verändern:* Durch Auslöschen und Ersetzen der Zahlen in einem Text oder auch in Tabellen wird die Situation beibehalten, aber die Zahlen werden verändert. Dadurch wird die Einsicht in die Aufgabenstruktur gefestigt.

Umgekehrt kann auch die Situation verändert werden, während die Zahlen beibehalten werden, z. B. beim Gegenüberstellen verschiedener Rechenoperationen mit gleichen Zahlen.

– *Fragen formulieren:* Die Kinder suchen zu einer Rechengeschichte mehrere verschieden formulierte Fragen. Dabei wird ihr Text- und Aufgabenverständnis geschult. Oft können in den Fragen Signalwörter unterstrichen werden, die auf die Operation hinweisen, z. B.: Wieviel kostet alles zusammen? Nach und nach sollten auch schwierige Wörter wie „insgesamt, je, pro Person" u. ä. im Unterricht geklärt werden.

Grafische Darstellung

Beim Sachrechnen ist damit nicht die anschauliche Darstellung von Zahlen gemeint, sondern die Darstellung eines Strukturschemas, um die Operation simultan zu erfassen. Die eigenständige Darstellung setzt das Erfassen der Aufgabenstruktur voraus. Doch das gemeinsame Erarbeiten einer grafischen Darstellung ist ein günstiger Anlaß, die Aufgabenstruktur zu analysieren. Im zweiten Schuljahr haben sich folgende Darstellungsweisen bewährt:

Rechenplan (oft als „Rechenbaum" bezeichnet, obwohl ja bekanntlich ein Baum von unten nach oben „wächst" – was hier nicht der Fall ist)

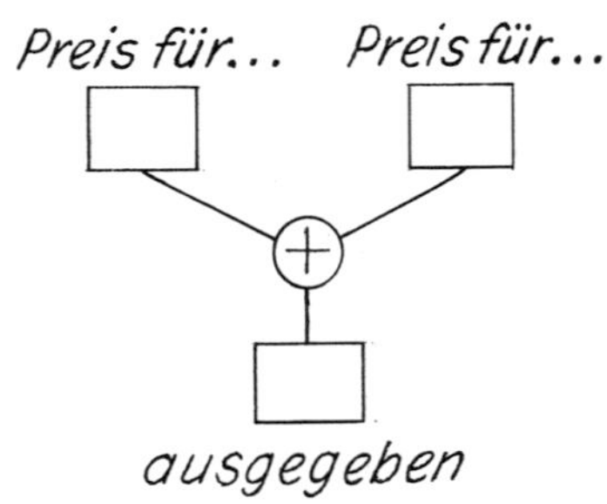

Blockdiagramm

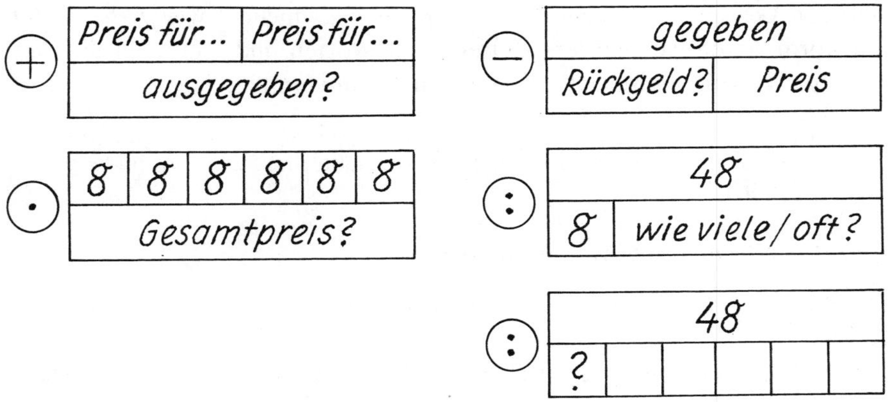

„Rechnung“ (Gleichung, Ansatz)

Bereits beim gemeinsamen Suchen und grafischen Darstellen von möglichen Lösungswegen werden verschiedene Wege erörtert und verglichen, von denen nun die richtigen schriftlich fixiert werden. Die zu errechnenden Zahlen werden durch Leerstellen gekennzeichnet. (Die „Rauskommzahl“ sollte nicht als Ergebnis bezeichnet werden. Denn das Gleichheitszeichen ist kein Ergebniszeichen, sondern besagt, daß die Größen zu beiden Seiten gleichwertig sind. Gerade wenn die zu errechnende Zahl nicht am Ende steht, ist die Einsicht in den ruhenden Charakter der Operation und das Verständnis der Gleichung als Termumformung wichtig.)
Schließlich überprüfen wir, ob die gefundene Rechnung richtig ist: Überprüfe, ob wir *alle Zahlen aus der Rechengeschichte* in der Rechnung verwendet haben!
Um die Rechensituation zu verdeutlichen, formulieren wir, was zu berechnen ist, und lassen den sachlichen Hintergrund weg, z. B.: Ich ziehe von der Zahl ... die Zahl ... ab und rechne den Rest aus.

Ausrechnen (Rechentechnik)

Wiederum werden nach Möglichkeit verschiedene Rechenwege gesucht und im Hinblick auf vorteilhaftes Rechnen miteinander verglichen. Teilrechnungen können mit einem „Kästchen“ optisch zusammengefaßt werden, so daß die operativ zusammengehörigen Teile deutlich werden, z. B. $25 - \boxed{7 + 2 + 5 + 1} = \square$
Verwendete Größen, wie z. B. DM, sind beim Ansatz (wie auch bei der Antwort) immer mitzuschreiben.
Nach dem Ausrechnen wird das Ergebnis überprüft, z. B. mit Hilfe eines anderen Rechenweges oder der Umkehraufgabe.

Antwort

Um den Gesamtzusammenhang zur „Rechengeschichte“ wieder herzustellen, formulieren wir mehrere treffende Antworten und schreiben die Antwort auf, die die gestellte Frage g e n a u beantwortet.

(Vgl. dazu Kriegelstein, Alfred: Die schulpraktische Umsetzung des operativen Prinzips bei der Bearbeitung von Sachaufgaben. In: Blätter für Lehrerfortbildung 1979/ Heft 1, S. 4 ff.)

Lernstufen beim Lösen von Sachaufgaben

(1) *Erfassen der Sachsituation* (für den Schüler formuliert: Rechengeschichte)
Hilfen: Lehrererzählung veranschaulicht durch reale Dinge, Bilder, Wortkarten usw., Bildergeschichten oder Einzelbilder (auch mit Sprechblasen), Texte (Tafel, Folie, Arbeitsblatt, Buch), Spielszene oder Hörspiel
Beispiel: Martina will sich ein Heft kaufen. Ein Heft kostete bisher 65 Pf. Jetzt ist es um 15 Pf teurer. Martina bittet die Eltern um Geld.
- Freie Aussprache zum Sachverhalt und Äußern eigener Erfahrungen
- Mündliche Wiedergabe des Textes mit eigener Formulierung
- Nachspielen der Situation: Ein Kind bittet die Mutter/den Vater um Geld.
- Anfertigen einer Situationsskizze zum Fixieren der Angaben, z. B.:

- Nacherzählen der Rechengeschichte aus dem Gedächtnis
- Farbiges Markieren der Angaben im Text

(2) *Erfassen der Rechensituation*
- Erörtern möglicher Fragestellungen: Wieviel kostet das Heft jetzt? Wieviel muß Martina jetzt für das Heft bezahlen? Wie hoch ist der Preis jetzt? ...
- Fixieren einer exakten Frage
- Erörtern von Lösungswegen
- Fixieren der Operation (Unterstreichen von „Signalwörtern“ im Text)
- Zeichnen eines Rechenplanes (mit den gegebenen Zahlen und Stichwörtern)
- Fixieren des Ansatzes (für den Schüler formuliert: Aufgabe)

(3) *Ausrechnen und Überprüfen*
- Erörtern möglicher Rechenwege
- (Umkehraufgabe zur) Kontrolle

(4) *Formulieren der Antwort*
- Aus mehreren möglichen Antworten die die Frage treffende auswählen

(5) *Variation des Sachverhalts*
- Zuordnung neuer Zahlen zum gleichen Sachverhalt (Zahlen ändern)
- Zuordnung eines neuen Sachverhalts zu den gegebenen Zahlen (z. B. an der Tafel Text löschen, die Zahlen bleiben stehen: Wer kann eine neue Rechengeschichte erzählen?)
- Ändern der mathematischen Struktur, z. B. 65 Pf + □ = 80 Pf
  □ + 15 Pf = 80 Pf
  (Wer kann zu diesen Aufgaben eine Rechengeschichte erzählen?)

Um bei den Kindern eine Lösungsstrategie zu entwickeln, wird jeweils eine Variante schwerpunktmäßig erarbeitet. Auf der Grundlage vieler einfacher Modellaufgaben entwickeln die Kinder allmählich ein Gespür für sachliche und mathematische Zusammenhänge. So ist das Lösen von eingliedrigen Aufgaben die Grundlage für später zu lösende, mehrgliedrige Aufgaben. Die logische Schrittfolge Frage – Rechenplan – Rechnung – Antwort ist auch beim Aufschreiben konsequent zu beachten.

Differenzierung

Nach der intensiven Lernarbeit an Modellaufgaben erfolgt das Sichern und Üben an vergleichbaren Aufgaben und die Zusammenschau mit schon vor längerer Zeit erarbeiteten Aufgaben. Beim Differenzieren verfolgen wir vor allem *zwei Ziele:*
Einmal sollen Kinder mit Lernschwierigkeiten so gefördert werden, daß sie wenigstens einfache Sachaufgaben selbständig lösen können. Zum andern sollen Kinder mit weiterreichenden Fähigkeiten Gelegenheit erhalten, ihre Fähigkeiten auch an schwierigeren, mehrgliedrigen Sachaufgaben zu erproben. Solch zusätzliche Übungsblätter sollten auch Hilfen zum selbständigen Bearbeiten anbieten, wie z. B. *Übungsblatt* ÜB 14, S. 180.

7.3 Unterrichtspraktische Gestaltung

Ziele
- Analysieren einfacher Rechengeschichten
- Formulieren von passenden Rechenfragen
- Finden und Begründen geeigneter Rechenwege
- Beantworten der Rechenfrage
- Selbständiges Anwenden des Lösungsschemas
- Darstellen von Sachzusammenhängen als Rechengeschichten

Ich löse eine Rechengeschichte ganz allein — ÜB 14

Name: ______________________ Datum: ______________

Knicke zuerst bei ① das Blatt um!

> Frau Glück kauft für ihren Sohn Peter zum Geburtstag einen Zauberkasten um 38 DM und ein Zauberbuch. Zusammen muß sie 51 DM bezahlen.

Wenn du nicht weiterkommst, falte ① auf und knicke bei ② um!

① ?? ①

1. Hilfe

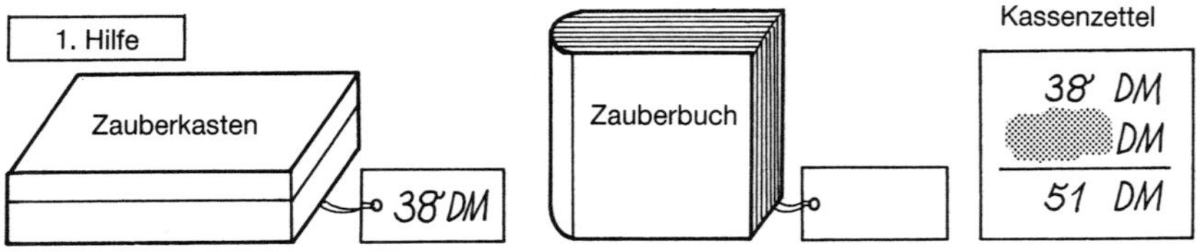

Findest du nun die Frage allein? Wenn nicht, falte ② auf und knicke bei ③ um!

② ?? ②

2. Hilfe

Frage: *Wieviel kostet das Zauberbuch?*

Findest du nun die Rechnung allein?
Beachte: Zusammen muß Frau Glück 51 DM bezahlen.

③ ?? ③

3. Hilfe

Rechnung: 38 DM + ☐ DM = 51 DM

Umkehraufgabe:

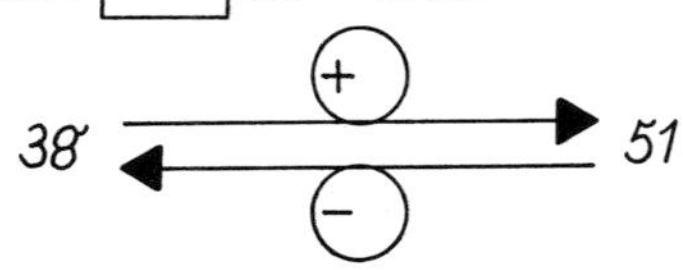

Rechenplan

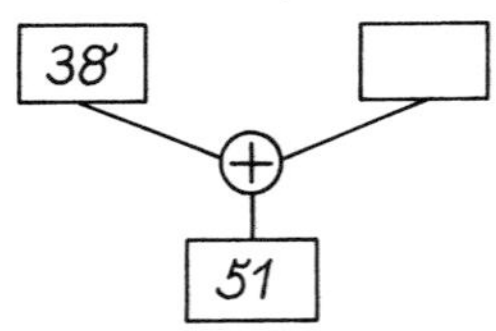

Nun noch ausrechnen und die Antwort aufschreiben!

④ ?? ④

4. Hilfe

Antwort: ____

Das Zauberbuch kostet 13 DM.

Materialien
① Folie und Tageslichtprojektor
② Wortkarten, Aufgabenkarten
③ Folie, Tageslichtprojektor, fünf Plättchen
⑤ Für jedes Kind drei Schilder mit den Operationszeichen, Folie und Tageslichtprojektor
⑥ Folie und Tageslichtprojektor

① ***Wir suchen die richtige Antwort – Aufgaben mit Platzhaltern***
(Rechnen bis 20)

– *Folie/Tafelzeichnung:* Auf dem Jahrmarkt

Lehrerin: „Wer kann vorspielen und sagen, was Martin denkt?“ – Spielversuche von Kindern zum Erfassen der Situation.
Gemeinsames Erarbeiten einer passenden Rechengeschichte und Anschreiben an die Tafel:

Martin hat nur noch 15 Pf. Er möchte sich ein Los um 20 Pf kaufen.

– *Genaue Textauffassung:* Nach mehrmaligem lauten und stillen Lesen (Lies so oft, bis du die Rechengeschichte auswendig aufsagen kannst!) wird die Tafel zugeklappt, und die Kinder wiederholen den Text aus dem Gedächtnis.

– *Gemeinsames Erarbeiten und Anschreiben der Frage:*
Wie viele Pf fehlen Martin?
Rechnung: $\boxed{15\text{ Pf} + \square\text{ Pf} = 20\text{ Pf}}$ oder: $\boxed{20\text{ Pf} - 15\text{ Pf} = \square\text{ Pf}}$
Beim Formulieren der Antwort werden die Wörter der Frage verwendet, was durch farbiges Unterstreichen verdeutlicht wird:

Wie viele Pf	*fehlen* Martin?
Martin	*fehlen* 5 Pf.
In der Antwort verwenden wir die Wörter der Frage.	

Hefteintrag (Tafelanschrift):
Anschließend erzählen die Kinder selbstausgedachte Rechengeschichten zu

der Frage „Wieviel Geld fehlt?“ (auch mit DM) oder spielen sie vor. Die anderen Kinder nennen Rechnung und Antwort (auf das Einhalten des Schemas achten!). Die von den Kindern genannten Aufgaben können in einer Tabelle an der Tafel festgehalten werden:

Das Kind hat	Wieviel Geld fehlt?	Preis	Rechnung
15 Pf	□ Pf	20 Pf	15 Pf + □ Pf = 20 Pf
...			

– Analog wird zu folgenden Aufgabentypen gearbeitet: Sonja hatte vorher 15 Pf. Sie kauft sich eine Rose aus Papier. Nun hat sie nur noch 10 Pf. ... Wie viele Pf hat Sonja ausgegeben? / Wieviel hat die Rose gekostet?

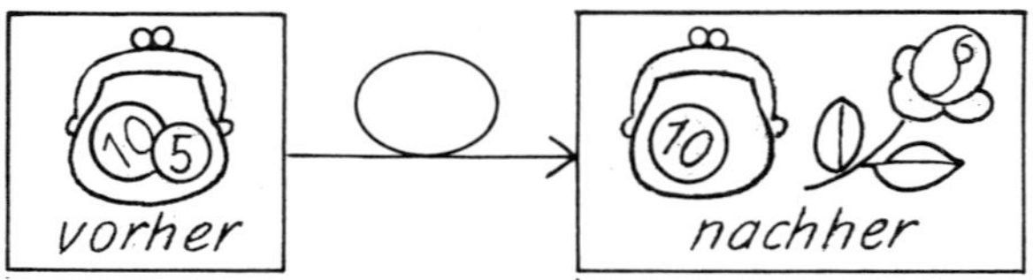

Tabelle:

vorher	ausgegeben Preis	nachher	Rechnung
15 Pf	□ Pf	10 Pf	15 Pf − □ Pf = 10 Pf
...			

Florian gibt von seinem Geld 7 Pf für einen Luftballon aus. Dann hat er noch 12 Pf. ...
Wie viele Pf hatte Florian vorher?

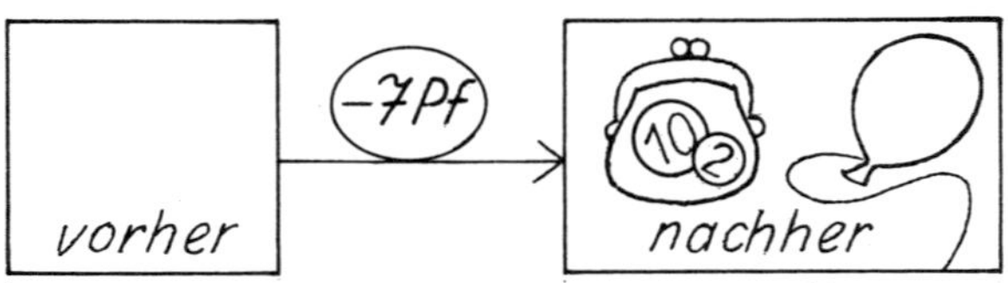

vorher	ausgegeben Preis	nachher	Rechnung
□ Pf	7 Pf	12 Pf	□ Pf − 7 Pf = 12 Pf
...			

② ***Wir zeichnen einen Rechenplan*** (Rechnen bis 20)

– *Kopfrechnen:* Addieren und Subtrahieren bis 20 mit Zehnerübergang

– *Tafelanschrift:* Die Reitschule von Frau Sommer hat 6 Ponies und 9 Stuten.
Laut lesen, Begriff „Stute" klären (Kinder zum Fragen auffordern), mehrmals still lesen, Wiedergabe aus dem Gedächtnis

– *Farbige Strukturierung des Textes:* Wir unterstreichen, was zum Rechnen wichtig ist:

6 Ponies (blau) 9 Stuten (grün)

Wir überlegen, was wir rechnen sollen (Äußerungen der Kinder):

und (rot)

Nun schreiben die Kinder Frage, Rechnung und Antwort auf ihren Block. Bei der gemeinsamen Nacharbeit wird der Rechenplan erarbeitet.

– *Tafelanschrift* (rot): Wie viele Pferde sind es zusammen? Schrittweise entsteht folgende Tafelanschrift mit Karten:

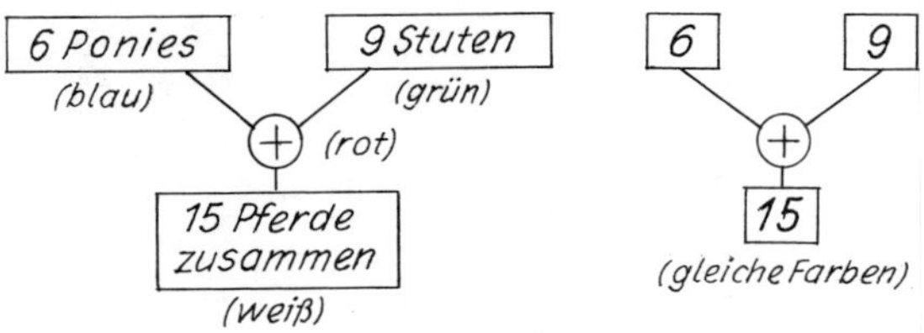

Lehrerin: „Der Rechenplan zeigt uns deutlich, wie wir rechnen. Wir brauchen den Rechenplan auch später bei schwierigeren Aufgaben."
Nun dreht die Lehrerin die blaue und die grüne Karte um und löscht das Ergebnis ab. Wer kann zu diesem Rechenplan die Rechengeschichte erzählen? – Ein anderer Reitstall, ein Bauer hat [8 Stuten] und [7 Hengste] ...

– Analog wird ein Beispiel für die *Subtraktion* erarbeitet: Der Reitstall „Hubertus" hat 15 Pferde. 7 Pferde werden verkauft.
Gemeinsames Erarbeiten von Frage, Rechenplan, Rechnung und Antwort (farbige Strukturierung und Antwortschema beachten!).

Tafelanschrift:

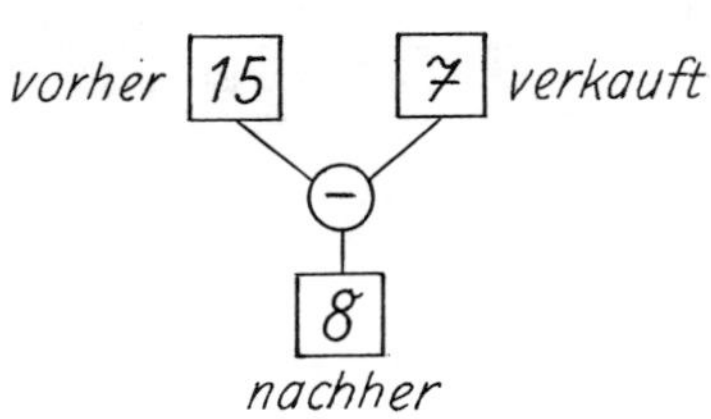

Rechenpläne

ÜB 15

Name: ______________________ Datum: ____________

1 Im Stall von Herrn Berger stehen 8 Braune und 3 Rappen.

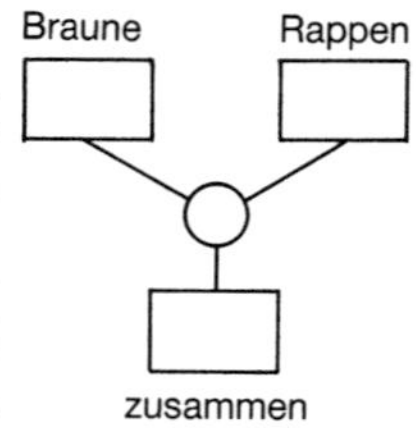

Frage: ______________________

Rechnung: ______________________

Antwort: ______________________

2 Frau Faber hat 15 Pferde. Sie will 8 Pferde verkaufen.

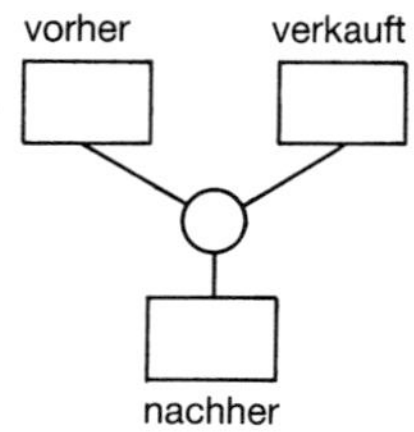

Frage: ______________________

Rechnung: ______________________

Antwort: ______________________

3 Das Pferd Max ist 17 Jahre alt. Moritz ist 9 Jahre jünger.

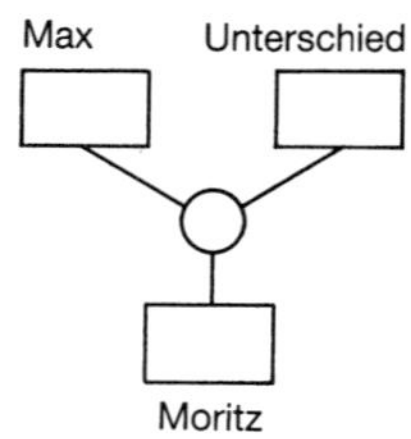

Frage: ______________________

Rechnung: ______________________

Antwort: ______________________

4 Der Reitstall „Reiterglück“ hat 15 Pferde.
6 Pferde sind im Stall, die anderen werden ausgeritten.

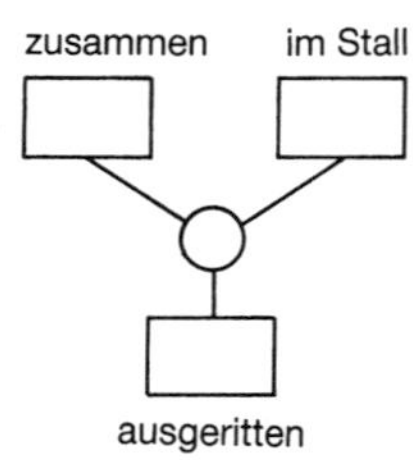

Frage: ______________________

Rechnung: ______________________

Antwort: ______________________

Fragenkiste:

Ⓐ Wie alt ist Moritz?	Ⓔ Wie viele Pferde stehen im Stall?
Ⓑ Wie viele Pferde will sie verkaufen?	Ⓕ Wie viele Pferde hat sie dann noch?
Ⓒ Wie viele Pferde haben sich verletzt?	Ⓖ Wie viele Pferde werden ausgeritten?
Ⓓ Wie viele Pferde hat er zusammen?	Ⓗ Wie alt ist Max?

Verwende in der Antwort die Wörter der Frage!

– *Bearbeiten von Übungsblatt* (ÜB 15, S. 184) in Einzelarbeit (sichere Rechner) oder mit Hilfe der Lehrerin: Die Kinder unterstreichen die Wörter im Text mit den bisher verwendeten Farben und rahmen die Kästchen im Rechenplan ebenso ein.

– *Vertiefung* der Arbeit mit Rechenplänen anhand von Zahlenrätseln
Lehrerin: „Ich denke mir eine Zahl. Meine Zahl ist um 4 größer als 9. Wie heißt meine Zahl?"
Selbständige Lösungsversuche: Die Kinder schreiben die Zahl auf den Block.
Gemeinsames Besprechen des Lösungsweges an der Tafel: „Um 4 „größer" heißt „plus 4".

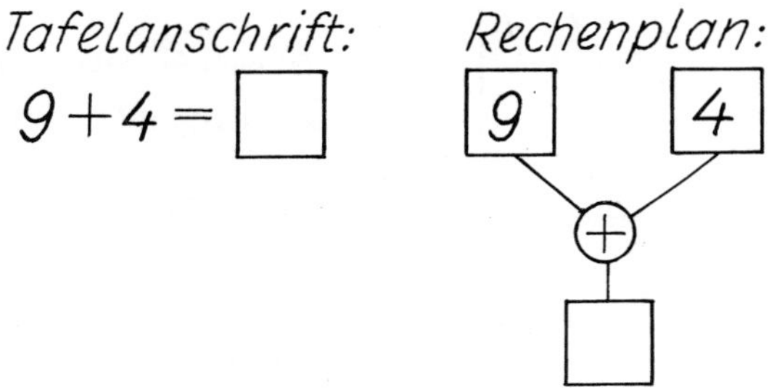

Mehrere Beispiele, auch mit Minus, werden gemeinsam an der Tafel gelöst.

– *Differenzierung:* Unsichere Rechner lösen einfachere Aufgaben, gute Rechner erhalten von der Lehrerin je eine Aufgabenkarte. Wer die Rechnung, den Rechenplan und den Namen des Kindes im Heft notiert hat, legt seine Karte auf einen vereinbarten Platz zurück und holt sich dort eine neue Karte.

Beispiele für Aufgabenkarten:

Zahlenrätsel	Karte 1
Tina: Meine Zahl ist um 7 kleiner als 12. Wie heißt meine Zahl?	

Zahlenrätsel	Karte 2
Katja: Wenn ich von meiner Zahl 9 wegnehme, ist das Ergebnis 6. Wie heißt meine Zahl?	

Zahlenrätsel	Karte 3
Thomas: Wenn ich zu meiner Zahl 8 dazuzähle, ist das Ergebnis 15. Wie heißt meine Zahl?	

③ ***Formulieren von Rechengeschichten zu Bildern***
(Addieren und Subtrahieren von Zehnerzahlen)

– *Folie* zeigen und Plättchen auflegen:

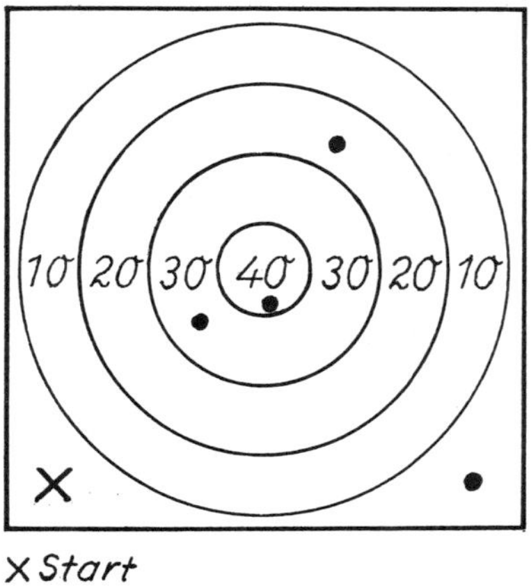

Nach den ersten Kinderäußerungen wird, auf diesen aufbauend, gemeinsam eine „Rechengeschichte" formuliert und an die Tafel geschrieben, z. B.:

Max läßt Plättchen auf eine Scheibe springen. Er trifft 20, 30 und 40. Wie viele Punkte bekommt er?

Die *offene Aufgabenstellung* läßt jedoch weitere Fragestellungen zu: Wie viele Punkte hätte er höchstens erreichen können? Wie viele Punkte hat er „verschenkt"?

(Vgl. Engel, Bernhard/Erichson, Christa: An der Sache rechnen. In: Die Grundschule 1978/Heft 4, S. 178)

– Anschließend versucht ein Kind, die vier Plättchen mit einem fünften auf die Scheibe zu schnipsen. Dabei erhebt sich vermutlich die Frage: Wie zählen wir die Punkte aus, wenn das Plättchen nicht im Ring, sondern auf der Kreislinie liegt?
Vorschlag: Angerechnet wird die Zahl des Ringes, in dem „fast das ganze" Plättchen liegt. Geht die Linie in etwa durch die Mitte des Plättchens, werden 15 bzw. 25, oder 35 Punkte angerechnet.

– Da das Schnipsen für die Kinder sehr reizvoll ist, sollte jeder eine Zielscheibe bekommen (Arbeitsblatt). Wenn möglich, sollte die Lehrerin den Anlaß für *geometrisches Lernen* nutzen. Dazu bringen Lehrerin und Kinder runde Gegenstände in verschiedenen Größen mit (Pappteller, Bierdeckel, Deckel von Waschmitteltrommeln usw.). Sie werden frei zugänglich ausgelegt. Jeder holt sich einen Gegenstand als Schablone, umfährt ihn auf dem Blatt, legt die „Schablone" wieder zurück und holt den nächsten Gegenstand.

Damit die Kreise möglichst konzentrisch werden, wird mit dem größten Kreis begonnen. Dies sollten die Kinder im Gespräch selbst herausfinden. (Wie können wir die Kreise möglichst gleichmäßig zeichnen?)
Beim Schnipsen kann dann jeder seine erreichten Punkte aufschreiben.
Zum Schluß schreibt jeder nach dem Tafelbeispiel eine Rechengeschichte für ein anderes Kind auf, das diese Aufgabe löst und wieder zurückgibt (Block).
Beispiel:

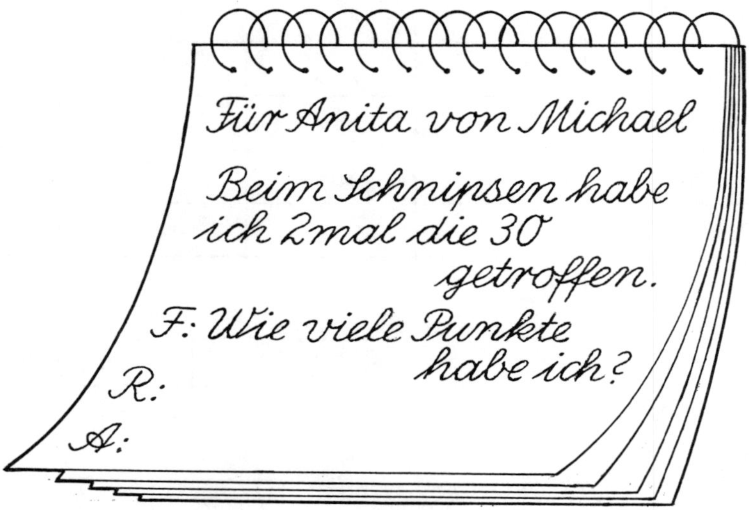

④ ***Wir suchen die Rechenfrage*** (Addieren und Subtrahieren von ZE-Zahlen mit Zehnerübergang)

– In *Weiterführung* von ③ suchen die Kinder zu einem Bild Rechengeschichten mit der passenden Frage. Solche „Schaufensterbilder" lassen sich aus Katalogen selbst herstellen und mit Preisen beschriften. *Übungsblatt* ÜB 16, S. 189 bietet so viele Möglichkeiten, daß man beinahe eine ganze Woche damit arbeiten kann. Vor der gelenkten Arbeit sollte auf jeden Fall die eigenständige Auseinandersetzung der Kinder stehen.

Aufgabenbeispiele:
- *Zeichnen des Geldbetrages* zu jedem Preisschild
- *Ordnen der Preise* nach der Größe: 3 DM ... 89 DM
- *Erstellen einer Auswahlliste:* Was würdest du für 50 DM, 70 DM, 100 DM kaufen?
- *Berechnen des Gesamtpreises* von vorgegebenen Einkäufen anhand einer *Tabelle:*

	Tina 80 DM	Jan 100 DM	Heike 90 DM	...
Eisenbahn				
Burg			×	
Puppe	×			
Fußball				
Laster		×	×	
Ritter			×	
Spielesammlung		×		
Auto-Looping		×		
Feuerwehrauto	×			
...				

Tina: 68 DM + 8 DM = 76 DM
Tina muß 76 DM bezahlen.

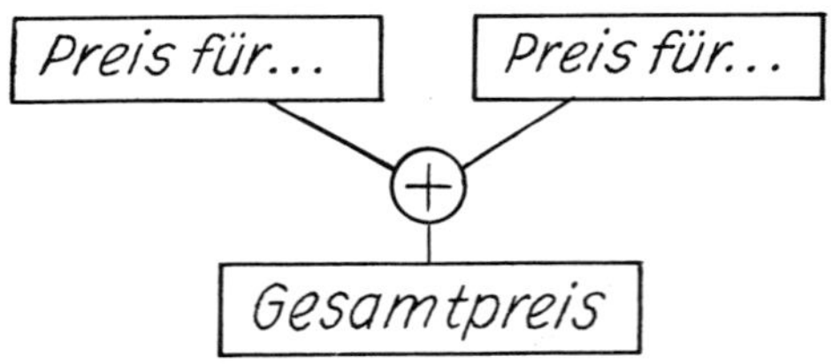

- *Berechnen des Rückgeldes:*
  80 DM − 76 DM = 4 DM
  Tina bekommt 4 DM zurück.
- *Ausverkauf:* Alles ist um die Hälfte billiger!
  Die Eisenbahn kostet nun 44 DM.

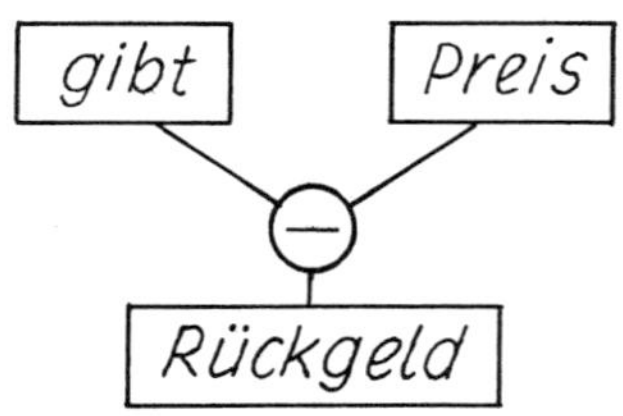

- *Gemeinsames Bearbeiten* von *Übungsblatt* ÜB 16, S. 189:
  Abdecken der Fragenkiste und der übrigen Aufgaben mit zwei Heften; Lesen von Aufgabe 1. Zur Klärung des Sinnzusammenhangs „spielt" ein Kind den Michael und läßt ihn sprechen. Dabei *Tafelanschrift:*

60 DM	6 DM	(TA1)
zusammen?		(TA2)

(TA2 nach dem Erarbeiten der Frage)

Wir suchen die Rechenfrage	ÜB 16

Name: ______________________ Datum: ______________

1

Michael kauft die Burg und drei Ritter.

☐ ______________________________________ ?

2

Susi kauft die Puppe und ein Puppenkleid. Sie muß 80 DM bezahlen.

☐ ______________________________________ ?

3

Frau Mai kauft die Rollschuhe. Sie bekommt 18 DM zurück.

☐ ______________________________________ ?

4

Herr Winter kauft das Feuerwehrauto. Er bezahlt mit einem 100-DM-Schein.

☐ ______________________________________ ?

Fragenkiste
kostet Puppenkleid? das Wieviel
er bekommt zurück? Wieviel
Wieviel alles zusammen? kostet
gegeben? hat Wieviel Geld sie

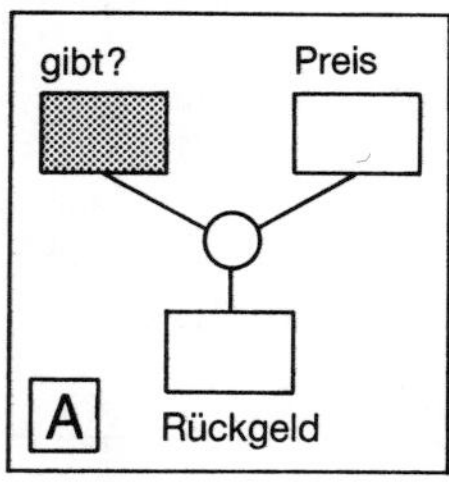

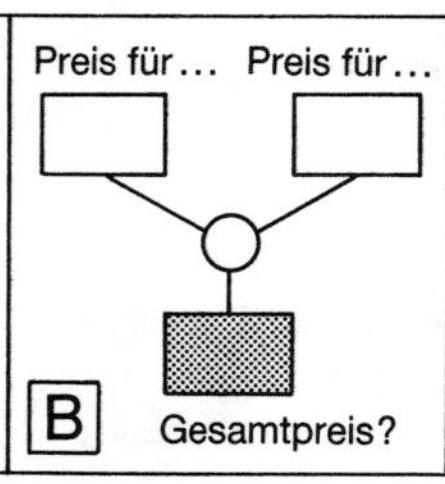

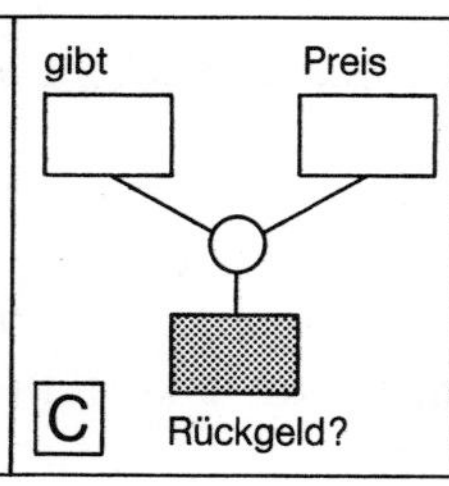

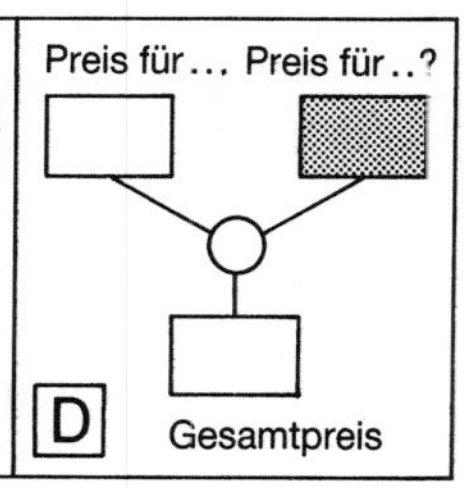

Wie heißt die Frage? Die Kinder schreiben sie auf den Block und lesen sie dann vor. Nachprüfen: Ist die Frage in der Fragekiste zu finden?
Tafelanschrift: Wieviel kostet alles zusammen?
Überlegen: Welche Wörter weisen auf die Rechnung hin? Unterstreichen der Wörter „und, zusammen"
Aufschreiben der Rechnung auf den Block und Vergleich mit der Tafelanschrift
Suchen des passenden Rechenplanes B und Eintragen der Zahlen. Sprechen: Der Preis für die Burg ist 60 DM. Der Preis für die drei Ritter ist 6 DM. Der Gesamtpreis (was alles zusammen kostet) ist 66 DM.
Formulieren und Aufschreiben der Antwort: Alles zusammen kostet 66 DM.
Verändern der Aufgabe: Wir setzen einen anderen Kindernamen ein und andere, auch nicht abgebildete Gegenstände. Dabei wird jeweils die gleichbleibende Fragestellung betont. Bei Aufgabe 1 und 4 genügen etwa zwei Beispiele, bei Aufgabe 2 und 3 werden etwa fünf analoge Beispiele gesucht.

– *Langfristiges Sichern:* Aufgaben aus dem Rechenbuch, von der Tafel oder auf Arbeitskarten lösen.

Zur Arbeit mit dem *Übungsblatt* ÜB 17, S. 191: Zuerst werden die Spalten Frage und Ergebnis umgeknickt. Die Kinder ordnen jeweils den zweiten Teil der Rechengeschichte durch Numerieren zu (genaues Lesen!). Dann wird Rechengeschichte 1 ausgeschnitten und ins Heft geklebt. Mit Bleistift schreibt das Kind Frage, Rechnung, Rechenplan und Antwort dazu. Das Kästchen mit der gesuchten Zahl wird jeweils farbig angeschummert. Dann wird Rechengeschichte 2 eingeklebt und bearbeitet. Usw. Wenn die zehn Rechengeschichten bearbeitet sind, werden die Fragen und die Ergebnisse auf dem Blatt entsprechend numeriert. Die Kinder können nun ihre eigenen Lösungen selbst überprüfen und berichtigen.

⑤ Rechengeschichten mit Malaufgaben

– *Tafelanschrift:*

(1) Familie Lustig geht in den Zirkus. Herr Lustig kauft 5 Eintrittskarten. Eine Eintrittskarte kostet 6 DM.

Stilles Lesen und Wiedergeben des Textes bei zugeklappter Tafel; Spielen der Szene an der Kasse (Herr Lustig – Kassiererin). Wir unterstreichen im Text, was wichtig ist, und zeichnen:

Rechengeschichten-Puzzle

ÜB 17

Name: ______________________ Datum: ____________

Rechengeschichte		Frage	Ergebnis
Andrea hat 32 Tierbilder gesammelt. 1	13 Fotos sind leider nicht gelungen.	Wieviel kostet der Polizist?	6
In Barbaras Fotoalbum sind 59 Fotos. 2	Zum Geburtstag bekommt er noch viele geschenkt. Nun hat er 90 Briefmarken.	Wie viele Autos hat sie geschenkt bekommen?	30
Oliver sammelt Tierfiguren. Onkel Dieter schenkt ihm noch 4. 3	Sie bekommt von den Eltern 40 DM und von der Oma 20 DM.	Wie viele Tierbilder hat sie nun zusammen? 1	23
Sonja hat 36 Fotos geknipst. 4	Von ihren Freundinnen bekommt sie zum Geburtstag so viele Autos, daß sie nun 71 hat.	Wie viele Briefmarken hatte sie vorher?	14
Eine Kasperpuppe kostet 23 DM. 5	Bei der Verlosung auf Petras Geburtstagsfeier gewinnt sie 9 Tierbilder. 1	Wie viele Briefmarken hat er verloren?	29
Anna wünscht sich ein Kaspertheater. Es kostet 89 DM. 6	Nun hat sie noch 75 Briefmarken.	Wie viele Fotos hat sie eingeklebt?	19
Michael hat 60 Briefmarken. 7	Nun hat Oliver 39 Figuren.	Wie viele Fotos sind gelungen?	95
Von ihren vielen Briefmarken schenkt Karin 20 her. 8	Auf dem Weg zu seinem Freund verliert er einige. Später sieht er, daß er nur noch 73 Briefmarken hat.	Wieviel Geld fehlt ihr noch?	35
Sabine hat 55 kleine Autos gesammelt. 9	Der Polizist ist um 4 DM billiger als die Kasperpuppe.	Wie viele Figuren hatte er vorher?	16
Peter hat in seinem Album 87 Briefmarken. 10	Sie klebt ihre neuen Fotos ein. Nun sind 65 Fotos im Album.	Wie viele Briefmarken hat er geschenkt bekommen?	41

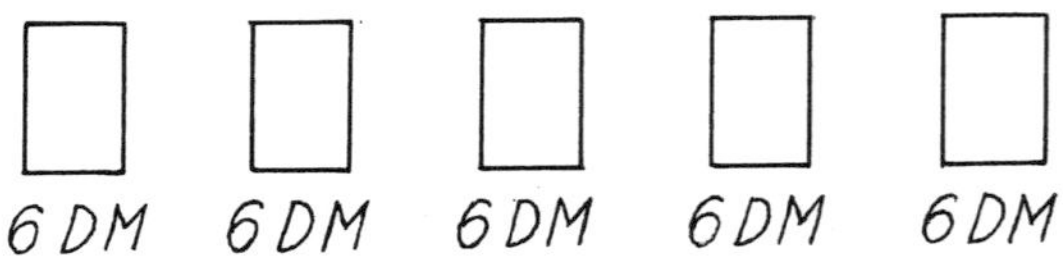

– Die Kinder schreiben die *Frage* auf ihren Block und lesen sie vor. An die Tafel werden alle Fragen geschrieben, die sinngemäß richtig sind, z. B.:

Wieviel muß Herr Lustig (insgesamt) bezahlen?
Wieviel kosten die 5 Eintrittskarten?
Wieviel Geld verlangt die Kassiererin?
Wieviel Geld gibt Herr Lustig für den Eintritt aus?
. . .

– *Suchen der Aufgabe:* Die Kinder haben drei Schilder vorbereitet:

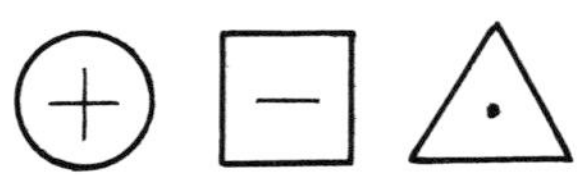

Sie legen eine Hand auf die Augen und halten mit der anderen das passende Schild hoch. Dabei kann die Lehrerin gut das Operationsverständnis der Kinder überprüfen.

– *Nennen der Aufgaben und Anschreiben:*
6 DM + 6 DM + 6 DM + 6 DM + 6 DM = □ DM
Wir schreiben kurz: 5 · 6 DM = □ DM
Problem: Das Einmalsechs haben wir aber noch gar nicht gelernt! – Wir rechnen im Kopf die Umkehraufgabe: 6 · 5 = 30

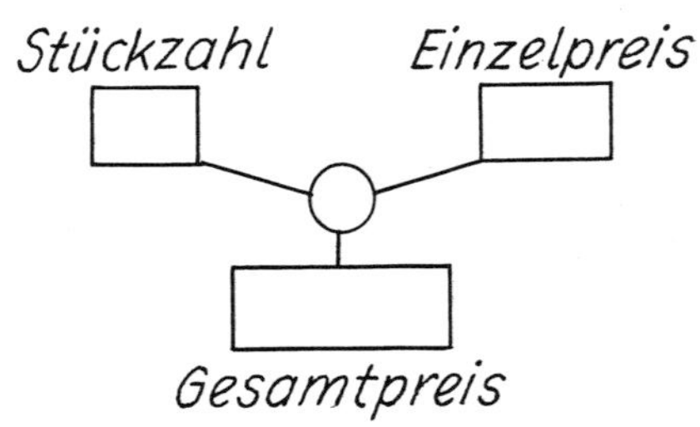

Die Kinder schreiben Frage, Malaufgabe, Rechenplan und Antwort ins Heft. Dabei können sie unter den angebotenen Fragen wählen. Die Antwort ist genau auf die Frage abzustimmen.

– *Lösen weiterer „Zirkusgeschichten“* (Tafelanschrift, Folie oder Arbeitsblatt)

(2) Die Artisten reiten auf 5 Elefanten herein. Auf einem Elefanten sitzen immer 4 Artisten.
(3) Es kommen 5 Zauberer herein. Jeder zaubert 3 Tauben aus seinem Hut.
(4) Der Clown jongliert mit roten, gelben und blauen Bällen. Von jeder Farbe sind es 3 Bälle.
(5) In der Pause darf sich jedes der drei Lustig-Kinder eine Zuckerwatte um 2 DM kaufen.
(6) Der Affe Fridolin wirft Luftballons ins Publikum. Er hat vier Stäbe, an die je 10 Luftballons gebunden sind.
(7) Zum Schluß darf jedes Kind auf einem Esel reiten. Ein Ritt kostet 50 Pf. Florian reitet zweimal, Tina viermal und die kleine Vroni einmal.
(8) Frau Lustig sagt: „Der Zirkusbesuch war ein teurer Spaß.“

– *Flexible Differenzierung:* Wer meint, er kann die Aufgaben allein lösen, arbeitet allein und setzt sich nach hinten. Die Kinder, die mit der Lehrerin arbeiten wollen, setzen sich auf die vorderen Plätze. Die Tafelanschrift oder Folie, die die Lehrergruppe gemeinsam erarbeitet, dient der anderen Gruppe zugleich zur Selbstkontrolle. Aufgabe 7 und 8 ist nur für die guten Rechner gedacht.

– *Mögliche Zusatzarbeiten:* Zu jeder Rechengeschichte ein Bild malen, selbst eine „Zirkus-Rechengeschichte“ erfinden und aufschreiben oder malen (auch mit Plus- oder Minusaufgaben).

– *Rechengeschichten mit Plus-, Minus- und Malaufgaben*

(1) Das Riesenrad hat 10 Gondeln. In jede Gondel passen 4 Personen. Alle Gondeln sind voll besetzt.
(2) Kasper ist traurig. Nur 10 Kinder und 4 Erwachsene schauen zu.
(3) Von seinen 10 DM gibt Dieter 4 DM für Ponyreiten aus.

Nach dem Lesen der drei Aufgaben legen die Kinder ihre „Operationskärtchen“ mit den Zeichen

in der richtigen Reihenfolge untereinander und suchen die passenden Aufgaben. Die „Signalwörter“ werden im Text farbig unterstrichen. Frage, Rechnung, Rechenplan und Antwort werden ins Heft geschrieben.

⑥ ***Rechengeschichten mit Geteiltaufgaben***

– *Tafelanschrift:* Im Blumengeschäft „Tausendschön“

(1) Flora macht aus 28 Rosen 4 gleich große Sträuße.	(2) Linda macht aus 48 Nelken Sträuße mit je 8 Nelken.

Nach dem Lesen wird die Frage gesucht:

Wie viele Blumen sind in jedem Strauß?	Wie viele Sträuße kann Linda binden?

Legen der beiden Aufgaben mit Stäben, Nennen und Lösen der Rechnungen. Da später die Sträuße ins Heft gemalt werden sollen, wird genau beschrieben: Flora macht aus den 28 Rosen 4 Sträuße mit je 7 Rosen. Linda macht aus den 48 Nelken 6 Sträuße mit je 8 Nelken.
Weil Geteiltaufgaben für viele Kinder ziemlich schwierig sind, werden sie angeleitet, sie mit der Malaufgabe zu überprüfen:

28 (:4) = 7, denn 7 (·4) = 28 48 (:8) = 6, denn 6 (·8) = 48

Im Anschluß an das Musterbeispiel suchen die Kinder weitere „Blumengeschichten“, die die Lehrerin an die Tafel schreibt. Wer eine Aufgabe von der Tafel im Heft gelöst hat, überlegt sich eine neue Aufgabe und schreibt sie auf den Block.

– *Malaufgaben oder Geteiltaufgaben?*

(1) Der Riese Albert kommt mit einem Schritt 8 m weit. Er macht 6 Schritte. (3) Albert marschiert 72 m mit 8-m-Schritten. (5) Nun geht Albert 36 m mit 4 Schritten.	(2) Der Zwerg Fridolin kommt mit einem Schritt 8 cm weit. Er macht 7 Schritte. (4) Fridolin trippelt 64 cm weit mit 8-cm-Schritten. (6) Fridolin macht 8 Schritte mit je 7 cm.
Ⓐ Wie viele Schritte macht er? Ⓑ Wie weit geht er? Ⓒ Wie groß ist ein Schritt?	Ⓐ Wie viele Schritte macht er? Ⓑ Wie weit geht er? Ⓒ Wie groß ist ein Schritt?

Nach dem Lesen der Aufgaben schreiben die Kinder die Fragebuchstaben und die zugehörigen Aufgabennummern auf den Block:
A 3, 4 / B 1, 2, 6 / C 5
Wir zeichnen zu den Fridolin-Aufgaben an die Tafel und sprechen dabei jede Aufgabe durch; z. B. *Aufgabe 2:* Wichtiges im Text unterstreichen (8 cm, 7 Schritte), Wiederholen der passenden Frage, Zeichnen, Rechnen und Formulieren der Antwort
Zum „Durchspielen“ der Aufgaben vom Riesen Albert gehen wir mit einem Maßband auf den Sportplatz, auf eine Wiese oder in eine ruhige Straße. *Aufgabe 1:* 7 Kinder stellen sich im Abstand von je 8 m auf. *Aufgabe 3:* Beim Aufstellen werden immer 8 m dazugezählt, bis wir bei 72 m sind. *Aufgabe 5:* Wir suchen die Hälfte von 36 und halbieren nochmals. Nun kennen wir die Schrittgröße, nämlich 9 m. Die Kinder stellen sich im Abstand von 9 m auf. Dann wird zu jeder Albert-Aufgabe mit Stäben gelegt (Partnerarbeit). Lösen der Aufgaben im Heft, unsichere Rechner arbeiten zusammen mit der Lehrerin.

– *Zahlenrätsel*
Heike: Wenn ich meine Zahl durch 5 teile, erhalte ich 7.
Thomas: Wenn ich meine Zahl mit 8 malnehme, erhalte ich 48.
Peter: Der fünfte Teil meiner Zahl ist 9.
Andrea: Das Fünffache meiner Zahl ist 20.

– *Eintrittspreise im Schwimmbad*

	Preistafel	
Einzel-karte	Erwachsene ermäßigt (Kinder, Schüler)	4 DM 2 DM
Fünfer-karte	Erwachsene ermäßigt	16 DM 8 DM
Zehner-karte	Erwachsene ermäßigt	28 DM 14 DM
Verkauf	Bademütze Handtuch	1 DM 3 DM

(Ggf. die Angaben auf örtliche Gegebenheiten abstimmen!) Klären der Begriffe Einzel-, Fünfer- und Zehnerkarte, Preisvorteile berechnen, Vergleichen der Preise für Erwachsene und Kinder.
Die Kinder denken sich selbst Rechengeschichten zur Preistafel aus. Geeignete Ideen werden an die Tafel geschrieben und durchgerechnet.

– *Weitere Rechengeschichten* auf einem Arbeitsblatt:

(1) a) Am Samstag geht Klaus mit seinen Eltern und seinem Bruder ins Bad.
b) Für Eis und Getränke gibt die Familie noch 12 DM aus. Frau Sonnenschein hat 40 DM mitgenommen.

(2) Im Juni hat Klaus neunmal eine Einzelkarte gekauft. Er sagt: Wenn ich gewußt hätte, daß das Wetter so schön wird, hätte ich Geld sparen können.

(3) Im Juli will er sich eine Fünferkarte kaufen. Er hat von seinem Taschengeld 3 DM gespart. Seine Mutter gibt ihm das fehlende Geld.

(4) Frau Sonnenschein schätzt, daß sie im Sommer etwa zwanzigmal zum Schwimmen gehen kann. Sie überlegt: Welche Karte soll ich mir kaufen?

(5) Klaus geht mit seiner Klasse ins Bad.
a) Die Lehrerin hat von der Klasse 36 DM Eintrittsgeld eingesammelt. Wie viele Kinder sind in der Klasse?
b) Die Lehrerin kauft für sich eine Einzelkarte. Wieviel muß sie an der Kasse bezahlen?
c) Sie bezahlt mit einem 100-DM-Schein.
d) Das Schwimmbecken ist 25 m lang und 12 m breit. Klaus schwimmt drei lange Bahnen. Sein Freund Peter schwimmt einmal ringsherum.

Lösen der Aufgaben in Einzelarbeit oder mit Lehrerhilfe (flexible Differenzierung).

– *Erkennen der Rechenoperation*

Je nach Fähigkeit wird *Übungsblatt* ÜB 18, S. 197 in Einzelarbeit oder zusammen mit der Lehrerin bearbeitet. Fertige Kinder denken sich weitere „Urlaubsgeschichten“ aus.

Lehrer: „Ein Haus hat fünf Stockwerke. Zu jedem Stockwerk führen 20 Stufen. Wie viele Stufen muß ich bis zum fünften Stockwerk hinaufsteigen?“ – Moritz: „Alle!“

Welche Rechnung paßt zu der Rechengeschichte? | ÜB 18

Name: ______________________ Datum: ______________

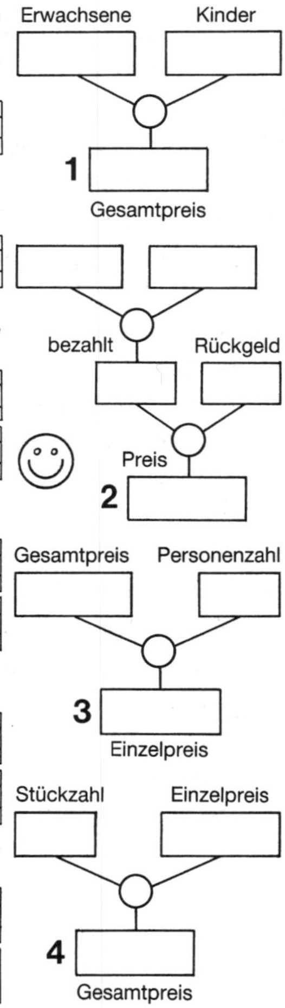

(1) Herr und Frau Urlaub machen mit ihren 3 Kindern Ferien auf einem Bauernhof. Die Übernachtung kostet für einen Erwachsenen 12 DM und für ein Kind 7 DM. Wieviel muß die Familie für eine Nacht bezahlen?

A: Sie ______________________

(2) Frau Urlaub tankt. Sie bezahlt mit zwei 10-DM-Scheinen und sieben 5-DM-Stücken. Sie bekommt zwei 2-DM-Stücke zurück. Wieviel hat das Benzin gekostet?

A: ______________________

(3) Herr Brunner, der Bauer, verleiht Pferde zum Reiten. Sandra, Sabine und Felix reiten eine Stunde. Frau Urlaub bezahlt für alle 27 DM.

F: ______________________

A: ______________________

(4) Im Gasthof „Zum Steinbock" ißt Familie Urlaub zu Mittag. Alle essen das Tagesgericht zu 8 DM.

F: ______________________

A: ______________________

(5) Felix will sich ein Eis um 80 Pf kaufen. Er bittet seine Schwester Sandra, ihm 16 Pf zu leihen.

F: ______________________

A: ______________________

(6) In den Ferien verknipsen die Eltern 2 Filme mit je 36 Bildern. 6 Fotos sind nicht gelungen.

F: ______________________

A: ______________________

Welche Aufgabe paßt? Schreibe die Nummer in den Kreis! 2 Aufgaben bleiben übrig!

- ◯ 27 DM : 3 = ☐ DM
- ◯ 3 · 8 DM = ☐ DM
- ◯ 2 · 12 DM + 3 · 7 DM = ☐ DM
- ◯ 24 DM : 4 = ☐ DM
- ◯ 5 · 8 DM = ☐ DM
- ◯ 2 · 36 − 6 = ☐
- ◯ 2 · 10 DM + 7 · 5 DM − 2 · 2 DM = ☐ DM
- ◯ ☐ Pf + 16 Pf = 80 Pf

8. Geometrische Grunderfahrungen

8.1 Didaktische Hinweise

Nicht selten fristet der Geometrieunterricht ein „Mauerblümchendasein" und wird formal nach der Vorgabe des Rechenbuchs „abgehandelt". Doch besteht das Ziel „nicht darin, daß Geometrie schnell in greifbare und ‚präzisierte' Lernziele umgemünzt wird. Es geht zuallererst darum, daß Kinder mit Linien, Flächen, Formen, Mustern umgehen und sie kennenlernen. Zu Präzisierungen ist später noch Zeit und Gelegenheit. Zunächst einmal muß ein fruchtbarer Boden für den weiteren Ausbau geschaffen werden". (*Floer* 1982, S. 75) Jedoch hat der Unterricht *nicht nur vorbereitende Bedeutung*, sondern durchaus auch eigenständigen Wert.
Denn Geometrie leistet einen wichtigen Beitrag zur *Umwelterschließung*. Wir sind umgeben von Linien, Flächen und Körpern in Natur, Architektur, Kunst und Technik sowie von geometrischen Aspekten in Alltagssituationen (z. B. Warum sind Räder rund? Warum verwendet man beim Bauen Quader und keine Kugeln oder Würfel? . . .). So regen Umwelterfahrungen geometrische Fragestellungen an, stiften grundlegende Allgemeinbildung und lassen die Geometrie in ihrer praktischen Nutzbarkeit erfahren.
Zweitens fördert Geometrieunterricht das *Denken*. In allen mathematischen Bereichen finden sich geometrische Aspekte. Diagramme, Skizzen und Schaubilder unterstützen das Lernen und erleichtern die Verständigung. Umgekehrt bietet die Geometrie wiederum Möglichkeiten zum Mathematisieren, Argumentieren, Problemlösen und zur Entfaltung der Kreativität. Denken ist in zentraler Weise vom Handeln im Raum abhängig, und zwar „im Sinne der Fähigkeit, mentale Manipulationen von Gegenständen durchführen zu können". (*Radatz/Schipper*, S. 140) Damit ist räumliches Handeln und Denken grundlegend für die *allgemeine Intelligenz*.
Schwerpunkte des Unterrichts im zweiten Schuljahr sind:
- *Aufbau des Raumverständnisses:* Geometrische Körper und ebene Figuren in der Umwelt aufsuchen, vergleichen (Gemeinsamkeiten, Ähnlichkeiten, Unterschiede) und darstellen (Modell, Zeichnung)
- *Entwickeln geometrischer Begriffe:* Eigenschaften von Körpern, Flächen und Linien, wie z. B. lang – kurz, gerade – nicht gerade, offen – geschlossen, eben – wellig, eckig (quadratisch–rechteckig–dreieckig) – rund, kugelförmig – würfelförmig . . .
- *Erfassen geometrischer Beziehungen*, z. B. von Lage (vorne – hinten, rechts – links, zwischen, neben, auf dem Rand, in der Mitte, innerhalb – außerhalb . . .), Richtung (nach links . . .), Linienverlauf (nebeneinander, sich kreuzend . . .) und Größenvergleichen (größer, länger als . . .)

- *Durchführen geometrischer Operationen:* Darstellen (Bauen, Legen, Falten, Zeichnen, Ausschneiden, Kneten...) und Handeln (Verschieben, Drehen, Umklappen, Zerlegen – Zusammensetzen, Vergrößern – Verkleinern, Vergröbern – Verfeinern, Spiegeln, Messen...); dabei *Einüben von Arbeitstechniken* (Umgang mit Zeichengeräten, sorgfältiges Zeichnen, Falten, Schneiden usw.).

Eigene Aufgaben zur *Topologie* erscheinen nicht nötig. Begriffe wie „offen, geschlossen, innen, außen..." lassen sich mühelos nebenbei in ihrer umgangssprachlichen Bedeutung klären (z. B. beim Basteln, bei Sport und Spiel), sofern sie nicht ohnehin schon bekannt sind. Eine mathematisch exakte Klärung dieser Begriffe ist auf dieser Altersstufe noch nicht möglich (der Begriff „offen" setzt in der mengentheoretischen Topologie das Verständnis für unendliche Mengen voraus!). „Die Hoffnungen auf eine bessere ‚Grundlegung der Geometrie' mit Hilfe der Topologie scheinen sich nicht erfüllt zu haben." (*Radatz/Schipper*, S. 143) Ein Vorgehen, das sich vorwiegend an mathematischer Systematik orientiert, erweist sich somit für die Grundschule als untauglich.

Die Lerninhalte lassen sich auch nicht in eine hierarchisch angeordnete Abfolge bringen und bilden keinen in sich geschlossenen Lehrgang. Es ist deshalb nicht sinnvoll, den arithmetischen Bereich durch einen „Geometrieblock" aufzulockern oder das Schuljahr damit zu beenden. Viel ergiebiger ist es, während des ganzen Schuljahres immer wieder geometrische Fragestellungen aufzuspüren und ihnen nachzugehen, und zwar nicht nur im Rahmen der Mathematik, sondern *in allen Lernbereichen*, also im Sachunterricht, beim künstlerischen Gestalten, im Rahmen von Textilarbeit und Werken und auch im Sport. Denn gerade diese Fächer liefern oft einen ungekünstelten Zugang zur Geometrie, der leider viel zu wenig genutzt wird. Zur Anregung seien einige *Möglichkeiten für Querverbindungen* genannt:

Sachunterricht

Mitgestalten von Festen: Falten von Servietten als Tischschmuck, Falten von Figuren als Geschenk oder für den Basar, Gestalten von Einladungskarten

Einkaufen: Betrachten und Herstellen von Verpackungen (Verkaufsstand)

Spielzeug: Vergleichen von Körperformen (Bausteine); Herstellen von „Knetbausteinen"; Erproben, welche Formen gut rollen; Vergleichen der Rollbahnen von Kugel, Walze, Kegel

Orientierung im Raum (Klassenzimmer, Turnhalle, Schulhaus): Angabe von Lage, Standort und Richtung

Textilarbeit/Werken

Weben: Verlauf von Linien, Betrachten und Entwickeln von Webmustern

Applikation und freies Sticken: Einfache Figuren zeichnen, ausschneiden und auf der Fläche anordnen, flächiges und lineares Gestalten beim Sticken
Werken mit Papier: Falten von Grundformen; Symmetrie bei Faltschnitten
Werken mit plastischen Stoffen: Kugeln (Köpfe) aus Pappmaché
Werken mit Metall: Entwerfen von Mustern beim Punzieren von Metallfolie

Kunsterziehung

Menschen und Dinge in Bewegung: Lustige Figuren aus Kreisen und Ovalen schrittweise aufbauen und mehrfaches Umlaufen jeder Form

(Vgl. Staatsinstitut für Schulpädagogik und Bildungsforschung: Empfehlungen zum Kunsterziehungsunterricht in der Grund- und Hauptschule. München 1989, S. 16)

Mit Stempeln drucken: Herstellen von Kartoffelstempeln (Grundformen), Gestalten von Reihen- und Flächenmustern, aus Grundfiguren neue Figuren entwickeln (Haus, Blume, Fisch usw.)
Betrachten von Bildwerken: Abstrakte Kunst, z. B. Vasarely

Sport

Grundeigenschaften der Bewegung: Unterschiedliche Bewegungen ausführen, z. B. Drehen, Kreisen, Strecken und Dehnen; Gehen und Laufen in verschiedene Richtungen (vor-, rück-, seitwärts) und in unterschiedlichen Formen (im Kreis, als Linie ...)

8.2 Methodische Hinweise

Viele geometrische Erfahrungen werden also außerhalb von „Geometriestunden" erworben. Umgekehrt sollte der gezielte Unterricht möglichst „viel Umwelt" einfangen und Tätigkeiten aufgreifen, die den Kindern Spaß machen. Damit die erworbenen Rechenfertigkeiten erhalten bleiben, sollten an Tagen mit Geometrieunterricht unbedingt kurze *Rechenphasen* zwischengestreut werden (Kopfrechnen, Lernspiele, auch Hausaufgaben). Erste Bausteine der Geometrie sind *vielfältige Handlungsmöglichkeiten*, die keineswegs immer nur im Gleichschritt von der gesamten Klasse durchgeführt werden müssen, sondern durchaus auch differenziert realisiert werden können mit Hilfe von Anregungen auf Arbeitsblättern oder Arbeitskarten.

- *Formen und Kneten:* Herstellen massiver Körper aus Knetmasse oder Schneiden aus einer Kartoffel (Warum können wir aus der Kartoffel keine Kugel schneiden?)
- *Herstellen von Hohlkörpern* (Würfel, Quader): Quadratische Bierdeckel oder rechteckige Pappstücke mit Klebeband an den Kanten verkleben; Schaschlikstäbe mit Knetkugeln an den Ecken zusammenbauen; Streifen aus Zeichenkarton an der Längsachse falten und zusammenkleben; zu Stangen gerollte Papierblätter aneinanderkleben.

- *Legen und Bauen*

- *Nachlegen von Figuren und Auslegen von Umrißfiguren mit Plättchen*
  Da das Umgehen mit den bereits im ersten Schuljahr verwendeten Plättchen für Kinder des zweiten Schuljahres oft nicht mehr so motivierend ist, wird das Tangramspiel empfohlen.

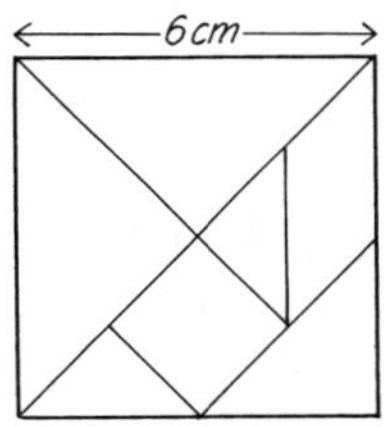

Nach dem Benennen der Teile (große, mittlere, kleine Dreiecke, Quadrat, Schiefeck) legen die Kinder selbständig, angeregt durch Arbeitskarten, und zeichnen gelegte Figuren durch Umfahren der Teile ins Heft.

Tangram — Karte 1

a) Lege nach!
b) Umfahre die Teile und zeichne ins Heft!
c) Schreibe den Namen des Tieres dazu!

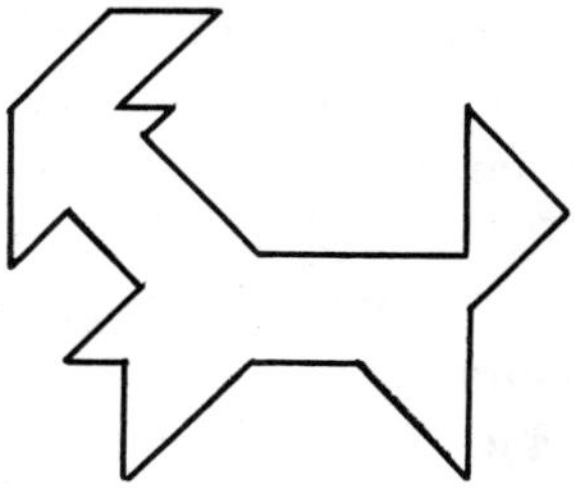

Tangram — Karte 2

Lege und zeichne ins Heft!
a) Lege aus allen sieben Teilen ein Haus!
b) Lege aus allen sieben Teilen ein Rechteck, dann ein Dreieck.
c) Welche Figuren kannst du aus sieben Teilen noch legen!

Tangram 3	Karte 3

Lege und zeichne ins Heft!

a) Lege aus den zwei großen Dreiecken ein Dreieck!
b) Lege mit den zwei großen Dreiecken ein Quadrat!
c) Lege mit dem Quadrat und den zwei kleinen Dreiecken ein Rechteck!
d) Lege mit den zwei kleinen Dreiecken und dem Schiefeck ein Rechteck!

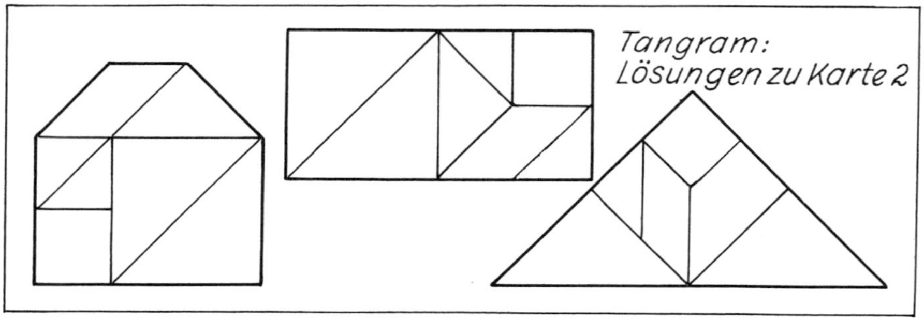

(Vgl. Schuster, Renate: Wir legen Figuren mit Teilen des Tangram-Spiels. In: Lehrerjournal/Grundschulmagazin Heft 11/1988, S. 24)

- *Bauen und Legen mit Cuisenaire-Stäben*

Legen mit Stäben	Karte . . .

a) Lege die Giraffe mit Stäben nach!
b) Aus wie vielen Einerwürfeln wurde die Giraffe gelegt? Rechne!

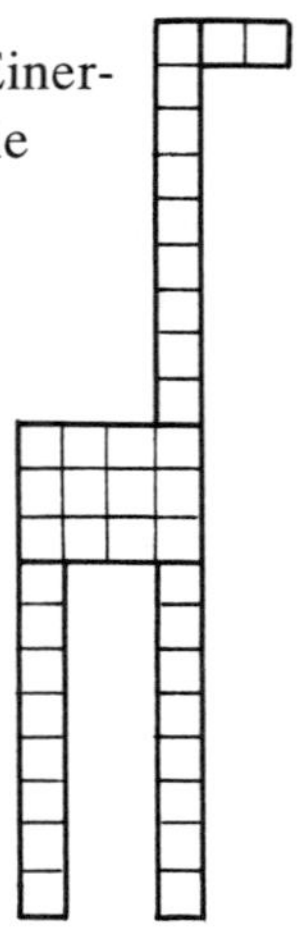

Legen mit Stäben	Karte . . .

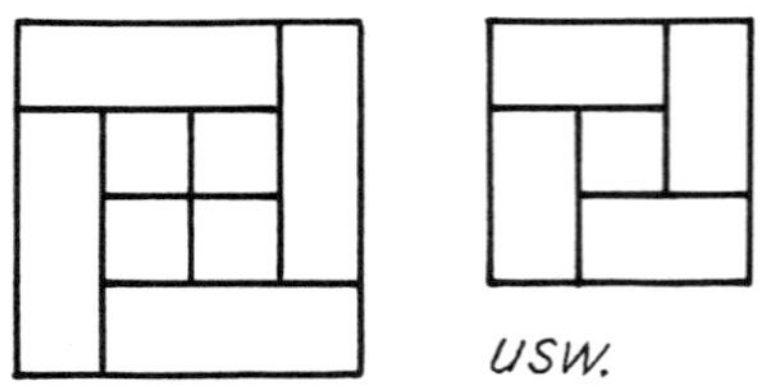

a) Lege mit Würfeln und Stäben immer größere Quadrate!
b) Zeichne die Quadrate ins Heft!
c) Wie viele Würfel hat jedes Quadrat?
Rechne so: $\boxed{4 \cdot 2} + 1 = \square$

Legen mit Stäben	Karte . . .

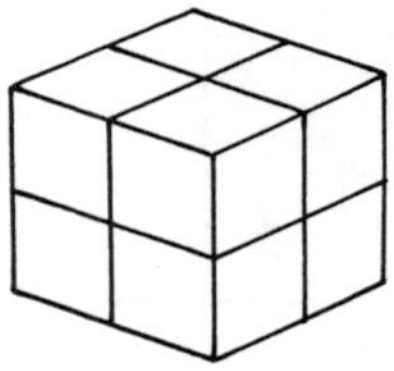

a) Baue verschieden große Würfel aus Einerwürfeln!
b) Wie viele Würfel hast du jeweils gebraucht? Wie viele Quadrate kannst du an jeder Seite sehen?
Schreibe so: Ein Würfel aus 8 kleinen Würfeln hat an jeder Seite 4 Quadrate

Lege mit Stäben	Karte . . .

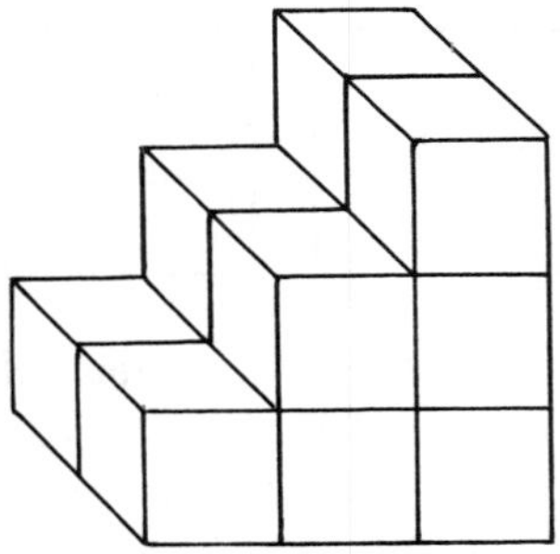

a) Baue nach! Wie viele Würfel hast du gebraucht?
b) Wie viele Quadrate siehst du?
Schreibe auf:

von vorne □	von hinten □
von oben □	von unten □
von links □	von rechts □

- *Legen von Formen mit gleich langen Stäben* (auch abgebrannten Streichhölzern u. ä.) oder mit Cuisenaire-Stäben
Quadrate und Rechtecke legen, z. B. ein Quadrat mit 8 (12) Stäben legen, zwei (drei) Quadrate mit 7 (10) Stäben legen, verschiedene Rechtecke mit 10 Stäben legen . . .
Einfache Streichholzaufgaben:

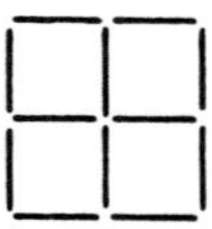

1. Ausgangsfigur

a) Nimm zwei Stäbe weg, so daß zwei Quadrate übrigbleiben.
b) Lege 3 (4) Stäbe um, so daß drei gleich große Quadrate entstehen!
c) Lege 4 Stäbe um, so daß drei Quadrate entstehen!

(vgl. b und c)

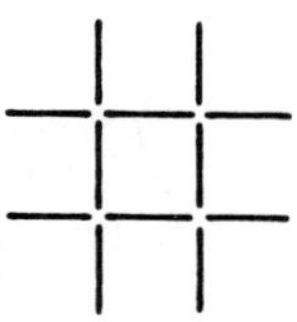

2. Ausgangsfigur

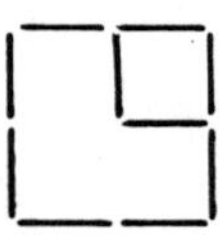

a)

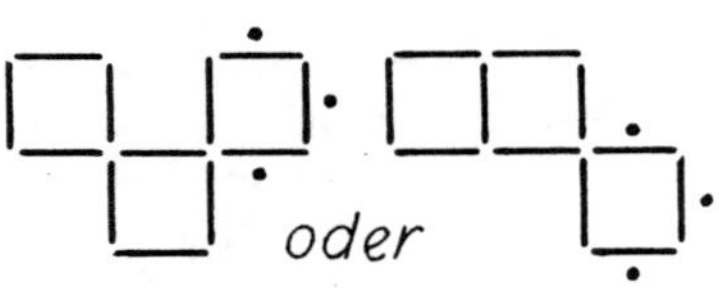

b)

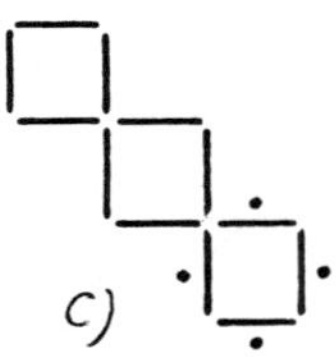

c)

– *Schneiden, Legen, Kleben*

- Jedes Kind zerschneidet *4 Postkarten* nach folgender Vorgabe (zuerst mit Lineal die Schnitte einzeichnen):

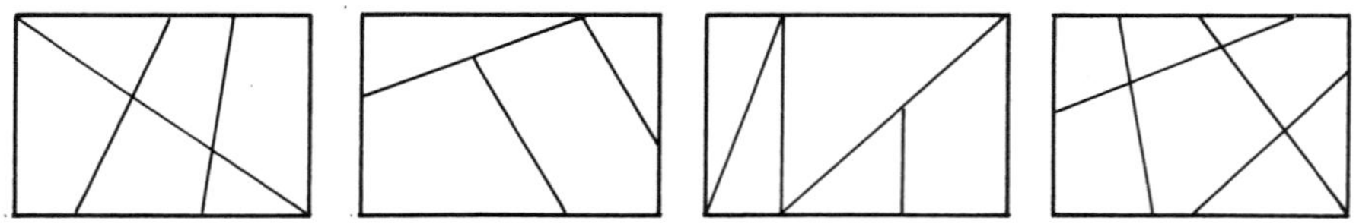

Dann sortiert jeder seine Teile nach der Anzahl der Ecken (Drei-, Vier-, Fünfecke). Schließlich werden die Teile der vier Postkarten in einen Briefumschlag gesteckt als *Puzzle für die Erstkläßler.*

- Die Kinder umfahren *runde Bierdeckel* auf Buntpapier und schneiden die Kreise aus, die zum Teil wiederum zerschnitten werden. Daraus werden dann Muster und Figuren gelegt, ins Heft geklebt und ggf. durch Zeichnen ergänzt (Glückwunschkarten!).

- *Knobelaufgaben* (Arbeitsblatt)
  a) Zerschneide jede Figur mit e i n e m geraden Schnitt so, daß du daraus ein Quadrat legen kannst!
  b) Schneide die sechs Figuren aus und lege sie zu einem Quadrat zusammen!

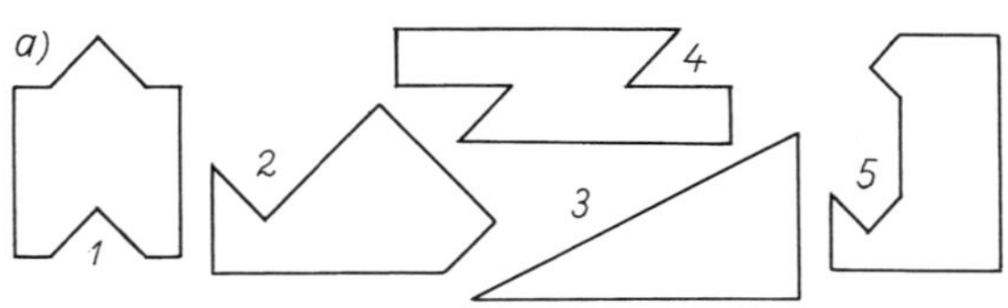

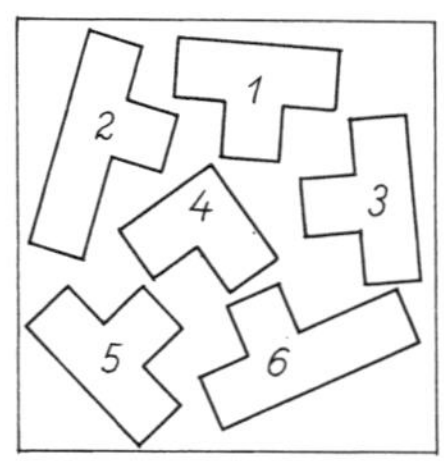

c) Zerschneide alle Figuren so, daß die Teile in dieses Rechteck passen!

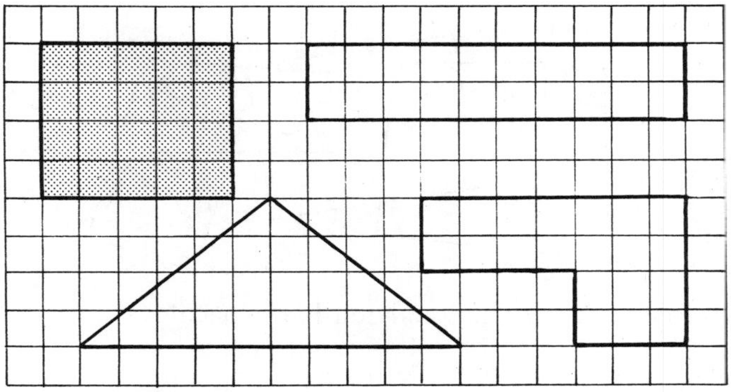

(aus: *Radatz/Schipper*, S. 154)

- *Legen und Aufkleben von stilisierten Figuren und Mustern aus Wollfäden*, angeregt durch folgende Verse:
  Legen am Tageslichtprojektor:

Der Faden

Ein Faden, so lang wie ein Strich,
lag da und langweilte sich:
„Was tu ich? Ich ringle mich!"
Er ringelte sich zur Spirale.
Und dann mit einem Male
machte er aus sich draus
eine Schnecke mit ihrem Haus.
Gib acht, was er jetzt macht:
Heidiwitzka, eine Acht!
Bald darauf eine Dickedull,
eine dicke, runde Null.
Dann noch mit viel Geschick,
einen Fisch, ein Meisterstück!
Nun dauert es nicht lange
und der Faden wird zur Schlange.
Dann . . .

(leicht verändert nach Baer, Ulrich, Hrsg.: Arbeitsblätter zur Spielpädagogik und Kulturarbeit, Köln o. J., S.11)

– *Zeichnen*

- *Erkennen und Färben von Grundformen*

(1)

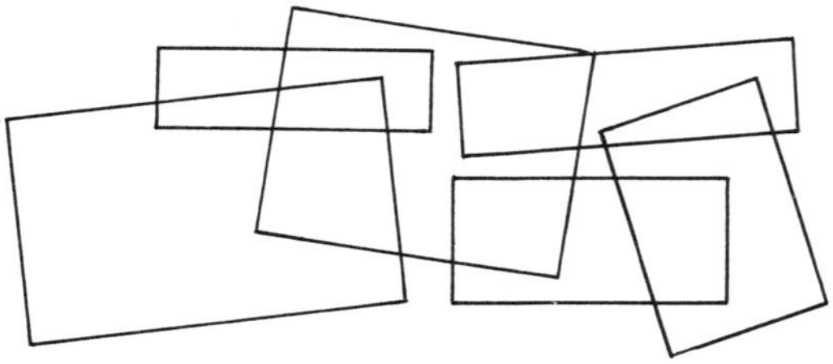

Ziehe jedes Rechteck mit einer anderen Farbe nach!

(2)

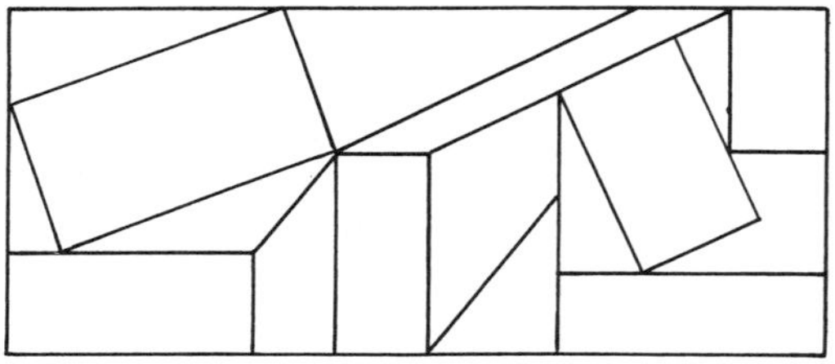

Male jedes Rechteck mit einer anderen Farbe aus!

(3)

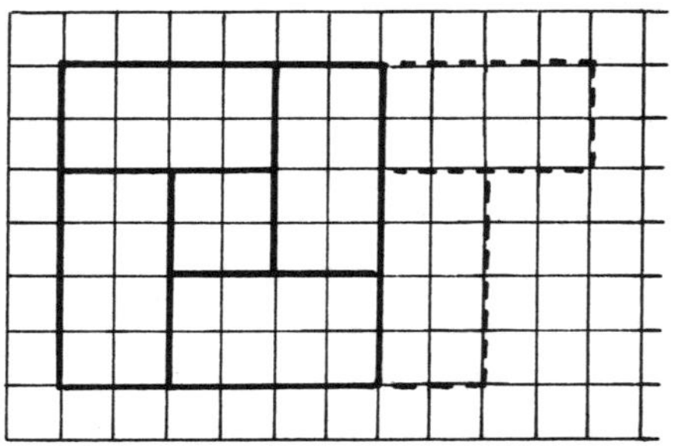

Bandmuster

a) Lege mit Stäben!

b) Zeichne mit dem Lineal eine Reihe ins Heft! Male die Quadrate gelb an und die Rechtecke so, daß gleiche Farben nicht aneinanderstoßen!

(4)

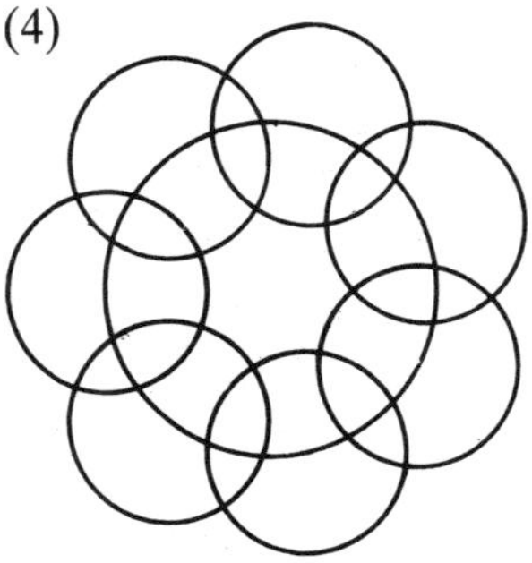

a) Wie viele Kreise sind es? Ziehe jeden Kreis mit einer anderen Farbe nach!

b) Zeichne mit Münzen ähnliche Kreisbilder!

(5)

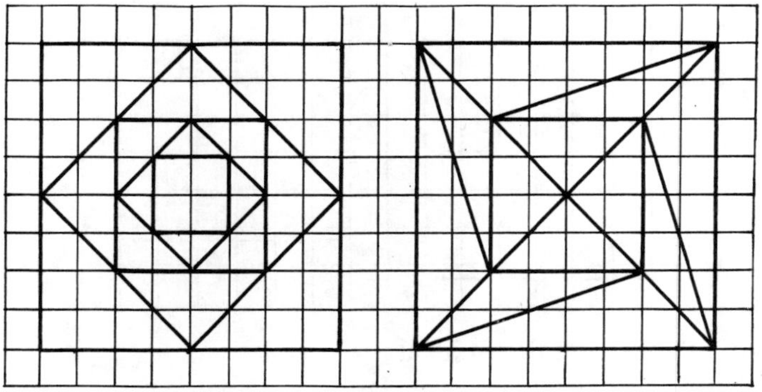

Quadrate im Quadrat Dreiecke im Quadrat

a) Zeichne zweimal die beiden Figuren ab!
b) Ziehe in einer Figur alle Quadrate nach, in der anderen die Dreiecke!
Schreibe auf, wie viele Quadrate und Dreiecke es jeweils sind!

(6)

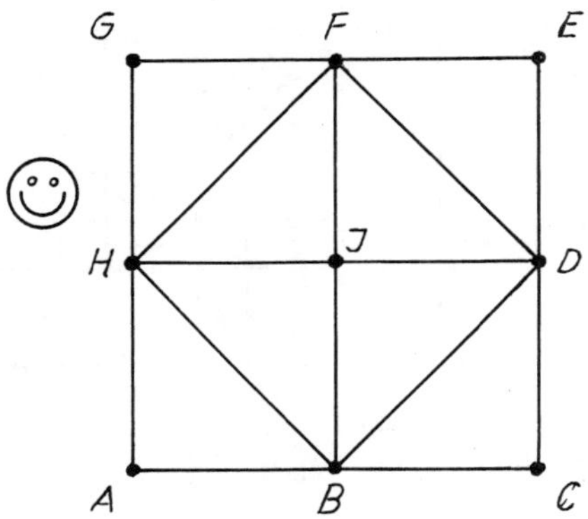

Welche Formen findest du?
Fahre mit dem Finger nach! Schreibe so: A C E G A Quadrat

- *Ergänzen und Zeichnen von Grundformen*

(1)

Zeichne mit dem Lineal fertig!

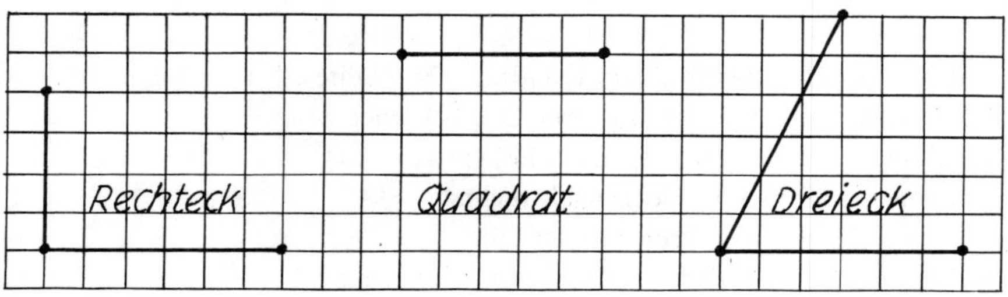

(2)

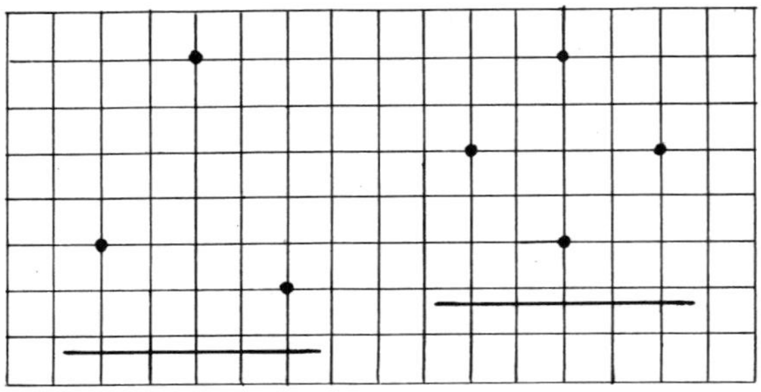

Verbinde die Punkte mit dem Lineal!
Schreibe den Namen der Form auf! (Dreieck, Quadrat)

(3)

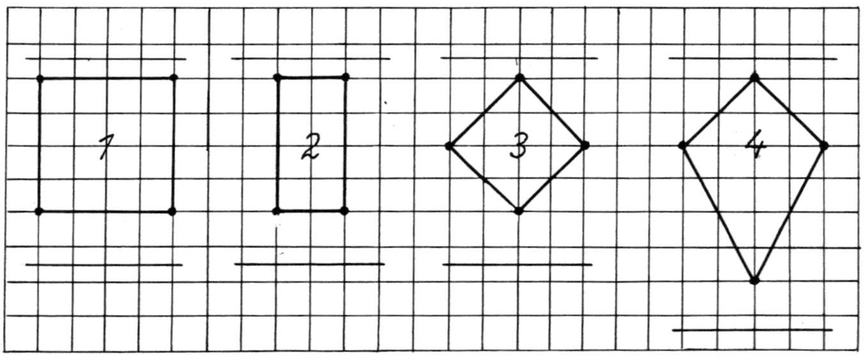

a) Zeichne diese Vierecke ins Heft!
b) Schreibe unter jedes Viereck die passenden Namen: Viereck, Rechteck oder Quadrat
c) Schreibe über jedes Viereck, was es sein könnte: Vorfahrtsschild – Tischtuch – Drachen – Handtuch
d) Halbiere jedes Viereck, so daß zwei gleich große Dreiecke entstehen! Male die eine Hälfte rot aus, die andere gelb!

(4)

a) Zeichne ins Heft (Mitte!) ein Quadrat. Eine Seite ist 4 cm lang.
b) Zeichne an das Quadrat ein rotes Dreieck nach unten!
c) Zeichne ein blaues Dreieck nach links!
d) Zeichne ein grünes Dreieck nach rechts!
e) Zeichne ein braunes Dreieck nach oben!
f) Zeichne in das Quadrat einen großen gelben Kreis!

• *Formenzeichnen* (auf kariertem Papier, auch farbige Ausgestaltung)

Gestalten im Kreis

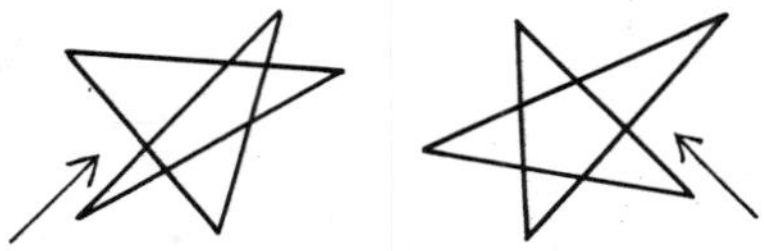

Figurenspiele

Sternformen in einem Zug

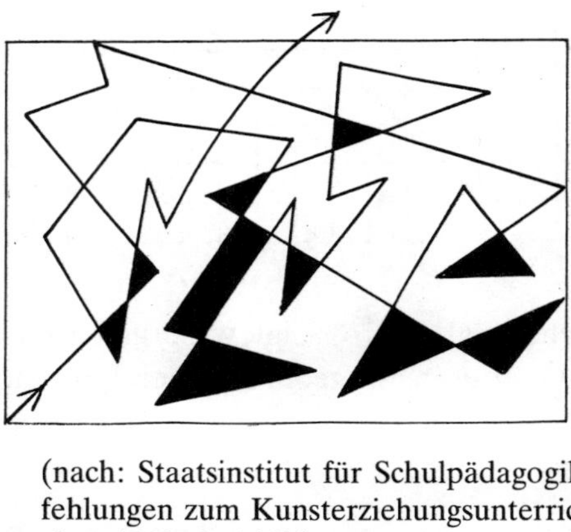

Mögliche Themenstellungen:
Hindernislauf, Spuren des Eiskunstläufers ...
Eine Fliege schwirrt durch den Raum ...
Entstandene Formen so ausmalen, daß keine gleichen Farben aneinanderstoßen.

(nach: Staatsinstitut für Schulpädagogik und Bildungsforschung München: Empfehlungen zum Kunsterziehungsunterricht in der Grund- und Hauptschule. München 1989, S. 14 ff.)

• *Flächenvergleiche und Ausmessen von Flächen mit beliebigen Maßeinheiten*

(1)

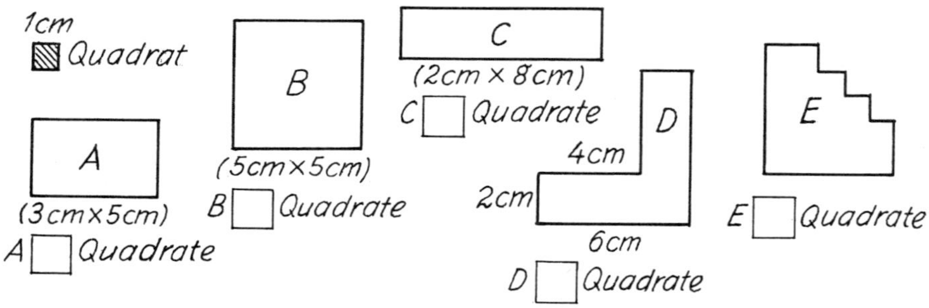

a) Lege mit Quadraten aus! Wie viele Quadrate brauchst du?
b) Ordne nach der Größe:

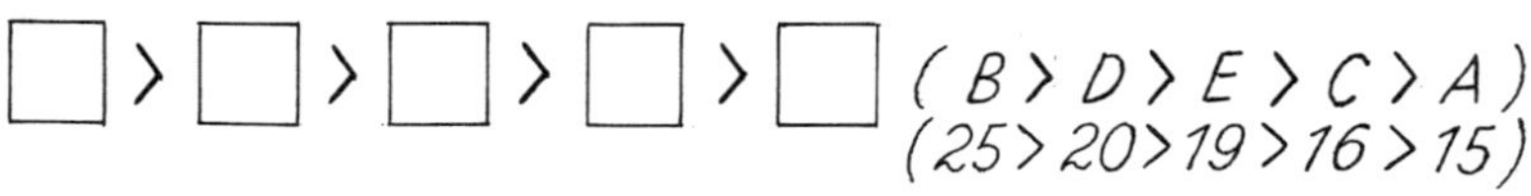

c) Halbiere jede Figur mit einem geraden Strich!

(2) Jede Figur ist die Hälfte eines Quadrates. Zeichne die andere Hälfte dazu!

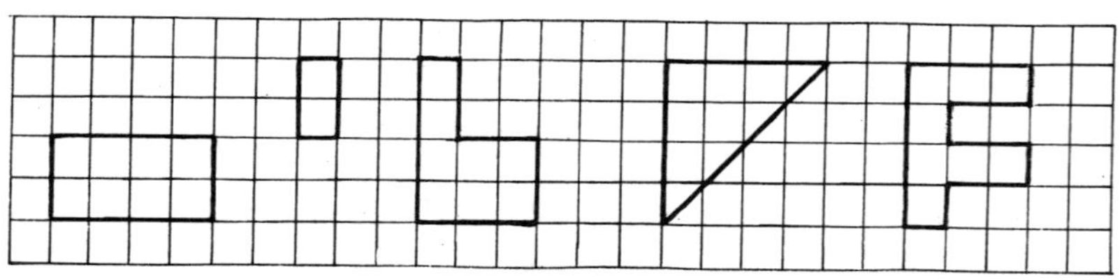

– *Falten*

Die folgende Faltanweisung für den Becher (vgl. S. 216) zeigt, wie ergiebig das Falten für die Begriffsbildung und das Operieren mit geometrischen Formen ist.

Wir falten einen Becher

Wir legen ein Blatt Papier (DIN A4) quer vor uns und falten aus dem Rechteck ein Quadrat. (Schülervorschläge) . . . Dazu klappen wir die Ecke rechts unten auf die obere Seite, so daß die rechte Seite und die obere Seite sich genau decken. Wir haben nun ein Viereck mit einer schrägen Seite. Wir schneiden das überstehende, schmale Rechteck ab und haben ein zusammengeklapptes Dreieck. Wir klappen es auf und haben nun ein Quadrat.
Für den Becher falten wir das Quadrat wieder zum Dreieck. Wir legen das

Dreieck mit der Faltlinie nach unten. Die Spitze zeigt nach oben. Nun klappen wir die linke Ecke auf die rechte Seite, dann die rechte Ecke auf die linke Seite. Nun haben wir ein Fünfeck. Wir klappen das oben überstehende Dreieck nach vorne und das zweite Dreieck nach hinten. Dann nehmen wir den Becher in die Hand und drücken ihn auseinander.

(Nebenbei: Oft haben die Kinder Durst und wollen Wasser trinken, doch es ist kein Trinkglas zur Hand. Mit einem selbst gefalteten Einwegbecher ist das Hygieneproblem schnell gelöst!)

8.3 Unterrichtspraktische Gestaltung

Ziele
- Erfassen, Beschreiben und Darstellen räumlicher Beziehungen
- Erkennen und Benennen von Grundformen in der Umwelt
- Feststellen von geometrischen Eigenschaften der Grundformen beim handelnden Umgang

Materialien
① Zur Demonstration je ein großformatiges Rechteck, Quadrat, Kreis (in unterschiedlichen Farben) und drei Dreiecke (gleichseitig, gleichschenklig, unterschiedliche Seitenlänge), ein zum Viertelkreis gefalteter Papierkreis; für jedes Kind 4 Dreiecke (aus Pappe oder Hartplastik), 2 Schaschlikstäbe und 5 Papierblätter (mindestens 10 × 10 cm, z. B. farbige Notizzettel) in vier verschiedenen Farben, selbstklebendes Buntpapier
② Farbiges Tonpapier (auch schwarz), Zeitungspapier, farbiges Papier (z. B. Geschenkpapier), möglichst vielfältige Schachteln, Papier zum Bekleben, Dinge zum Schmücken der Hüte (Woll- und Stoffreste, Federn, Silberfolie, Papierschlangen, Knöpfe usw.), (Gummi-)Band zum Aufsetzen
③ Eine flache Schachtel, Möbel für das „Puppenklassenzimmer“ (kleine Schachteln, Legosteine, Knetmasse), ein Wollfaden, etwa zehn kleine Spielfiguren (z. B. Playmobilmännchen u. ä.)

① *Entdeckungen an den Grundformen*

– *Einstieg:* Die Lehrerin hat an die Tafel je ein großformatiges Rechteck, ein Quadrat, ein Dreieck und einen Kreis in verschiedenen Farben geklebt. Die Formen werden benannt (in den meisten Fällen kennen die Kinder sie schon).
Motivation zum genauen Betrachten und Verbalisieren: „Wir wollen für jede Form ein ‚Dingsda-Rätsel‘ machen.“
Einteilung der Klasse in vier Gruppen; jede Gruppe formuliert ein Rätsel und schreibt es auf.

Gemeinsam wird dann jeder Entwurf überprüft, gekürzt bzw. ergänzt oder verbessert. Jede Aussage wird dabei durch Nachmessen, Falten usw. auf ihre sachliche Richtigkeit hin kontrolliert.

Rechteck

– *Überprüfen oder Impuls*

Mein Dingsda hat vier Ecken und vier Seiten.

Nachzählen

Die zwei Seiten, die einander gegenüberliegen, sind immer gleich lang.

Nachmessen

Mein Dingsda ist ein besonderes Viereck. Die Seiten, die eine Ecke bilden, sind nicht schräg wie beim Dreieck.

Legen einer „Dreiecksecke“ in eine „Rechteckecke“

Vielmehr ist jede Ecke so, daß genau ein Viertelkreis hineinpaßt.

Anlegen eines Viertelkreises

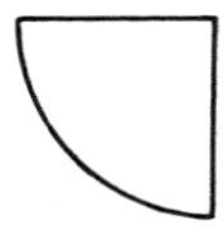

Wenn man von einer Ecke zur gegenüberliegenden Ecke einen geraden Strich macht, werden aus dem Dingsda zwei Dreiecke.

Ziehen der Linien

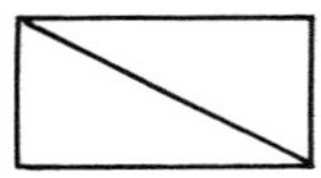

Wenn man die beiden anderen Ecken verbindet, werden aus dem Dingsda vier Dreiecke. Wo sich die beiden Striche kreuzen, ist die Mitte. In der Mitte kann man das Dingsda auf einer Bleistiftspitze balancieren.

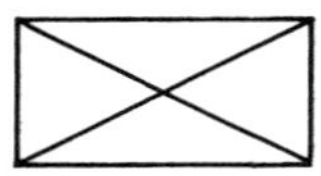

Demonstrieren

Tafelanschrift: 1. Teil bis „. . . beim Dreieck“. – Der 2. Teil wird nur grafisch festgehalten. Analog Hefteintrag.
Ein Kind schreibt den Text in das große Rechteck (siehe Einstieg).

– *Aufsuchen in der Umwelt:* Jede Gruppe geht auf „Rechteckjagd“ und schreibt möglichst viele rechteckige Gegenstände auf.

– *Zeichnen von Rechtecken* in verschiedenen Größen, z. B. 3 cm × 5 cm, 2 cm × 6 cm usw., Einzeichnen der Diagonalen

– *Diagonales Falten* eines Rechteckes (sieht aus wie „zwei Berge“, wie ein „Doppeldreieck“ usw.); durch zweimaliges Falten erhalten wir den Mittelpunkt.

Wir schneiden sechs Rechtecke aus Buntpapier aus, halbieren sie auf verschiedene Weise, vierteln zwei Rechtecke und kleben ins Heft:

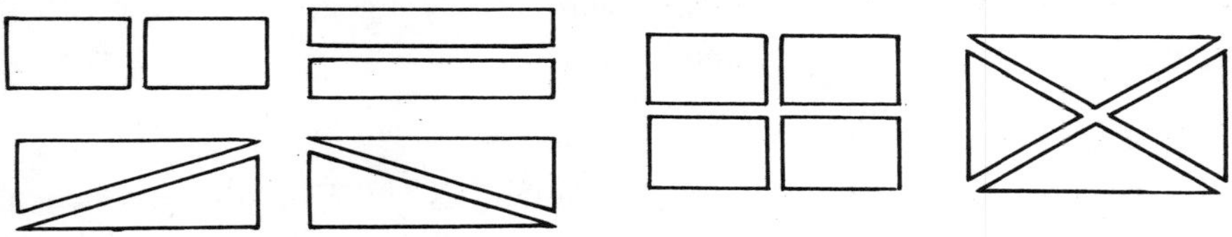

Quadrat

– *Überprüfen* des „Dingsda-Rätsels“ der Kinder und Erarbeiten eines Textes, z. B.:

Mein Dingsda ist ein Viereck und zugleich ein besonderes Rechteck.
Alle vier Seiten sind gleich lang.
Wenn man das Dingsda von einer Ecke zur anderen faltet, bekommt man zwei Dreiecke.

Überprüfen der Ecken mit dem Viertelkreis
Nachmessen
Falten

Wenn man auch die beiden anderen Ecken aufeinanderlegt, entstehen vier gleiche Dreiecke.

Einzeichnen der Diagonalen

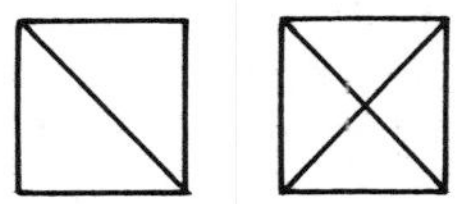

Wenn man das Dingsda mit einem geraden Strich halbiert, entstehen zwei Rechtecke. Halbiert man diese nochmals, so hat man vier Dingsdas.

Einzeichnen der geraden Halbierungslinien

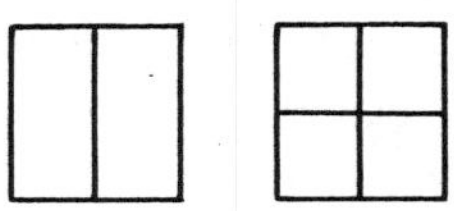

– *Weiterarbeit* wie beim Rechteck, Tafelanschrift und Hefteintrag (nur erster Textteil).

– *Probierendes Entdecken:* Die Kinder zeichnen auf ein unregelmäßig gerissenes Papier eine Strecke von 5 cm. Wer kann nur durch Falten (ohne Lineal, Schablone usw.) ein Quadrat herstellen? (vgl. *Floer* 1982, S. 98)

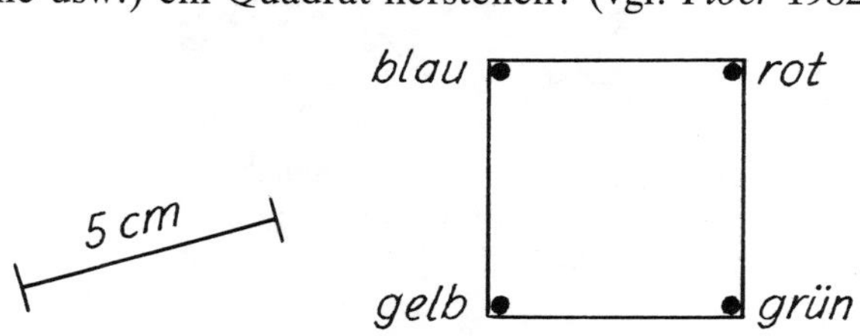

Ausschneiden eines Quadrats und farbiges Kennzeichnen der Eckpunkte; wir drehen unser Quadrat einmal ganz herum und führen dann eine halbe und eine Vierteldrehung durch. Dabei wird jeweils angegeben, welche Farbe rechts bzw. links oben bzw. unten liegt.

Dreieck

Mein Dingsda hat drei Ecken und drei Seiten. Es gibt Dingsdas, bei denen alle drei Seiten gleich lang sind. Bei anderen sind nur zwei Seiten gleich lang. Manchmal ist auch jede Seite verschieden lang. (Entsprechende Dreiecke aus Papier zeigen und ausmessen lassen!)
Geduldsspiel: Wir stellen einmal drei gleiche Dreiecke, dann vier zu einer Pyramide auf.

Kreis

Mein Dingsda kann gut rollen, weil es gleichmäßig rund ist. (Fehlform an die Tafel zeichnen!). Darum kann ich das Dingsda nur mit einer Schablone zeichnen. (Weitere Möglichkeiten suchen, z. B. auf Pappe ein Fadenende mit einem Reißnagel festdrücken und am anderen Fadenende einen Bleistift befestigen.) Wenn ich mein Dingsda zweimal zur Hälfte falte, sehe ich die Mitte.

– *Wir basteln aus Kreisen eine Blume* zum Aufklappen: Aus Papier schneiden wir vier Kreise (Durchmesser 10–12 cm) in vier verschiedenen Farben aus. Die Kreise werden zu Viertelkreisen gefaltet. Dann wird jeder Viertelkreis nochmals zur Hälfte gefaltet. Nun wird wieder zum ganzen Kreis aufgeklappt, und es wird jede Faltlinie nochmals einzeln festgedrückt. Der obere Halbkreis wird leicht angehoben, und die Radien A und B werden zwischen den beiden Halbkreisen zusammengeführt. Die so entstandenen Viertelkreise werden fest angedrückt und deckungsgleich aufeinander geklebt. Auf dem oberen und unteren Viertelkreis wird mit einem kleinen Kreis (etwa 3 cm Durchmesser) jeweils ein Schaschlikstab befestigt. Nach dem Trocknen des Klebstoffs kann man die Blume aufklappen.

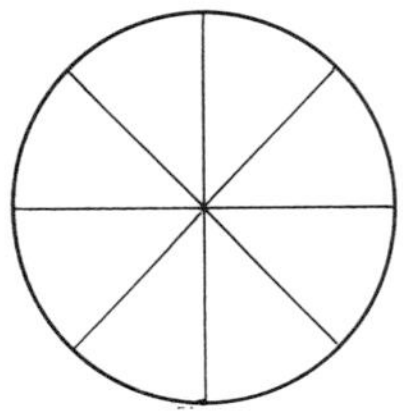

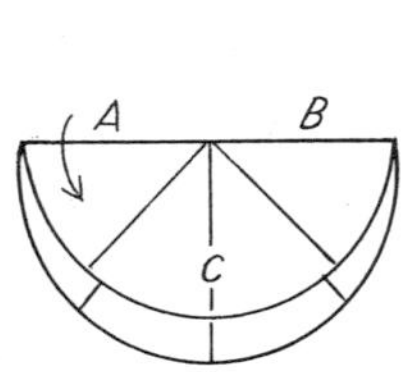

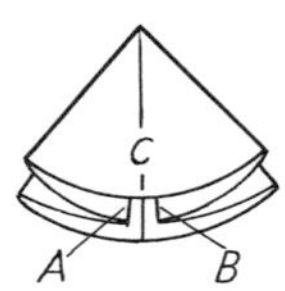

4. Fest andrücken

1. Durch fortgesetzes Halbieren die Faltlinien ermitteln
2. Aufklappen und jede Faltlinie einzeln andrücken
3. Halbkreis leicht anheben und A und B nach innen zu C hinfalten

5. Fertig!

② ***Wir basteln Hüte*** (Körper- und Flächenformen)

– *Ankündigung* (am besten in der Faschingszeit): Wir machen ein Hutfest und basteln unsere Hüte selbst. Dazu brauchen wir viele Schachteln (alte Schultüten, große Joghurtbecher, Waschpulverschachteln, Pappteller, Toilettenpapierrollen, Schuhschachteln usw.) und Dinge zum Schmücken (Ton- und Buntpapier, Silberfolie, Woll- und Stoffreste, Federn, Papierschlangen usw.). Die Kinder werden gebeten, die Materialien im Lauf der Woche mitzubringen.

– *Zielangabe:* Wir können einen Hut auch selbst herstellen.

- Vorschläge der Kinder werden aufgegriffen. Während ein Kind demonstriert, erklärt es den anderen, was es tut (ggf. Lehrerhilfe!), z. B.: Ich falte ein Rechteck zur Hälfte . . . Damit die anderen Kinder den Hut ebenfalls falten können, faltet die Lehrerin mehrere Papiere jeweils nur einmal weiter und befestigt die nun sichtbaren „Arbeitsschritte" an der Tafel, z. B.: Peter faltet aus Zeitungspapier einen Helm.

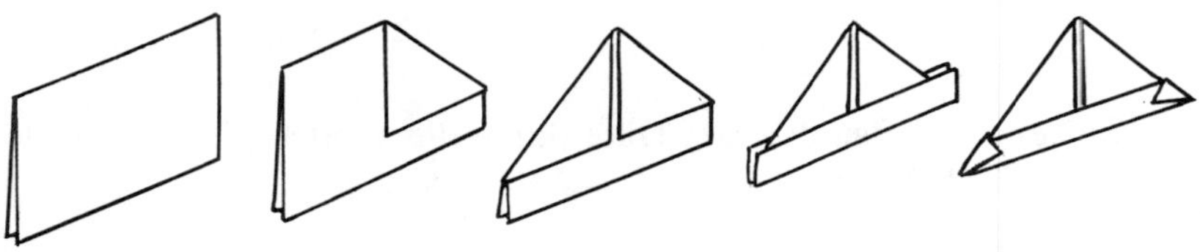

  Wenn die Vorschläge der Kinder versiegen, gibt die Lehrerin weitere Anregungen.

- Sie zeigt ein schwarzes Tonpapier (mindestens 40 cm × 30 cm). Dieses Papier kann man nicht falten, doch man kann einen *Zylinder* daraus rollen und die Enden mit Heftklammern zusammenheften. Mit Klebeband kann man noch einen schwarzen Pappteller daran befestigen.
- Die Lehrerin zeigt einen Kreis (mind. 24 cm Durchmesser) aus Tonpapier. Wie könnte daraus ein Hut entstehen? Dazu wird der Kreis zweimal zur Hälfte gefaltet und an einer Faltlinie zur Hälfte eingeschnitten. Dann entsteht ein *Kegelhut*.

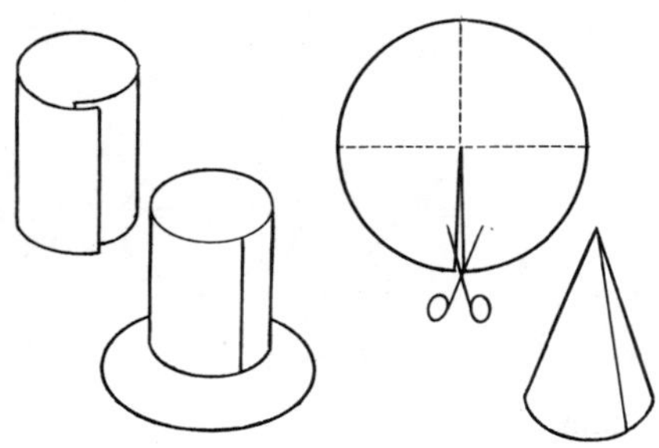

- Dann zeigt die Lehrerin, wie man aus einem Quadrat (25 cm Seitenlänge) einen *Pyramidenhut oder „Dreispitz“* machen kann: Wir falten das Quadrat so zur Hälfte, daß es zum Dreieck wird. Wir klappen wieder auf und legen die beiden anderen Ecken aufeinander. Wir sehen nun zwei schräge Linien, die das Quadrat in vier Dreiecke teilen. In der Mitte treffen sich beide Linien. Wir schneiden eine Linie bis zur Mitte ein und kleben ein Dreieck genau auf das andere (a auf b).

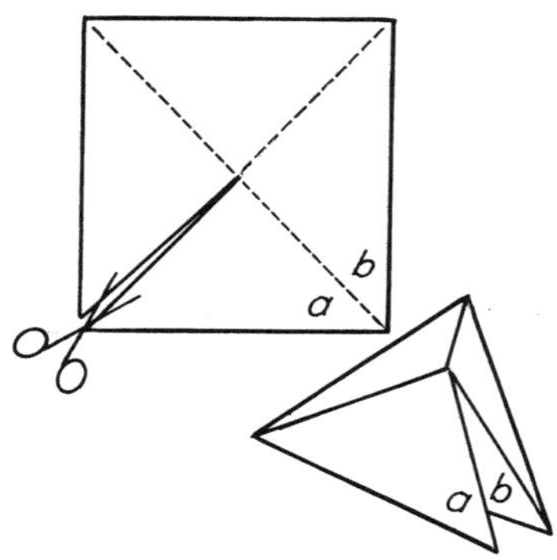

- *Selbsttätiges Herstellen* der drei Hüte durch die Kinder (Zeitungspapier), *Tafelanschrift* als Hilfe:

- *Aufsuchen ähnlicher Formen*
  Zylinder: Walze, Toilettenpapierrolle, Keksrolle, Versandrolle für Bilder, Filmdose, Konservendose, Kaffeedose, Tapetenrolle . . .
  Kegel: Kreisel, Markierungskegel auf Straßen, Schultüte . . .
  Pyramide: Bauwerk, Getränketüten . . .
- Schließlich zeigt die Lehrerin, wie man aus einem Quadrat (Seitenlänge mindestens 30 cm) einen *„Becherhut“* faltet, aus dem man sogar trinken kann:

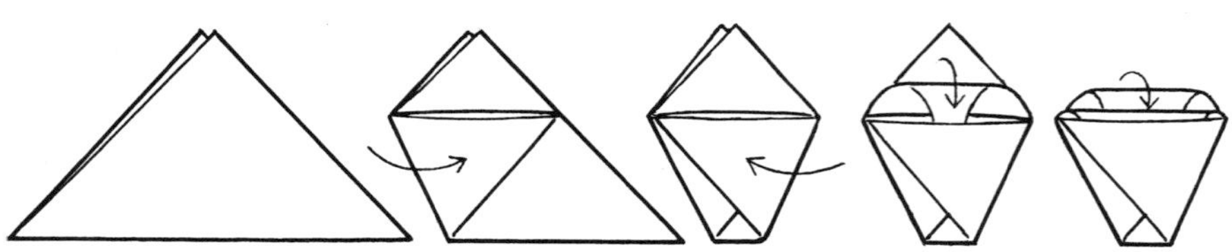

(vgl. auch die Faltanweisung auf S. 210)

Nach der Demonstration faltet die Lehrerin Schritt für Schritt zusammen mit den Kindern (Zeitungspapier). Wer den Becher falten kann, erhält farbiges Papier, z. B. Geschenkpapier, zum Falten des Hutes.

- Inzwischen haben die Kinder die Materialien für die *„Schachtelhüte"* mitgebracht. Sichten, Benennen und Ordnen:
  Reihum zeigt jedes seine mitgebrachte Schachtel(n), berichtet über den Verwendungszweck und zählt Dinge auf, die die gleiche Form haben, z. B.: Das ist eine Schuhschachtel. Sie hat die gleiche Form wie ein Ziegelstein, ... U. a. sollten neben Quader und Würfel folgende Formen vertreten sein:

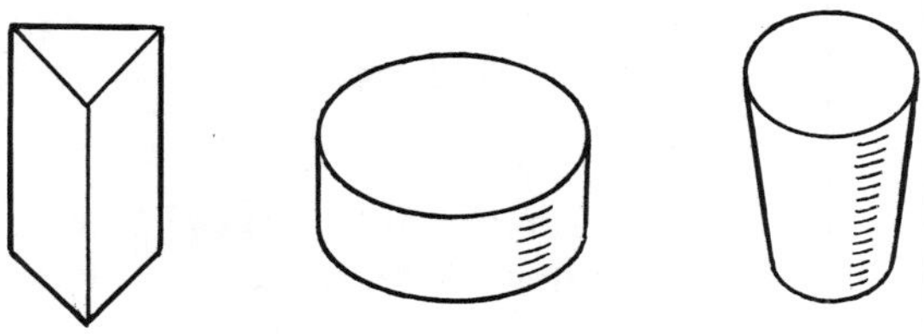

Schokoladenverpackung Käseschachtel Joghurtbecher

Arbeitsplanung: Wie können aus den Schachteln schöne Hüte werden? Bekleben, Befestigen eines Gummibandes, Schmücken...
Die Lehrerin nimmt einen Quader und demonstriert das Zuschneiden des Papiers: Wir legen die Schachtel auf eine Fläche, umfahren diese Fläche und schneiden sie aus. Nun haben wir ein Rechteck. Wie viele solche Rechtecke brauchen wir bei dieser Schachtel zum Bekleben? – *Gespräch:* Der Quader hat zwar 6 Flächen, doch wir brauchen nur 5 Rechtecke. Denn eine Fläche schneiden wir weg, damit der Hut besser sitzt.
Analog wird für jede unterschiedliche Form angegeben, welche Flächen auszuschneiden sind. Dann bekleben die Kinder die ausgewählte Schachtel und verzieren sie. Schließlich werden die fertigen Hüte bei einer Hutparade vorgeführt.

③ ***Unser Klassenzimmer im Grundriß*** (Orientierungsübungen)

– *Planung des Projekts:* Die Lehrerin zeigt eine flache Schachtel mit einem herausnehmbaren Papier als „Fußboden" und kündigt an, daß sie mit der Klasse gemeinsam das eigene Klassenzimmer verkleinert, aber wirklichkeitsgetreu (Begriff Modell) nachbauen will. Wir überlegen, welche Möbel wir für das „Puppenklassenzimmer" brauchen und wie wir sie herstellen könnten, z. B. Streichholzschachteln als Tische, Spielwürfel als Stühle, Schachteln für die anderen Möbel oder auch Legosteine. Wir könnten auch die Möbel aus Knetmasse herstellen oder aus Papier falten, z. B.:

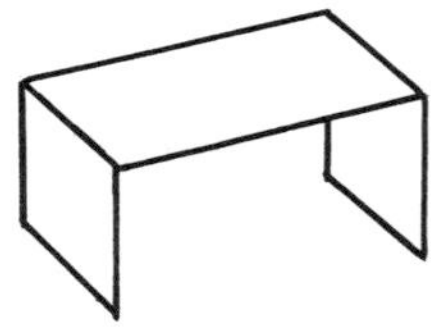

– *Durchführung am nächsten Tag:* Die Kinder sitzen auf Teppichfliesen um das Modell herum und richten es mit den mitgebrachten oder inzwischen gebastelten Möbeln ein. Jedes beschriftet seine Tischhälfte mit seinen Initialen. Beim Einrichten wird jeweils genau verbalisiert, an welchem Platz ein Möbelstück stehen muß, z. B.: Der Schrank steht rechts neben dem Waschbecken.

– *Orientieren im Modell:* Die Lehrerin gibt einem Kind einen Auftrag wie z. B. „Laufe von deinem (gewohnten) Platz zur Tür und merke dir genau den Weg!" Das Kind führt den Auftrag aus und bewegt dann eine Spielfigur entsprechend im Modell und legt den Weg mit einem Wollfaden nach. Dabei wird der Weg beschrieben, z. B.: Ich gehe gerade vor und dann nach links. Weitere Aufträge werden von einem Kind an ein anderes gerichtet und im Modell nachvollzogen.

– *Ableiten des Grundrisses vom Modell:* Jedes Kind umfährt der Reihe nach seinen Tisch und seinen Stuhl und beschriftet wiederum seinen Platz mit den Initialen. Auch die übrigen Möbelstücke werden umfahren und dann entfernt. Wir erkennen: Die Möbel sind jetzt nur als Formen zu sehen: Der Tisch ist nun ein Rechteck (zeigen im Plan) . . . Nun werden Länge und Breite der Möbel von den Kindern gemessen und die Maße jeweils in den „Klassenzimmerplan" geschrieben. (vgl. Kap. 6)

– *Orientieren im Grundriß* (Begriff vorgeben): Der Grundriß wird an der Tafel befestigt, und die Kinder gehen wie oben nach Anweisung, zuerst im wirklichen Klassenzimmer, dann mit einer Spielfigur im Grundriß. Abschließend zeigen sie mit dem Finger nochmals den Weg und sprechen dazu.
Auf ein Arbeitsblatt hat die Lehrerin das Zimmer im Grundriß in etwa maßstabsgetreu gezeichnet (z. B. 1 m entspricht 2 cm) und ebenso die Möbel, die die Kinder ausschneiden, im Grundriß auflegen und dann aufkleben. Wiederum wird der eigene Platz markiert. Fertige Kinder lassen nach der Anweisung eines Partners eine Spielfigur „herumwandern".
Es hat sich bewährt, das Arbeitsblatt gleich zweimal für jedes Kind herzustellen. Mit der zweiten Fassung können die Kinder ihr „Wunschklassenzimmer" herstellen.

Kontrolle der im Schuljahr erreichten Leistungen

Um abschließend die Kenntnisse der Kinder und den Erfolg der eigenen Arbeit zu überprüfen, kann ein *„Schlußtest“* durchgeführt werden. Er eignet sich zugleich als *„Anfangstest“* zu Beginn des 3. Schuljahres, um festzustellen, welche Kenntnisse nach den Ferien noch beherrscht werden oder ob ein neuer Schüler die nötigen Vorkenntnisse besitzt. Im Gegensatz zu den vorausgegangenen Lernzielkontrollen müßte der „Durchschnittsschüler“ eigentlich alle Aufgaben beherrschen, da nur *Grundkenntnisse* abgefragt werden. So eignen sich die Aufgaben weniger dazu, weiterreichende Fähigkeiten zu ermitteln, wenngleich (nahezu) fehlerlose Lösungen, kurze Arbeitszeit und saubere Anfertigung diese vermuten lassen. Als Mindestleistung wird das richtige Lösen von etwa zwei Dritteln der Aufgaben (also ca. 30 Punkte) angesehen. Wird diese Schwelle unterschritten, erscheint ein erfolgreiches Weiterlernen im nächsten Schuljahr fraglich. Zu den

Aufgaben:		*Bewertungsvorschlag*
1	Zerlegen von zweistelligen Zahlen (11 × ¼ P.)	2¾ P.
2	Vergleichen von Zahlen und Termen (2 × ¼ P., 6 × ½ P.)	3½ P.
3	Plus- und Minusaufgaben ohne Zehnerübergang; (Platzhalter am Ende je ¼ P., Platzhalter nicht am Ende je ½ P.)	5 P.
4	Plus- und Minusaufgaben mit Zehnerübergang (4 × ¼ P., 8 × ½ P.)	5 P.
5	Einfache Sachaufgaben mit vorgegebener Frage (2 × 3 P.)	6 P.
6	Messen (je ¼ P. für Richtigkeit und Genauigkeit)	1 P.
7	Mal- und Geteiltaufgaben (je ¼ P. für Lösung und T bzw. U); (12 × ¼ P.)	3 P.
8	Mal- und Geteiltaufgaben (12 × ½ P.)	6 P.
9	Ergänzen der Vielfachen von 4, 5 und 8 (je ¼ P.)	5¼ P.
10	Sachaufgaben [a) 3 P., b) 4 P.]	7 P.
11	Halbieren und Verdoppeln (je ¼ P.)	4½ P.
	Summe	49 P.

Häufen sich die Fehler mehrerer Kinder bei einer Aufgabengruppe, sollte der nachfolgende Lehrer informiert werden.

Ich zeige, was ich kann — LZ 8.1

Mathematik 2. Schuljahr, Blatt 1 — Arbeitszeit: Etwa Min.

Name: ______________________ Datum: ______________

1 Zerlege in Zehner und Einer!

23 = 20 + ☐	46 = ☐ + ☐	75 = ☐ + ☐
32 = ☐ + ☐	64 = ☐ + ☐	57 = ☐ + ☐

2 Vergleiche und setze ⦾> oder ⦾< ein!

41 ◯ 14	36 + 24 ◯ 52	100 − 68 ◯ 42	3 · 8 ◯ 4 · 4
26 ◯ 62	49 + 37 ◯ 76	92 − 34 ◯ 68	36 : 4 ◯ 80 : 10

3

32 + 6 = ☐	54 + ☐ = 59	☐ + 2 = 47
77 − 5 = ☐	29 − ☐ = 23	☐ − 4 = 34
43 + 27 = ☐	68 + ☐ = 100	☐ + 16 = 38
98 − 63 = ☐	82 − ☐ = 40	☐ − 25 = 53

4

48 + 7 = ☐	85 + ☐ = 92	☐ + 3 = 41
32 − 5 = ☐	54 − ☐ = 47	☐ − 7 = 86
34 + 29 = ☐	39 + ☐ = 72	☐ + 18 = 82
93 − 36 = ☐	62 − ☐ = 26	☐ − 44 = 37

5 Frau Fröhlich kauft einen Pullover um 27 DM. Sie bezahlt mit einem 50-DM-Schein. Wieviel Geld bekommt sie zurück?

Herr Klein kauft für seine Tochter ein Buch um 16 DM, eine Kassette um 7 DM und einen Zauberkasten um 29 DM. Wieviel muß er dafür bezahlen?

6 Miß mit dem Lineal und zeichne rot ein!

5 cm |______________________________

10 cm |______________________________

Ich zeige, was ich kann | LZ 8.2

Mathematik 2. Schuljahr, Blatt 2 — Arbeitszeit: Etwa ___ Min.

Name: ______________________ Datum: ______________

7 Tauschaufgaben und Umkehraufgaben

9 · 10 = ☐	T ________	6 · 4 = ☐	U ________
3 · 5 = ☐	T ________	9 · 8 = ☐	U ________
7 · 2 = ☐	T ________	7 · 5 = ☐	U ________

8

☐ · 5 = 45	☐ · 10 = 70	12 : 2 = ☐	12 : 4 = ☐
☐ · 4 = 28	☐ · 2 = 18	24 : 8 = ☐	40 : 5 = ☐
☐ · 5 = 25	☐ · 8 = 48	30 : 10 = ☐	64 : 8 = ☐

9 Wie heißen die fehlenden Zahlen?

4	8								40
5	10								50
8	16								80

10 An das Blumengeschäft Graf wurden 48 Nelken geliefert. Frau Graf bindet daraus gleiche Sträuße mit je 8 Nelken.

Wie viele Sträuße kann sie binden?

Ein Nelkenstrauß kostet 3 DM. Frau Fröhlich kauft 4 Sträuße.

11

die Hälfte			21		17				14
die Zahl	50			26		22	38		
das Doppelte		60						92	

Vorschlag zur Stoffverteilung

Vorbemerkungen

- Wiederholen Sie konsequent bisherige Lerninhalte (Kopfrechnen, Lernspiele, Differenzierung, Hausaufgaben)!
- Berücksichtigen Sie durchgängig das Sachrechnen!
- Nützen Sie Zusammenhänge mit dem Sachunterricht (z. B. Zeitmessung, Geometrie) und weiteren Lernbereichen!
- Sachrechnen und Geometrie wurden nur aus formalen Gründen zeitlich eingeordnet und sind entsprechend zu verteilen.
- Die von der Abfolge abweichende Numerierung der Lernzielkontrollen ergibt sich aus der Gliederung des Buches nach Themenbereichen.

Woche	Themenbereich
1–2	*Addition und Subtraktion bis 20*
	Mit einem Test (vgl. Band 1. Schj., S. 214) läßt sich der nötige Umfang der Wiederholung feststellen.
	Erste Lernzielkontrolle
	Die Zahlen bis 100
3–4	Zehnerbündel und Zehnerzahlen
5–8	Vielfältiges Darstellen zweistelliger Zahlen
	Zweite Lernzielkontrolle
	Addition und Subtraktion bis 100 (Teil 1)
9	ZE ± Z
10	ZE ± E (ohne Zehnerübergang)
11–12	ZE ± ZE (ohne Zehnerübergang)
13–14	Halbieren und Verdoppeln
	Dritte Lernzielkontrolle
15	Sachrechnen
16	Zeitmessung
17	Geometrie
18	ZE ± E (mit Zehnerübergang)
19–23	*Multiplikation*
24	Sachrechnen
	Fünfte Lernzielkontrolle
25–26	*Längenmessung*
	Siebte Lernzielkontrolle
27	Sachrechnen
28–30	*Multiplikation und Division*
31	Sachrechnen
	Sechste Lernzielkontrolle
32–34	*Addition und Subtraktion* (Teil 2)
	ZE ± ZE (mit Zehnerübergang)
35	Sachrechnen
	Vierte Lernzielkontrolle
36	„Schlußtest" (S. 220/221), Wiederholen

Literatur

Anselm, Hans: Mathematikunterricht in der Grundschule. Theorie, Methode, Lernziele, Beispiele. München 1979

Daumenlang, Konrad/Haas, Elisabeth/Rabenstein, Rainer: Stufen der Mathematik. 2. Jggst. Bamberg/Freising 1975

Floer, Jürgen/Haarmann, Dieter (Hrsg.): Mathematik für Kinder. Grundlegung – Beispiele – Materialien. Weinheim/Basel 1982

Floer, Jürgen (Hrsg.): Arithmetik für Kinder. Materialien – Spiele – Übungsformen. Frankfurt a. M. 1985 (Arbeitskreis Grundschule, Band 63)

Fricke, Arnold/Besuden, Heinrich: Mathematik in der Grundschule 2, Ausgabe B. Lehrerband. Stuttgart 1973

Gathmann, Franz: Der Rechenstreifen und die Rechentafel 100. In: Mathematische Unterrichtspraxis/Heft 4. Donauwörth 1987

Kriegelstein, Alfred: Der Mathematikunterricht in der Grundschule. Handreichungen zum bayerischen Lehrplan. München 1975

Lauter, Josef (Hrsg.): Der Mathematikunterricht in der Grundschule. Donauwörth 1976

Lehrpläne:
- Baden-Württemberg: Lehrplan Grundschule Mathematik
- Bayern: Lehrplan für die Grundschule 1981
- Hessen: Rahmenrichtlinien. Primarstufe Mathematik 1976
- Nordrhein-Westfalen: Grundschule. Richtlinien Mathematik 1985
- Rheinland-Pfalz: Lehrplan Mathematik Grundschule 1984

Leutenbauer, Helmut: Das praktische Übungsbuch für den Mathematikunterricht in der Grundschule. Donauwörth 1982[2]

Lichtenstein-Rother, Ilse/Röbe, Edeltraud: Grundschule – Der pädagogische Raum für Grundlegung der Bildung. München/Wien 1982

Mayer, Martin: Sieben kritische Punkte bei der neuen Mathematik. In: Die Grundschule 1974/Heft 10

Müller, Gerhard/Wittmann, Erich: Der Mathematikunterricht in der Primarstufe. Braunschweig 1977

Radatz, Hendrik/Schipper, Wilhelm: Handbuch für den Mathematikunterricht an Grundschulen. Hannover 1983

Regelein, Silvia: Der gesamte Mathematikunterricht im 1. Schuljahr. München 1990

Regelein, Silvia: Lernspiele im Mathematikunterricht. Neue Lernspiele für die Grundschule. München 1988